能见度
visibilité
古人

进击的军师

司马懿传

李玮 著

浙江大学出版社
ZHEJIANG UNIVERSITY PRESS

图书在版编目（CIP）数据

进击的军师:司马懿传 / 李玮著. —杭州:浙江
大学出版社，2019.3
ISBN 978-7-308-18886-9

Ⅰ. ①进… Ⅱ. ①李… Ⅲ. ①司马懿(179—251)—
传记 Ⅳ. ①K827＝361

中国版本图书馆 CIP 数据核字（2019）第 002398 号

进击的军师:司马懿传

李　玮　著

责任编辑	谢　焕
责任校对	虞雪芬　夏斯斯
封面设计	石　几
出版发行	浙江大学出版社
	（杭州天目山路 148 号　邮政编码 310007）
	（网址:http://www.zjupress.com）
排　　版	浙江时代出版服务有限公司
印　　刷	杭州钱江彩色印务有限公司
开　　本	710mm×1000mm　1/16
印　　张	17.25
字　　数	240 千
版 印 次	2019 年 3 月第 1 版　2019 年 3 月第 1 次印刷
书　　号	ISBN 978-7-308-18886-9
定　　价	49.00 元

序

> 历史是由活着的人和为了活着的人而重建的死者的生活。

——（法）雷蒙·阿隆

从在天涯论坛里开始发帖子灌水到现在也差不多有二十年了，这并不算太悠长的一段时光里，我从二十岁来到四十岁，见证了互联网时代的起起落落，也见证了新浪和搜狐这样当年风光一时无两的天之骄子逐渐被马云马化腾们这些互联网 2.0 的后起之秀们打得没有招架之力，当然也看着自己慢慢地老去。

原来是博客，后来有了微博，再后来朋友圈。跌跌撞撞地来到移动互联网时代，屏幕越来越大，视力却越来越不好，直到有一天大夫姐姐跟我说，就我这眼神以后基本要告别朋友圈了。时代像轮子一样越转越快，我们也急匆匆往前跑，有一瞬间发现自己好像再也停不下来了。就像你的车变好，你的房子变大，你也无法再如一个少年般于清晨推开窗户，任由清新的风伴随着鸟叫扑在你的脸上。这是不是就是人们所说的现代化的陷阱？

当然也要感谢现代化，感谢互联网，因为这是我第一部作品，没有它们，我不知道我是否也会拥有一本自己的书。二十年前我第一次决定坐在屏幕前码字的时候，无论如何也不会想到自己有一天能够被归入写手的行列。

时间过得飞快，四十岁的时候好像还没有多久，转眼间两年已经过去了。来不及叹息。所谓青春，似乎从来就没有存在过，每个人，不管多年轻，都会觉得已经年华不再。当多年以后回头看看，那些你不断叹息的年月拼凑起来就是你的青春。抛开那些伤春悲秋的情绪，当下就是你此生最年轻的时候，以后的你，无非是一天天变得更加苍老而已。不知道从什么时候开始，已经不再热衷于饭局，不再热衷于追求生命，不再热衷于热热闹闹的场合，不再需要那么多朋友。

以前在看《论语》的时候，老夫子说四十不惑，我想当然地认为人到了四十岁就会把很多事情参透，从而余生没有什么疑惑。这两年突然觉得老人家的意思是不是说，其实人生的迷惑依然在，但已经不想知道它的答案了，让上帝的归于上帝，让恺撒的归于恺撒。《论语》中记载的，老夫子在将要终老之时慨然叹息：未知生，焉知死。我觉得可能他老人家穷其一生也还是有很多事情没有想明白，有很多抱负无从实现。能参透这一点，我觉得比我苦苦求索生活的意义更让我欣慰。

这一年，我其实想明白了很多东西。

高晓松说过，历史的功底是童子功。已经记不起来什么时候开始对历史感兴趣了，只记得高中时代语数外成绩一直乏善可陈，只有历史、地理似乎总是能让我找回一点点自信。只是不知道为什么最后我成为理工男。冥冥中我最终还是捧起了厚厚的史书，硬着头皮啃着艰涩难懂的古文。我对西晋的题材非常感兴趣，因而把能想起来和能找到的书都看了。从西晋到隋唐三百年似乎在人们心中是一段含混不清的时期，似乎从三国以后就开始做一场春秋大梦，梦醒了就已经是隋唐盛世了。这个民族多少弥足珍贵的东西就是这样被自己忘了或者毁了。我越来越觉得这是一个被人们刻意遗忘或者篡改的时期。原来在看《三国演义》的时候，有一种错觉，诸葛亮星落五丈原后历史就停了，似乎一切都结束了。其实，天地不仁，以万物为刍狗，诸葛丞相身后伟大的将相依然像繁星般闪耀，历史也没有一刻因卧龙先生而有所改观。你觉得三国是乱世，但后面的三百年更乱。

现在我想说说所谓史观。史观这个东西不知道是不是属于三观之一，我的史观是由我在成年后读的一本本的史书的基础上建立起来的。

很多年以后，我才觉得在历史课本里读来的、建立起来的对于历史和历史人物的印象基本上都是不全面的。我原来建立起来的那种不知道能不能被叫作历史观的东西轰然倒塌。到很后来，我才意识到大多数来源于历史课和小说电影的历史观是多么可笑。诚然，历史就是任人打扮的小姑娘，你看到的东西是别人想让你看到的，但如果你将各个方面或者各个不同人眼中的信息融汇起来，加上自己的判断，你就会得到越来越接近真相的东西。我真的觉得国人的史观有必要重塑，抛弃那些想当然的善恶观。真的有那么多非黑即白的所谓好人和坏人吗？真的每个人都是他们身上的标签所显示的那种大忠或者大奸吗？刘备就代表时代的潮流，就是正义的化身，曹操就是十恶不赦的乱臣贼子吗？周公恐惧流言日，王莽谦恭未篡时。向使当初身便死，一生真伪复谁知？故纸堆里的故事，告诉我，千百年前的那些人和21世纪的人一样，都有着复杂的人性。每个人都是怀着善意去生活，都想和我们一样出人头地，有更美好的生活；只是在时代潮流的裹挟之下，无可奈何之下，有的成为忠良，有的成为佞臣：千百年之下人性并无二致。将历史人物分为正面人物和反面人物是没有意义的。正面人物是时代造就的，所谓时势造英雄；反面人物又何尝不是？他们都是在历史的车轮裹挟之下别无选择地成为所谓好人或者坏人。不带偏见地去看人物和他的选择，理解他们的选择对于历史进程的影响，对于后人来说可能更重要。如果说有所谓的史观，这可能就是我抛开非黑即白的史观之后我的史观。

司马懿此人，是三国时代的终结者和两晋时代的开创者，同时，也是三国时代的集大成者。可以说此人承接了曹魏帝国的衣钵，成长于三国这个大时代，最终将三国这个大时代亲手埋葬。但是，他也埋下了华夏民族痛不欲生的百年动荡的种子。由他的继承者所开创的两晋，以及后来的五胡十六国和南北朝堪称这个国家最为黑暗和无序的时代。而在南北朝的一片废墟之中，站起了盛唐这个辉煌盛世。

由于家族的背景，司马懿很早就进入曹魏的官员体系。其在三国时代领兵打仗的韬略应该能排在前三；如果抛开《三国演义》中虚构的成分，作为帅才应该在诸葛亮之上。而且他进退感非常强，知道该进取的时候进取，该消停的时候消停。对手一个微不足道的失误就能被他抓住，一举翻盘。三国时期豪杰辈出，有能力的人不少，但大部分是勇武有余、谋略不足，或者是不知道隐忍，错失好局，令人扼腕。虽然三国时代不是他亲手终结的，但他奠定的基础使得司马师、司马昭只要有中人之才，再加上魏国的实力，不出意外就能够灭吴蜀，完成四海混一。

这部作品基本上就是把很多书里关于这个人的故事串起来。当然一同被串起来的还有东汉末年一直到西晋初年的这个大时代，以及这个时代里作为陪衬的林林总总的骗子、英雄、豪杰和懦夫。我试图不从道德的高度去看待司马懿，或者诸葛亮，而是从大时代下历史人物的选择来看待其导致的截然不同的后果。司马懿此人，不是生而阴险和腹黑；这个人和我们一样也曾经年少轻狂，曾经胸怀理想。但官场险恶，让他不得不隐忍。年少时，当恶少因其轻狂要杀之而后快的时候，他明白轻狂会给自己带来杀身之祸，不得不隐藏锋芒；曹叡把他逼到墙角的时候，他不得不残忍。他不残忍，家族就要灭亡。阴险你就可以活下去，光明磊落你就要被夷三族。如果是你，你会怎么选择？

曹操那个"三马食一槽"的梦不知道是不是一种预感，但有的时候可能是求生的本能让司马懿成为曹魏的掘墓人。史料越是丰富，司马懿这个大家印象中的乱臣贼子就越复杂，有着我们很多人的影子，有血有肉，呼之欲出。

是为，自己给自己写的序。

目　录

第一章

河内司马

老夫聊发少年狂，左牵黄，右擎苍，锦帽貂裘，千骑卷平冈。为报倾城随太守，亲射虎，看孙郎。

酒酣胸胆尚开张，鬓微霜，又何妨？持节云中，何日遣冯唐？会挽雕弓如满月，西北望，射天狼。

——苏轼《江城子·密州出猎》

司马的氏族渊源

悠悠华夏,上下五千年,中国人心中一直有一种家国情怀,家和国是一体的,是谓家天下也。天子死社稷,天下是帝王的天下,君王殉国是本分,而对国人来说,家事永远比天下事重要,他们的本分是活下来,让家族延续。这就能解释,为什么有很多伟大的家族从传说中的黄帝时代就存在,然后一直延续了上千年,其传统源远流长,在很大程度上比任何一个朝代还要悠远。对这些家族里的读书人而言,出来做官,首先要秉承的是家族的荣耀。他们是有着光宗耀祖的负担的。而司马懿身后的司马家族,就是这样一个传统的中国式家族。

司马这个姓出于姬姓,关于其渊源的说法比较多,其中一个是来源于官职。早在商朝,就有司马这个官职,当时主要就是掌管最重要的战略物资——战马。到了周,司马这个官职就更是上升为国家最重要的三司(司空、司马、司徒)之一,成为国家顶级官僚。在周宣王时期,司马家族的得姓始祖程伯休父官至司马,职掌全国军队,并且参政辅国,可谓是军政大权集于一身。因讨伐反叛的徐国有功,周宣王感念其对于周王朝的不朽功绩,特许其以官职为姓,以后,就有了司马这个姓。能够得到天子赐姓那可是天大的荣耀,是足以让后世子孙吹嘘的,而司马家族也因此进入了世家的行列。

后来司马家族不断散叶开花,在有周一朝人丁兴旺。在春秋时代,宋国、楚国、晋国等诸侯国中都有司马氏的后人,成为那个时代一个重要的政治家族。到了战国时期,司马家族又出了一个重要人物:司马卬。司马卬先是在赵国为将,秦灭六国后辗转成为项羽手下的悍将,跟随项羽参加了轰轰烈烈的反秦战争。

后来就是刘邦过武关，率先进入了关中，接受了末代秦王子婴的投降，曾经烜赫一时的秦帝国轰然灭亡。楚霸王项羽率领天下诸侯进入长安之后，自称为西楚霸王，随即展开戏下分封。司马卬由于平定了河内郡，被封为殷王，成为与刘邦平级的、被项羽分封的十八路诸侯之一。

完成"打土豪、分田地"之后，楚人项羽选择放弃千古帝都长安，定都彭城。项羽虽然在鸿门宴上没有下定决心杀了刘邦，但是始终对这样的枭雄不太放心，便让刘邦去茫茫秦岭之南的南郑当汉中王。同时，将关中之地三分，任命秦朝降将章邯、董翳、司马欣为三秦之主。在项羽看来，这样的安排，一方面可以让三个秦朝手下败将互相制约，另一方面也能让这些秦人看着另一个楚人刘邦。而且刘邦一个楚人在秦地毫无根基，自是毫无后顾之忧。在做了这样自认为滴水不漏的安排之后，项羽开开心心地回彭城去了。刘邦在张良的辅佐之下也很听话地去了大山深处的南郑。似乎一切都在按照项羽的预期发展。而且刘邦一到南郑就下令烧了栈道，做出了再也无意染指关中、只想当一个偏居一隅的草头王了此一生的姿态。

但项羽前脚刚走，刘邦后脚就有所动作了。

同年，也就是汉元年（公元前206年）八月，刘邦拜韩信为大将军，明修栈道，暗度陈仓，从宝鸡陈仓杀回关中，与项羽彻底撕破脸。

刘邦的五十万大军要过黄河去攻打定都彭城的项羽，必然要借道司马卬的封地朝歌，也就是那个寄托了商国人光荣与梦想的伟大首都。但此时，这里已是残垣断壁破败不堪了，根本抵挡不了刘邦大军。在乱世中摸爬滚打半辈子造就了司马卬深入骨髓的现实主义情怀，他想着刘邦五十万大军，气吞万里如虎，打败项羽易如反掌，便立刻加入刘邦"正义"的讨伐项羽的大军，并且作为急先锋冲在准备痛殴老领导的第一线。可是没有想到，刘邦结集起来的五十多万大军竟然打不过项羽的三万江东子弟兵，而司马卬因为冲得太靠前了，成为唯一阵亡的诸侯王，因此也就没能看到后来刘邦的绝地大反击。殷王司马卬由于运气太不好，导致后来

在汉朝初年没能分到一杯羹,司马家族只能默默无闻地在河内郡度过了
无人问津的三百年。

两汉司马家

虽然在汉初没能封侯,但是经过不懈的努力,司马家族到了东汉年
间,终于又出了一位名将:征西将军司马钧。

话说刘邦在遭遇了九死一生的几番沉浮之后终于消灭了生命中最大
的对手项羽,开创了一直到现在还在对华夏民族乃至整个世界施加深远
影响的大汉帝国。虽然内部威胁消除了,但匈奴来了,成为汉朝初年最大
的生存威胁。

万般无奈之下,汉朝开创了与匈奴的和亲制度,并且在汉文帝、汉景
帝连续两朝的韬光养晦过程中,积攒了能够和匈奴掐一架的足够实力。
汉武帝和他的将帅们把匈奴打得找不到北,曾经烜赫一时的匈奴帝国分
裂为南匈奴和北匈奴。南匈奴仰慕于大汉王朝的武威,内附汉朝,并配合
汉朝将北匈奴赶出了漠北草原。无家可归的北匈奴继续向北迁移,一直
迁徙到多瑙河流域。

把北匈奴在欧洲搅得天翻地覆的事儿按下不表,在汉朝平灭匈奴的
威胁之后,外部的麻烦就是羌人了。但也许是因为除掉匈奴让汉朝伤筋
动骨、元气大伤,这个麻烦伴随有汉一朝,从西汉一直到东汉都没有被
根除。

而我们前面提到的司马家族终于混出点儿人样的征西将军司马钧,
他的主要任务就是对羌人作战。这位征西将军司马钧对羌作战虽一直是
败多胜少,可就是能够一路受到提拔,做到了方面军的最高长官。原因很
简单,史书上有记载,司马钧攀上了当朝最显赫的权贵邓太后的哥哥车骑

将军邓骘,但史书并没有说司马钧是通过什么方式获得邓骘的力保的。皇太后的亲哥哥对这个常败将军青睐有加,昧着良心一再提拔重用。但是上面有人,你自己也要争气点,总是让人给你擦屁股不是长久之计。

终于,在元初二年(公元 115 年)的一次军事行动中,作为主帅的司马钧居然因为拒绝救援陷入重围的友军,被羌人连续击破。友军被击溃不说,自己率领的军队也几乎全军覆没。征西将军司马钧几乎是单枪匹马跑了回来,朝廷大为震动。这次,邓骘不想再替这个绣花枕头擦屁股了。于是,司马钧被治罪下狱。下了狱司马钧就不再是征西将军,而是个阶下囚了。可司马钧世家子弟的臭脾气犯了,竟然受不了刀笔小吏的侮辱,在狱中自尽。虽然司马钧结束了他并不太光彩的一生,但是由于征西将军的个人魅力,其在朝廷中的人缘非常好,他的子孙得到了很好的照顾,司马家族并没有受到太大的波及。

可能是由于父亲窝囊将军的名头太响,司马钧的儿子司马量毅然决然地放弃了为将的家族传统,坚定地做了一名文官。当然,这也可能是东汉时期的大环境使然。在汉武帝常年征战耗费大量国力,决定停止扩张之后,尤其是在西汉以废黜百家、独尊儒术为国策之后,武将渐渐式微,文官势力慢慢壮大。文官比做武将整天打打杀杀更有前途,这在世家之中渐渐形成共识。而且,做文官安全系数高,只要学会隐忍不做出头鸟,再学点儿翻云覆雨的本领,平步青云不是梦,总不至于吃了败仗,全族人都跟着倒霉。司马量吸取了父亲的教训,改变了司马家族子嗣的职业生涯规划,不再以一门将种为荣,而是以经学著世为道,弃武从文了。

皇天不负有心人,司马量,这个改变家族发展轨迹的人,官至豫章太守。

榜样的力量是无穷的,到了司马量的儿子司马俊,也就是司马懿的爷爷的时候,已是以博古通今、风流倜傥的大文士面目示人了。司马俊官至颍川太守。司马家的家训也从热血洒疆场变成了诗书传家远。

虽然从官职上看,司马俊跟其父一样都是太守,但是这两个太守的含金量就大不一样了。颍川此地,也就是现在的河南省许昌市,在历史上人杰地灵,出过的人才数不胜数,最厉害的要数大禹了,后来有吕不韦、韩非子、张良这些名声如雷贯耳的大人物。到了三国时期,荀彧、郭嘉、徐庶这样的名士,也都是颍川人。可以说,颍川就是杰出人才的集散地。而且东汉之时,颍川是除了首都洛阳外最为繁华富庶之地,相当于现在的上海或者广州这样的一线城市。司马俊这个颍川太守与他父亲豫章太守之间的差距,差不多就是上海市长与丽江市长的差距。而且,颍川更有当时天下的顶级豪门荀氏和陈氏。司马俊继承了其父的个人魅力,再加上其饱读诗书,任颍川太守期间与两大家族保持了良好的关系,甚至通过儿女婚姻使其关系更为密切,也为司马家族的后人积攒了人脉。

曹操的贵人

经过八面玲珑的司马俊多年的经营和奋斗,司马家族已跻身东汉一流豪门的行列。

有了这么会做人的老爸,他儿子仕途不一帆风顺就太不像话了。司马俊的儿子司马防,也就是司马懿的爹,在二十六岁的时候就离开颍川,入京做了尚书右丞,大概相当于现在的部长助理。东汉时期没有科举,做官是要有人举荐的,也就是举孝廉制度。在尚书右丞这个职位上,司马防推荐了一个二十岁的年轻人做了洛阳北部尉(相当于地区派出所所长),使这个年轻人第一次走上了仕途。这是一次改变司马家族命运乃至东汉王朝命运的举荐。这个年轻人就是后来搅动天下的枭雄曹操。

据《三国志》记载,曹操的父亲曹嵩是大宦官曹腾的养子,而曹腾是做过大长秋的如假包换的大太监。曹腾死后,曹嵩继承了曹腾废亭侯的爵位,并且官至太尉,也就是东汉时的国防部长。据说曹操是汉朝开国名臣曹参的后人。但是据陈寿的考证,作为宦官养子的后人,曹操的出身实在是可疑。不过曹操虽然是如假包换的"官二代",但是他那过于耿直的性格,使其从政生涯并不顺利,后来就发生了大名鼎鼎的"五色大棒"事件。曹操由于秉公执法,打了当朝权贵蹇硕的亲戚。初入职场的曹操捅了这么大的娄子,按说政治生涯应该就此打住了,但曹操的干爷爷曹腾那可是大名鼎鼎的大长秋,也算是蹇硕的前辈了,所以最后调任曹操为顿丘令了事。他后来又是因为秉公执法,得罪当地权贵,被调回中央,赋了一个闲职。好在后来东汉天下大乱,又闹起了黄巾军,才使得曹操如虎入南山,腾空而起。《三国志》中陈寿对于曹操的评价是:"太祖少机警,有权数,而任侠放荡,不治行业,故世人之未之奇也。"

继续说司马家的事情。

司马防三十九岁的时候,东汉大乱。大将军何进和大太监蹇硕因为内外廷的控制权和继承人的问题掐起架来。这是东汉一朝上演了无数次的阉党与外戚之争。虽然说东汉一朝,这种争斗每过几年就要来一次,可这次动静太大了。在平定了边张和韩遂的叛乱之后,大将军何进掌握了天下兵马的指挥权,权势更大。汉灵帝对其不满情绪日益增大,在其授意下,蹇硕组建禁卫军,把曹操也召入禁卫军,成为西园八校尉之一。汉灵帝突然死去,何进害怕蹇硕起事,便召董卓入京帮自己撑腰,不成想自己却先被蹇硕杀了。后来袁绍入宫将外戚和太监全杀了。看着宫里打成一锅粥,董卓毫不费力地进入长安城,废了少帝刘辩,立汉献帝为帝,成功地实现下山摘桃子的目的。

真是城头变幻大王旗,忠臣义士们慷慨赴死,阴谋者们曲意逢迎拉帮结派。宦海浮沉多年的司马防,心念其家族沉沉浮浮几百年,早已郎心似铁,就这么看着昔日同事们被拖出去或者斩首或者全族诛灭,昨天还一殿为臣的同僚今天就成了刀下鬼。他就这么看着看着,像个观众一样看着,只要不涉及自己和身后的家族,他都会努力扮演好一个忠臣的角色,不管主子是汉灵帝还是董卓。

古代中国的家国制度

既然说到了家族和封建制度,那就多说几句,介绍一下我们华夏文明的封建以及家国制度。

作为世界上四大文明古国中唯一的从其起源一直到现在不曾中断的文明,中国由于其漫长的封建时间,经常被称为封建古国。如果按照比较学术的说法来说,在秦朝设立郡县制的时候,封建制度就已经消亡了,因为诸侯都变成了县长,所有的权力都收归中央。但按照中学历史课本里的说法,一直到辛亥革命的一声枪响,才结束了几千年的封建制度。

但不管怎样,这封建制度的起点就是周。

中国的文化,说到底是周人的遗产。在周以前,从神话时代的三皇五帝到夏,都是在摸索,是蒙昧时代。商朝,狂放不羁、自由奔放,是华夏民族的少年时代。而周以后就变得沉稳,也变得稳定,社会制度和文化制度,从西周一直延续到明清,是有着一以贯之的精神面貌和人文气质的。

大约在公元前1044年,在现在陕西宝鸡周原一代的周部落联合反对商的其他部落发动战争,从发兵到攻占商朝伟大首都朝歌只用了三十天的时间。要知道在冷兵器时代,几年时间攻打一座坚城却攻打不下来的例子比比皆是。所谓攻心为上、攻城为下,能不爬城墙就别爬城墙。武王伐纣这场灭国之战的迅疾堪称举世罕见。

忽然的胜利,让原来偏居渭河与泾河冲积平原的弱小的周部落一下成了天下的主人,武王姬发感到一种从未有过的害怕。百足之虫,死而不僵。虽然商朝中枢突然死亡,但是大量商朝旧贵族和同情商朝统治势力的存在,以及反商联盟并非铁板一块的事实,都使得各种势力在暗中起伏,一旦擦枪走火,更大的战乱必将像火山喷发一样不可遏制地爆发。所以武王在周公的建议下把纣王的儿子武庚封在殷地，让商朝的贵族们觉得周朝只是反对倒行逆施的商纣王，并没有灭亡殷商血脉的意思；另一方面，又把自己的三个兄弟，即管叔鲜、蔡叔度和霍叔处分封在殷周围的管（今河南郑县）、蔡（今河南上蔡）和霍（今山西霍县），用以监视殷地的武庚，史称"三监"。

由于这样通过邀买人心与缓和矛盾来建立统一战线的一系列举措，西周初年纷乱的局势终于慢慢平复下来。

一直到周公摄政。

周武王死后，其子周成王继位，由于年纪小，就由周公摄政，代成王行事。这本来是一个使周王朝保持先进性和正确发展道路的利国利民的安排，但是管叔有了想法。

我们知道周武王姬发是周文王的二儿子，周公姬旦是四儿子，而管叔就是周公的三哥。武王次弟管叔素有野心，企图篡夺王位，这就是后世一再重演的年富力强的皇叔和尚未成年的小皇帝之间的故事。只是这一次，皇叔的运气不太好。管叔对周公旦摄政殊为不满，便四处散布谣言，声称周公将不利于孺子，就以清君侧的名义，煽动武王的另外两个弟弟蔡叔、霍叔公开与周公作对，并怂恿武庚及东方诸侯国反叛周室，妄图里应外合，颠覆周王朝政权。

眼看着来监管自己的管、蔡等人先造反了，以武庚为代表的殷商旧势力看到了机会。殷商的旧贵族势力本来就对故国的灭亡怀有刻骨仇恨，念念不忘伺机复辟，此时更是积极响应管叔的号召，联合地处东夷（今河南东部，山东西部，安徽、江苏北部地区）的部落发动了叛乱。

新生的周朝面临了自建国以来最为危机的时刻。在这个危急存亡的关头，周公旦肩负起巩固周王朝政权的历史重任。他面对内外交困的形势，断然采取措施，兴师东征。

周公东征，一年救乱，二年克殷，三年践奄。

第一年，周公挥师兵锋直指叛乱的策源地，原殷商京畿之地——朝歌，沿着当年武王伐纣的路线再一次讨伐殷商旧部，杀武庚、灭管叔、擒蔡叔,以雷霆之势平灭了始乱者。

第二年,周公率军向趁乱而起的淮夷发起了攻势,平灭东方淮夷的势力薄弱但是数量众多的小部落,"凡所征熊盈族十有七国,俘维九邑",取得了东征之战第二阶段的胜利。

第三阶段是征讨"践奄"。周公决定趁着一路凯歌的势头,进一步开疆拓土,将周王室的统治推进到东方地区。在征服了淮夷诸小国后,周公再接再厉,挥师北上"践奄",讨伐东方最后一个叛乱据点。奄,在商朝时曾是东方一个比较强大的方国。周灭商后,奄国的势力没有受到削弱,武庚、三叔叛乱的爆发,奄也积极参与,成为周在东方的一个劲敌,所以自然是周公东征中的重要打击对象。由于此时周师已经占领了奄国西、南两面的邻国,对其构成战略包围,奄已处于完全孤立的不利局面。奄君束手无策,只好被迫缴械投降了。奄国灭亡后,丰、蒲姑等山东北部诸方国也相继投降,周王朝的统治势力一下子扩大到了渤海、黄海边上。

经过三年风餐露宿的军旅生涯的周公,回到首都镐京,心里充满了忧患。虽然平定了叛乱,但迎接他的并不是凯旋的欣喜,而是重重的危机和挑战。地处函谷关之内的镐京,虽然地势险峻、雄关环伺,但是距离中原太远。一旦关外有事,根本来不及有所动作。于是,周公亲自主持在商朝旧都不远的洛阳建造周朝的第二首都。都城于周成王五年建成,并置有九鼎。号称"天下第一鼎"的何尊铭文中记载的周成王五年"宅兹中国"即是指此事。这也是"中国"二字第一次见诸史实的记载。镐京地区的国家行政区域被称为宗周,由周天子的嫡传继承人管理,而洛阳地区的第二首都被称为成周,由周王室的庶出继承人管理。

对于执政稳定性问题的考虑,其实从西周立国的第一天就开始了,那就是诸侯的分封。周天子为了控制当时自己根本无法控制的广袤国土,依靠血缘关系的亲疏将姬姓的贵族分封到各个遥远的地方。这些地方虽然名义上属于周朝,但其实周在很多地方并没有形成有效的统治。这样的分封在当时起到了很好的效果,用血缘关系维系起来的国家制度很好地推广了华夏文明,各国各自向四周发展,极大地提高了周朝势力范围扩张的速度。这就是所谓的邦国制度。

而邦国制度的核心，就是封建制度。

所谓封建，包括两部分含义，就是封土和建国。也就是周王将国土授予诸侯，使得诸侯得以建立所谓的邦国，但是土地的唯一所有者和最终解释权都属于周王。所谓"普天之下，莫非王土，率土之滨，莫非王臣"，天下的主权和产权都是周王的，而诸侯只有财权和治权。然后，受封的诸侯将封国作为自己的天下，将周王的这一套封土建国的制度在自己的封国里再套用一遍。也就是把自己的邦国再分成几份，分给自己的儿子们，这就是所谓的"成家"。但是这个家就不能再分了，而且只有嫡长子有继承权，其他的儿子虽然从血统上来说也是贵族老爹的亲儿子，但是已经不能算贵族，只能算平民了。看到了吧，基本上就算是周天子的亲戚，嫡系三代以外也都是平民了。《三国演义》里，刘备虽然号称中山靖王之后，但在没有招兵买马成就一方割据之前，也只是个卖草鞋的小贩。

封建制度，说到底是一种秩序，他把世界分成了三个层次。在这个三层的结构里，最大的是天下，它的领袖和所有者是这个天下唯一的合法拥有者——周天子。他的宗族是王族，他的家庭是王室。次一级的叫封国，封国的主人叫作国君，而且他们还根据与周天子的亲疏关系被分为"公侯伯子男"五等不同的爵位，统称公侯。他们的族人则被称为公族，他们的家庭是公室。第三个层级被称为家，也就是采邑。采邑的君主叫作家君，也就是大夫。大夫也被称为某某氏，例如司马氏就是，他们的族人被称为氏族。

国家制度设计

天子的权力是封建诸侯，这就是建国；诸侯的权力是封建大夫，这就是成家。但是大夫就没有再封之权了。诸侯与大夫虽然是受封的,但他们拥有财权和治权,也就是拥有自治权。于是,大夫有权自行管理采邑,这就叫作"齐家",诸侯不能干预。诸侯也有权利自行治理封国,这叫作"治国",天子也不过问。大夫除了做到"齐家",还有义务协助诸侯治国。同时,诸侯在发生动乱之时也有义务奉天子之命南征北战,这叫"平天下"。《礼记·大学》中记载的"物格而后知至,知至而后意诚,意诚而后心正,心正而后身修,身修而后家齐,家齐而后国治,国治而后天下平",就是对封建制度最标准的注释。

但是有秩序就够了吗?周公还为这套秩序制定了维稳的手段,那就是宗法制度。而宗法制度的核心,就是确定了嫡长子继承制。嫡,就是正支,正妻所生育的儿子就是嫡子,而嫡子中的老大就是嫡长子。贵族的儿子众多,但具有法定继承权的只能有一个。与嫡相对的就是庶,庶本身就含有众多、渺小等意思。物以稀为贵,多了就不太值钱了。嫡子的母亲是妻,只能有一个;庶子的母亲是妾,可以有多个。庶子的地位低,倒不是儿子们的错,而是因为他们的母亲作为妾的地位低而且数量不少。另外,妻妾来历不同,妻必须门当户对、明媒正娶,一个字,就是要"娶"。妻与夫是对等的,从制度设计上来说就是平等的,因而地位尊贵,所以叫举案齐眉。而妾叫纳,相对来说就随意得多,可以买,可以抢。既然可以如此来历不明,其地位也就可想而知了。

结果,因为做妈的地位不同,儿子们生来就不平等。

第一等是正妻的第一个儿子,叫作嫡长子;第二等是正妻的其他儿子,叫作次子;第三等是妾的所有儿子,叫作庶子。随着天子或者贵族不断散叶开花,儿子必然会越来越多。如果不将继承权的问题提前以制度的方式明确下来,儿子们肯定会为了争土地、争家业、争财产打得你死我活。因此,周公所设计的嫡长子继承制度就是所谓宗法制度的核心,其终极目的就是要明确秩序。因为财产可以分,但是爵位和权利是不能再分的。

在周公的制度设计中,天下为家。所以,天下、国和家是统一的,齐家、治国、平天下是一回事儿。

天子是天的嫡长子,所以叫天子。诸侯们是天子的兄弟,而大夫又是诸侯的兄弟。虽然有宗法制度明确了嫡庶之分,但他们总归是兄弟。所以,天下都是天子一家子的人,所谓"四海之内皆兄弟"是也。既然全天下的人都是一家人,那么子女是臣子和平民,父家长就是各级的君主和领主,因此他们被称作子民和君父。这样的说法,直到明清甚至民国时代还在用,其根源就是周公所设计的宗法制度。

既然四海之内皆兄弟,那么大家之间就不要那么剑拔弩张了;是亲戚,就似乎不好意思把脸撕破。周公认为这样的制度设计足以使得周天下永保子孙德传万年,但其实这样的制度也就在西周三百多年还比较稳定,到了春秋和战国时期就已经残破不堪了。当然,这都是后话,至少在周公的时代,这样的制度设计还是很好地维持了周王室的统治。

在这个体系下,天下家族的根都是统一的,以祖宗为线索,家庭构成家族,家族构成宗族。家族依附诸侯成为国族,国族也从属和依附于天子,这就构成了民族。这个民族在西周时代的名字叫作夏,在东周春秋时代的名字叫作华,后来这个民族就合称为华夏民族。而华夏民族的总渊源就是周天子,这个制度的设计者就是周公。

第二章

被诅咒的东汉皇室

我们在谈论司马懿的出身以及造成其性格中的种种的时候，必须把人物放在历史的大环境下予以评价，这就是所谓的历史大趋势。司马懿生活在东汉末年，汉朝先民用三百年的时间艰苦卓绝地建立起来的治国安邦理政的儒家思想体系此时正在慢慢崩塌。与此同时，一百九十多年的东汉历史里，这个中央王朝的最高统治集团无一例外地陷入幼帝继位，然后外戚与阉党轮流坐庄的怪圈。就像是有人编写的程序那样毫无新意，一个剧本在这一百多年里基本上就没改过，几乎所有的皇帝都是在青壮年以前就非正常死亡。再烂的编剧也编不出来这样蹩脚的剧情，如果这不是见于史籍确凿记载的话。

幼帝登基和两宫喋血

历史是连续的,是不能割断的。每个历史中的人物都处于这种连续不断的历史运动之中,因而也都受到历史的制约。人的主观能动性,主要表现在认清历史潮流、顺应历史发展趋势上。人不能超越历史,还表现在人类的一切历史创造活动,都是以继承前人的一切的历史创造成果为前提的。失去了这个前提,人类的历史创造活动也就失去了基础。我们的主人公司马懿当然也不能例外。所以对于东汉末年的乱局以及造成精彩纷呈三国时代的历史背景,笔者也需要先费些笔墨交代一下。

东汉王朝仿佛是一个被神秘力量诅咒的帝国,与欧洲中世纪吸血鬼家族的惊悚故事一般黑暗的剧本不断上演,不断重复。

东汉王朝从汉光武帝中兴汉室开始,一直到中央威权瓦解、天下大乱,时间是从公元 25 年到 220 年,历时近两百年。其实在公元 189 年汉灵帝死后,两宫喋血以及后来董卓之乱爆发,使得东汉作为中央集权的国家,威权已坠,后边只是苟延残喘而已,其真正的寿命,从开创到衰亡,只有一百六十五年左右。东汉一朝共十三帝,除了开国的光武帝刘秀和后来所谓开创明章之治的汉明帝和汉章帝还算正常以外,其他的皇帝都是短命得让人匪夷所思。这里整理了东汉的这十三个皇帝的简要生平,让我们来看下这些天子骄子有多么短命,感受一下这种似乎受诅咒了一般的东汉王朝。

汉和帝刘肇,十岁继位,二十七岁驾崩,在位十七年。

汉殇帝刘隆,继位的时候刚出生一百余日,在位八个月就驾崩,创下封建中国历史上年龄最小皇帝的纪录。大概是东汉的人都觉得这孩子太可怜了,给了他一个殇帝的谥号。

汉安帝刘祜,十三岁继位,三十二岁驾崩,共在位十九年。

婴帝刘懿,甚至没有活过汉安帝驾崩这一年,四岁继位,不到五岁就驾崩,连庙号都没有。

汉顺帝刘保,十一岁继位,三十岁驾崩,在位十九年。

汉冲帝刘炳,两岁继位,在位不足一年,三岁驾崩。

汉质帝刘缵,八岁继位,不到九岁驾崩,在位不足一年,

汉桓帝刘志,十五岁继位,三十六岁驾崩,在位二十一年。

汉灵帝刘宏,十岁继位,三十三岁驾崩,在位二十三年。

少帝刘辩,十四岁继位,在位五个月,被董卓逼死。

定一个标准,如果我们认为四十岁之前死算是短命,那么东汉的皇帝除了光武帝刘秀、明帝刘庄之外就没有一个能够算是正常死亡了。如果我们认为三十岁之前死算是短命,那么只能加上汉安帝、汉桓帝、汉灵帝勉强不算短命。而且还有一半都是不到十岁登基、一年之内就驾崩的,这就简直算是夭折了。

于是,在一百九十多年的东汉历史里,这个中央王朝的最高统治集团无一例外地陷入幼帝继位,然后外戚与阉党轮流坐庄的怪圈。小皇帝无法掌控大臣,无法维持政权稳定,就只能依靠皇太后,于是皇太后的兄弟、叔叔、大爷们就权势熏天,成为外戚势力。小皇帝慢慢长大,面对外戚的咄咄逼人,就只能依靠最亲近的太监们来对付这些恶狠狠的长辈。于是阉党又打掉外戚,成为朝政的主导者。就像是有人编写的程序那样毫无新意,一个剧本在这一百多年里基本上就没改过。几乎所有的皇帝都是在壮年之前就非正常死亡了。再烂的编剧也编不出来这样蹩脚的剧情,如果这不是见于史籍的确凿记载的话。

就连《后汉书》的作者南北朝时期的宋国人范晔,都不得不感叹"天厌汉德久矣"。对此,似乎作为史官,他也已经无法给出更准确的评价,只能徒呼奈何。

首先,这种"幼帝登基"的现象肯定是不正常的,其背后肯定隐藏着深

刻的原因。个人的看法是，这种现象与东汉开国皇帝刘秀立国的一大致命缺陷有关。西汉末年刘氏大宗已经在遮天蔽日的动乱中消散殆尽，光武帝刘秀是以刘氏旁系的身份起事的。

也就是说，汉光武帝刘秀是西汉末代皇帝刘婴的远房亲戚。这个远房亲戚到底有多远呢？在中国，自古以来表示亲戚的远近关系有所谓"五服之城"，也就是说五代还可以称得上亲戚，出了"五服"严格地来说连亲戚都不算了，是可以通婚的。这个刘秀是汉景帝的儿子长沙王刘发那一支的后人，而刘婴是汉武帝刘邦那一支嫡传下来的，两者之间别说五服了，九服都出了。也就是说，刘秀和西汉末代皇帝刘婴唯一的关系是十几代以前有着共同的始祖刘邦，仅此而已，两人的亲疏跟老乡的关系差不多。

虽然说是中兴，其实跟白手起家没有太大区别，而且刘秀童年境遇凄惨，幼年丧父，从小在叔父家寄养。他出生在南阳郡蔡阳县，虽然说有着皇亲国戚的名头，但是早已没有了封地，跟普通的农民没有太大区别。与汉高祖刘邦靠着一帮出身草莽的将相通过军功爵制度激励取得天下不同，光武帝刘秀是依靠地方豪强势力的鼎力支持获得"革命"成功的。"革命"成分的不够单纯，造成了后来东汉王朝中各种豪族势力的尾大不掉。就像公司上市前拿了风投的钱，公司上市了必然要受到风投的掣肘，而且东汉这个上市公司最大的问题在于没有办法回购，因为关系太复杂，除非公司倒闭。

由于光武帝刘秀这一支是刘氏旁支，而且是非常远的旁支，所以，东汉皇帝非但不能依靠宗室的力量，而且还要极尽所能地打击宗室力量。因为是个宗室基本上都比他更加根正苗红，比他更有资格拥有汉室政权。在所谓的明章之治时，政府更是掀起了迫害宗室的高潮，屡次大兴牢狱，手段之惨烈堪称史无前例。宗室力量凋散后，为了驾驭关系复杂的统治集团、巩固皇权，东汉皇帝只能依靠内廷的力量。

根据东汉皇室"幼帝登基"的光荣传统，小皇帝继位之时大多尚未成年,有的甚至生活还不能自理,那就只能依靠他妈,也就是太后了。为了对抗各大豪门所把持的官员集团,也就是外廷,太后只能靠自己的娘家人。于是,这些依靠血缘关系结成的势力就成为"外戚一党"。小皇帝长大后,不甘心当傀儡,就要想办法夺权。这时候小皇帝发现大臣们跟自己显然不是一伙的,而自己似乎也对付不了这些舅舅姥爷们,于是就选择拉拢身边最亲近的人——太监。小皇帝依靠太监灭了外戚势力之后,太监开始掌权,于是就形成了"阉党"。再过几年,这位皇帝驾崩了,又换一个未成年的小皇帝继位,于是外戚就再次得势,前面的剧本就再演一遍。

只是这样的剧本每演一次,就是一番血雨腥风。

汉和帝十岁即位,太后的哥哥窦宪把持朝政。阉党控制小皇帝,使之与朝臣隔绝,他只能依靠宦官。后来汉和帝用宦官郑众所掌握的禁军,消灭窦氏势力。在皇帝的支持下,宦官从此干政弄权。汉和帝死后,汉安帝继位,换了一拨外戚。邓太后的兄弟邓骘等掌权,铲除了阉党。等到邓太后死,汉安帝与宦官李闰、江京等合谋消灭邓氏势力,宦官又开始专政。之后,到了汉顺帝的时代,还没等到梁皇后熬成梁太后,就因皇帝宠爱梁皇后,把她的父亲梁商、弟弟梁冀先后封为大将军。但梁冀专权后,汉顺帝被梁冀势力逼迫得毫无办法,后来因为把梁冀称作"跋扈将军"而被梁冀直接毒死,皇权之衰微可见一斑。这位跋扈将军在弄死汉顺帝之后,连续立汉冲帝、汉质帝、汉桓帝三个傀儡皇帝。冲帝和质帝都是不到十岁继位,上台不足一年就夭亡,估计这里面有梁冀的"功劳"。等到汉桓帝终于成年之后,与宦官单超等合谋消灭梁氏势力,宦官又开始独揽政权。汉桓帝去世后,汉灵帝刘宏被外戚窦氏挑选为皇位继承人,从此外戚窦武把持朝政,并密谋铲除阉党。但不料被宦官势力反扑,外戚窦氏被灭。

同时,放眼东汉一百多年的历史,其实所谓的外戚的选择范围也是很有限的,基本上都是光武帝的妻族阴家、郭家,以及后来的邓、马、宋、梁、窦这些家族。外戚党势力完全依附于以太后为代表的皇权,又自成体系,和外朝的官员集团不是一路人,在内部还要与阉党勾心斗角,防止大权旁落,因此导致东汉的太后专权成为一种惯例。其背后复杂的身份和家族

背景都会对帝国政治以及接班人的选择施加深远的影响。

因此,东汉自明章二帝之后再无成年君主继位,就是这种惨烈的宫廷斗争所致。

想想东汉王朝的龙子龙孙们,每天面对的就是随时准备掐死自己的舅舅姥爷们,说是人间地狱也不过如此吧,真是悲惨。

除了内忧,还有外患

说完了内忧,还有外患。当然,很多所谓的外患,归根结底依然是内忧。

西北的游牧民族始终是汉朝的一块腹心之患,从西汉到东汉,从汉高祖到汉献帝。

凉州,史称西凉。包括甘肃、宁夏以及青海的大部,自古以来就是游牧文明和农耕文明的冲突与融合的地带。它既是中原王国经营西域的必经之地,同时也是草原游牧民族势力扩张时进入中原的必由之路。汉武帝时期,战神霍去病在前辈们不断压制打击匈奴的成果基础上,两次远征河西走廊,彻底打败匈奴。武威、酒泉、张掖、敦煌等地进入西汉版图,成为西汉帝国的河西四郡。处于扩张期的西汉帝国一大批将帅都出自西凉,素有"关西出将,关东出相"的说法。

西凉作为关中的屏障,也因其地理位置的极端重要性,在西汉一朝非常受重视。西汉虽然推翻了秦朝,却秉承了秦朝的军功爵制度,立有军功不问门第均可享受爵位的规定。受益于独特的战略位置和频繁的对外战争,军功爵制度成为关西子弟上升的重要途径。西汉时期,凉州地区和关东地区分别作为帝国的军事中心和政治中心互相有一种很强的补充作用,保持着一种平衡。

但是到了东汉,这种平衡被打破了。

东汉的光武帝刘秀是关东南阳人,而其事业最开始所依仗的"云台二十八将",主要是来自南阳郡和颍川郡的豪族。由于西汉末年不断受到战火的摧残,首都长安已经残破不堪,刘秀选择迁都洛阳。东汉定都洛阳,就标志着经济中心的东移,连原来龙兴之地长安都可以当作战略缓冲说扔就扔,更别说凉州了。凉州作为帝国,特别是首都长安屏障的作用消失,逐渐式微也就没有什么意外了。加之,在匈奴分裂后,威胁彻底消除,西凉地区的战略作用更加被削弱,逐渐被东汉朝廷冷落,甚至边缘化。

但正所谓世事如棋局局新。

从汉高祖刘邦时就开始折腾汉朝的匈奴虽然不闹了,但伴随东汉始终的羌乱肆虐有过之而无不及。匈奴虽然也是游牧的军事联盟,也挺彪悍,但他们起码有单于这一统治中心。而且匈奴人有极其强烈的英雄崇拜倾向,杀了单于匈奴就散了,最起码就分裂成几股力量了。而且同他们长时间打交道,对其生活习性和轨迹也可以找到章法。而羌人则是更加松散的部落联盟,临时组织起来,抢了就散,来是一阵风,去时也是一阵风,没有统一的中央统治,要打压他们往往是按下葫芦浮起瓢。加之东汉朝廷将国家的中心越来越向东迁移,羌人的叛乱就更加不可收拾,后来甚至成为东汉内乱频仍的重要原因之一。

汉武帝时期,国家昂扬向上,开疆拓土的欲望强烈,为了经营西域,不光大力推行军功爵制度,而且大规模向西凉移民屯垦。到了东汉,国策变成保守防御,不但放弃了军功爵制度,而且规定带兵的将领必须是文官出身,有带兵打仗的特长才能转为武将。像西汉时期那样靠不怕死拼军功来出人头地、光宗耀祖的情况再无出现的可能,不读圣贤书满脑子"之乎者也"就别想有功名了。

西凉人对于东汉朝廷的不满情绪一天天累积,后来甚至有暗通羌人的。汉奸的历史可谓是源远流长。

东汉历史上共有五次规模较大的羌人叛乱。初期,东汉朝廷派出关东人司马钧主持对羌作战,就是前面提到的司马家的"常败将军"。其战绩用四个字就能概括:屡战屡败。直到换掉司马钧,改为凉州本地人主导对羌人的战事,也就是号称"三明"的皇甫规、张奂、段颎(三人的字中都带"明")。三人是本地人,对于凉州以及羌人熟悉,采用"胡萝卜加大棒"的斗争策略,渐渐平复了羌人的叛乱。此三人都是凉州文官,临危而转为武将,由此可见东汉时期武将地位的下降。但叛乱刚一平息,朝廷就宣召三人回京并夺其兵权。进攻才是最好的防御,东汉决策者退缩到关内,把凉州拱手让人,但这并没有带来和平。

黄巾起义和董卓乱政

到了汉灵帝的光和七年(公元 184 年)爆发的黄巾起义更是把风雨飘摇的东汉搅得摇摇欲坠。

但是东汉王朝崩塌的根源是统治阶级自己的失政与因此引发的外因合起来导致的无可挽回的结果。

另外,除了外患,还有天灾。外戚专权同宦官纵横循环,党锢之祸与黄巾起义并起,然而,自然灾难也是不容忽视的一股巨大力量。

一般而言,从文学性上来说,帝纪总会通过赋、比、兴写一些皇帝的事迹和史家的评论,还算略有文采,让人读起来可以有所感悟。但是东汉的帝纪,就彻底是流水账了。

> 建和元年春正月辛亥朔,日有食之……
>
> 二月,荆扬二州人多饿死……
>
> 夏四月庚寅,京师地震……
>
> 郡国六地裂,水涌井溢……
>
> 九月丁卯,京师地震……

清河刘文反,杀国相谢暠,欲立清河王蒜为天子;事觉伏诛……

前太尉李固、杜乔皆下狱死……

陈留盗贼李坚自称皇帝,伏诛……

白马羌寇广汉属国,杀长吏……

秋七月,京师大水……

冬十月,长平陈景自号"黄帝子",署置官属,又南顿管伯亦称"真人",并图举兵,悉伏诛……

夏四月丁卯晦,日有食之……

乙卯,震宪陵寝屋。秋七月庚申,廉县雨肉……

京师大水。九月己卯,地震。庚寅,地又震……

郡国五山崩。

以上《后汉书·桓帝纪》的记载,夹杂着天灾、人祸和暴乱的记录,类似于灾难片里的情节,令人触目惊心。世界末日也不过如此吧。

在西北,凉州的羌人和对现实绝望的汉人趁机联合起来叛乱,很快就成席卷之势进逼关中。东汉的地方势力多年由豪强把持,这些割据势力大都出工不出力。东汉帝国就这样一天天走向风雨飘摇。此时,当朝何皇后的哥哥何进主政,急命凉州将领董卓平定叛乱。就这样,凉州人董卓满怀多年被压抑、被歧视的不平,在各割据势力冷眼旁观的目光中,走上了平定羌汉叛乱的征程。一个被贴上凉州人标签的将种就这样站到了舞台的中央,肩负起了匡扶汉室的重任。当年的董卓还不是一个脑满肠肥的胖子,还是有着一种后来被叫作梦想的东西在他心中不断燃烧的。就是在这样的热血和梦想感召下,董卓几乎是以一己之力招募凉州猛士,建立了一支听命于自己的亡命之师,挡住了滔天的叛乱,挽狂澜于既倒。

羌乱平定后,东汉朝廷故技重施,要召董卓为少府,意在夺其兵权。有了"三明"的前车之鉴,董卓当然不会放弃自己用命换来的虎狼之师。无奈之下,东汉朝廷改封其为并州牧,并允许其带兵赴任。

虽然说羌人叛乱被平息是一件好事,但对于汉灵帝来说这并不是一件值得太高兴的事情。因为这么一来,当朝最大的外戚——何进的权势就更大了。虽然董卓在前方脑袋别在裤腰带上用命换来了胜利，但是功劳要记在何进头上。汉灵帝只能让何进更进一步，委任他为大将军，掌管天下兵马。为了防止哪天自己归西后何进进一步控制自己的儿子，他必须有所准备。按照东汉小皇帝登基的剧本来看，这样的事情是大概率事件，他自己很可能活不过何进。所以汉灵帝开始重用宦官，组建了以蹇硕为首领的禁卫军西园军团，重用了一批少壮派的豪强势力成为所谓八校尉，作为首都的卫戍部队与何进相对抗。后来吞食天地的曹操就是八校尉中的成员。虽然何进手握天下兵马大权，但是洛阳城里的卫戍部队是掌握在宦官蹇硕手里的，这样就形成了一种战略的平衡，倒也相安无事。

中平六年（公元 189 年），汉灵帝突然驾崩。

蹇硕为了缓和与何进的矛盾，立何皇后的亲儿子刘辩为帝。反正都是皇子，对于太监来说立谁都一样。本来可以平稳交接政权，按照重复了无数次的剧本再演一遍；但是按照此剧本，外戚党是存在被阉党翻盘的可能的。何进害怕再出变数，便下令召董卓进京。这个命令可就真的是惹下了塌天大祸。蹇硕一看何进要调天下兵马包围洛阳，害怕得要命，遂下了鱼死网破的决心，一方面向何进服软，另一方面积极准备，假托何皇后召见，将大将军何进骗进宫中杀掉了。袁绍以此为名，发动兵变杀进洛阳，收拾了蹇硕的宦官一党，然后清理了外戚势力，并以朝廷的名义下令禁止董卓入京。

三国序章

董卓会不会把这个诏书当回事儿？其实有点儿脑子的人都会猜到。

董卓把脑袋别在裤腰带上跟羌人玩命，挽救了大汉政权，他袁绍趁着外戚和宦官互掐得渔人之利，还不让人董卓来分一杯羹。这是把人当傻子。

董卓一点儿不傻,所以他立刻率军入京。现在的董卓军挟平定羌乱之势,是天下最强大的势力。董卓等皇城之内已经掐得差不多了,以很小的代价就进入了洛阳,将蹇硕拥立的少帝刘辩废掉,立刘协为帝,就是后来的汉献帝。就是这个私行废立的举动,让董卓被打上乱臣贼子的标签,到现在也洗不干净。其实董卓不废这个十多岁的小皇帝,袁绍在洛阳一旦腾出手来也会废了他。一个十多岁的孩子,生在乱世,生在帝王家,却像是野草一样卑贱,被废掉了,能够平安地活下去也许不失为一件好事,区别就是被董卓废掉或者被袁绍废掉。后来曹操就聪明多了,留着汉献帝当幌子,为自己的野心当遮羞布,挟天子以令诸侯。

董卓的选择是那个乱世所有的权谋者都会做出的选择,他的错误可能就是明目张胆地废帝自立,所以成了众矢之的。这个时代烂了,董卓的作为就是代表无数被伤害、被剥夺的人们去撕烂这个时代最后的伪装。是乱臣贼子还是大刀阔斧的改天换日,每个人都有自己的判断。

从这一刻开始,董卓成为这滔天血海中的破坏神,他要做的就是砸烂这污浊不堪的旧世界。让魑魅魍魉在脚下哀号呻吟,这也不啻是一种拯救。

后来发生的事情,就是在历史上一再上演的、阴谋家们以公理和正义为幌子的你死我活的纷争。以后的日子一天都没有安宁。十八路诸侯讨伐董卓的叛逆行为,董卓为避兵锋迁都长安,最后被自己所收的义子吕布刺死。乱臣贼子死了,这个世界就天下太平了吗?似乎并没有。董卓死后,各怀鬼胎的号称代表正义的关东诸侯联盟自然也就解体了。这时,曹操挟天子以令诸侯,天下陷入大战,尔虞我诈的三国时代的大幕拉开了。

其实汉灵帝驾崩引发的东汉突然崩盘,完全是智商低下的大将军何进把一手好牌打得稀烂的结果。看看东汉这么多次的外戚与阉党轮流上台执政的剧本,不管外戚与阉党怎么斗,都是窝里斗,谁也不敢动刘姓江山。东汉王朝是皮,外戚阉党就是毛,皮要是没了,毛也就没了。但地方军阀和豪强不一样,我们暂且把董卓的凉州军叫作割据军阀,他们这种地方武装是可以脱离中央单独存在的。所以不管之前外戚与阉党如何折腾,天下都没乱,因为他们始终代表着中央,都是统治中央内部的矛盾。即便滋生了黄巾起义,只要内部能最终达成妥协,起义还是被镇压下去了。可大将军何进在政治目的已经达到的前提下,为了所谓的万无一失,召来了董卓,逼着阉党跟他以死相搏,结果让本来在旁边看热闹的袁绍给一锅端都收拾了,最后让董卓不费吹灰之力成为得渔翁之利的人。董卓入主洛阳,废掉少帝刘辩,立刘协为汉献帝,成功地开辟了一条地方豪强掌权的先河,东汉政府就正式进入名存实亡的阶段。

大将军何进错误的决定,是葬送东汉王朝的第二个重要的原因。

第三章

三国大幕拉开

　　司马懿性格中的谦虚谨慎，以及隐忍和不出头的特点，可以说是由司马家族一以贯之的家风所影响和形成的。其最终行事风格和性格的形成，同样也受到其原生家庭和家学非常深刻的影响。司马懿的父亲司马防一生隐忍谨慎，在乱世中兢兢业业地延续其家族百年来的重任，除了举荐了曹操这一颠覆汉室的枭雄之外，并无可称道的功业。但是司马防在子女的教育方面，堪称后世父母之典范。他对八个儿子严加管教，这些儿子也确实不负父亲的养育，个个都很有出息，在当地留下了"司马八达"的美名。其中，老大司马朗、老二司马懿和老三司马孚最为能力卓著。

讨董卓，乱哄哄的一场戏

大将军何进召董卓进军，却埋下了东汉末年的滔天大祸。董卓非但没有平定已经乱成一锅粥的洛阳城的局势，而且私言废立，使得汉室倾颓。在这样的情况下，天下心存汉室或者说是希望趁乱分一杯羹的各种力量纷纷迎风而起。

根据《三国演义》的记载，在曹操的号召下，发生了十八路诸侯共讨董卓的事情。如果从字面上来看，这似乎是因为董卓私言废立，激起了全天下心向汉室的正义之士的公愤，所以是群起而攻之的正义战争。但真实的情况是，刘备、马超、孙坚这些人根本就没有参加，而且曹操也根本不是召集人。曹操刚刚参加"革命"，手底下没有几个人，当时还在跟在别的诸侯后面混。而且，根据《三国志》的记载，是十路诸侯讨伐董卓。仔细看一下这十路诸侯的名单，就能看出其中的端倪。讨伐董卓的十路诸侯是：勃海太守袁绍、后将军袁术、冀州牧韩馥、豫州刺史孔伷、兖州刺史刘岱、河内太守王匡、陈留太守张邈、东郡太守桥瑁、山阳太守袁遗、济北相鲍信。从地理位置上就能很清楚地看出来，基本上就是河南、河北的豪强势力组成了关东联军在和以董卓为代表的凉州势力对抗。

面对这个情况，董卓敏锐地看到这些乌合之众的目的根本不是恢复汉室，他们唯一的目的就是趁乱抢一把。于是，董卓举重若轻地下令：迁都。

这一着棋确实是高明。倒不是说董卓打不过关东联军，想当年董卓率领凉州军团将铺天盖地的羌人一点点儿地吃掉，其战斗力自是不可小觑。但是，董卓迁都离开洛阳，就留下一大块战略空间给联军。因为利益所聚齐起来的所谓联军，自然就会因为分赃的问题自己打起来。后来事态果然按照董卓所预料的那样发展,联军们就在洛阳停下来花天酒地起来。

《资治通鉴》对此事有着比较靠谱的记载。

> 曹操曰:"举义兵以诛暴乱,大众已合,诸君何疑!向使董卓倚王室,据旧京,东向以临天下,虽以无道行之,犹足为患。今焚烧宫室,劫迁天子,海内震动,不知所归,此天亡之时也,一战而天下定矣。"遂引兵西,将据成皋,张邈遣将卫兹分兵随之。进至荥阳汴水,遇卓将玄菟徐荣,与战,操兵败,为流矢所中。

曹操有这一腔兴复汉室的热血,但差一点儿在初出茅庐的时候就丢了性命。要不是曹洪在关键时刻让曹操骑着自己的马逃走,估计以后我们就看不到挥斥方遒、魏武扬鞭的那个枭雄了。这个初出江湖、心中也许怀着匡扶正义思想的青年曹操,面对残酷的现实,也只能感慨:我本将心向明月,奈何明月照沟渠。

董卓迁都长安,司马懿他爹司马防也跟着到了长安,也是一句话也没说。董卓一个凉州人,本来在朝中就没有什么根基,对于有司马防这样德高望重的老臣辅佐,当然是满心欢喜。要知道,司马防这样辅佐汉室三代君主的老臣,对于董卓政权的合法性是很好的注脚。于是,在洛阳的时候董卓让他当洛阳令,到了长安又封他做京兆尹。他俨然成了董卓的自己人。京兆尹,这放现在就是北京市市长,政治前途绝对一片光明。

可卿本佳人,奈何从贼。司马防的痛苦,他自己一定深有体会。

跟着乱臣贼子董卓而不知反抗,司马防也被天下人骂得狗血淋头。殊不知司马防心中承受的是不为人知的痛苦。但是作为家族的长男,肩上所承担的是司马家的责任,他也只能默默忍受,哪怕在乱世中苟且,哪怕被千夫所指。

董卓入京为乱之时,为了绑架皇室以及朝中大臣,防止他们离开京城征召天下豪强与自己作对,将朝中重臣以及豪强大族的家眷和族人扣留在洛阳城中。当然，司马防的族人也被扣押在洛阳城。一座辉煌的帝都形同天下士族之囚牢。司马防敏锐地看到，由于董卓的私行废立，天下民怨沸腾，十路诸侯讨董卓只是一个开始，董卓之倾覆已经在所难免。于是，司马防把司马朗找来，让他大散家财，尽快带司马族人离开已经形如暴风眼的洛阳城，回乡建立自己家族的武装，在乱世之中聊以自保。因为身处暴风眼中的他知道，长安现在的风平浪静，只是在酝酿着一场更大的风暴。

事不宜迟，司马朗立刻开展运作，一番上下打点之后，终于买通了守城的将官，准备趁夜离开洛阳回到家乡。但是就在马上要成功之时，却被临时换防的董卓的心腹董毅发现，一族老小都被抓了起来。

听说是京兆尹司马防的儿子要逃走，董卓觉得事关重大，亲自来审问。

"太师大人，此二人为京兆尹司马防的两个儿子，带着十余箱财物，意图趁夜色潜逃，被末将抓了。请太师予以发落。"董毅将司马朗和司马懿兄弟推到董卓面前，朗声说道。

司马朗为司马防的长子，自十六岁时以本郡孝廉身份入仕以来，在京兆府任职已有几年，已经练就了处变不惊的心理素质。在此惊魂之时，他躬身从容作答："董太师，这位董将军误会了。小生与族人趁夜出城，其实是奉了家父之命，前往河内郡温县老家，招引各位宗族乡亲一同随朝廷前往长安的。还请董太师明察。"

董毅一心想着抓住京兆尹司马防的一个小辫子，以便能够得到董卓的青睐，依然不依不饶地不愿意承认自己抓错了。

只有十几岁的司马懿向着董卓深施一礼，用青涩的声调作答："董太师您入主朝廷之后，任用了很多贤人，我父亲经常对我们说，蒙您不弃，他还能留在洛阳做官，我司马一族万分感激您的礼贤下士。可是此时天下大乱，朝廷准备迁都长安，我家乡的人也跑了，所以父亲让我兄弟二人回乡看一看，万万不敢有潜逃之想，请太师明断。"

董卓看司马防的两个儿子知书达理且临危对答如流，心生怜爱之情，加之他们也确实是言之有理,于是摆摆手,让司马懿兄弟二人回乡了。

司马朗回到温县老家之后,立刻开始着手联合附近的大族,招兵买马,修筑堡垒式的武装割据点,建立司马氏族的武装。温县所在的河内郡在东汉末年是各派割据武装相互之间交战频繁的地区,司马朗在乱世之中建立起以司马家族为主的家族割据武装,一方面起到保境安民的作用,在乱世中保存了司马家族的人脉,另一方面,也在研读经学的同时,锻炼了司马一族运筹帷幄指挥武装斗争的经验。司马氏以这种方式组建的私兵直到三国时代也实力雄厚。这种武装以上阵父子兵的组织形式进行组建,作风强悍,敢于死战,在东汉的乱世之中是不可忽视的一股力量。在后来的高平陵之变中,司马师个人训练的三千死士成为帮助司马懿一举改变不利局面的最大的底气。当然,这是后话了。

而此时的司马防却没有选择,为了光复汉室的希望,同时也是为了家族的延续,他只能选择在暴风眼里的朝廷中,等待滔天巨浪的从天而降。在司马防眼中的京兆尹,不过是一叶小舟,在风雨欲来的汪洋大海中随波逐流。

该来的一定会来,这场滔天的巨浪并没有让司马防等太久。

董卓之死引发更大的动荡

董卓的废帝自立引起了天下民怨滔滔,多次有人想要刺杀董卓。后来,司徒王允串通三国时期第一武将吕布,杀了董卓,做成了很多人想做而没有做成的大事。《三国演义》里的故事是说王允以貂蝉先许吕布再许董卓,吕布恶向胆边生,手刃了董卓。其实史书中没有关于貂蝉的记载,这是个虚构出来的人物。罗贯中在这个故事里安排这么个绝色美女,对于吕布有勇无谋、喜好美色的莽夫形象的描画就更令人信服了。

031

一代枭雄董卓,一生行事谨慎,杀气逼人。当年曹操刺杀他的时候,因为他看了一眼曹操,同为枭雄的曹操竟然手握宝刀六神无主,功亏一篑,只得仓皇逃走。

但是,董卓终于还是死于非命。董卓还在的时候,有他这个大魔头压着,李傕、郭汜这些西北的军阀都翻不起什么大浪,天下还有规则,不管这个规则是谁制定的。现在大魔头死了,天下就彻底乱了。

初平三年(公元192年),董卓死后被暴尸街头。守尸的兵士在董卓尸身之上插了一根灯芯,董卓身上的脂肪便成了灯油。这盏天灯烧了三天三夜才燃尽。

董卓死后,王允主政,自以为立下不世之功绩,逐渐骄纵,拒绝赦免董卓手下的部将,反而下令要剿灭董卓残部。后来传出去的消息就变成王允要杀尽凉州人,天下为之震恐。被董卓派往陈留劫掠的李傕、郭汜聚拢了本已逃散的西北军阀,杀回长安。要说西北军阀的战斗力确实强悍,号称三国时代武力最强的吕布竟然也抵挡不住,兵败逃走。李傕、郭汜攻入长安城中,再一次劫持了汉献帝和百官。年近半百的司马防须发皆白,看惯了城头变幻大王旗,没有说一句话,依然是乖乖地陪着汉献帝做人质,尽到一个臣子的本分。为了风雨飘摇的大汉王朝,也为了身后的司马家族,他继续忍辱负重。

后来李傕、郭汜之间出现了内讧,互相讨伐。在北方诸侯联手绞杀之下,李傕、郭汜为首的西北军阀势力终于消亡殆尽。董卓之乱似乎是结束了,但是天下更大的混乱不可逆止地开始了。

创业者曹操

　曹操在经历了那次因为自己的不谙世事的行为所导致的大败之后,

进行了深刻的反思。他意识到在这个污浊的乱世,光靠满腔的热血是寸步难行的。同时他也意识到:想要劝说别人甚至依靠别人的力量来成就大事是没有什么可能性的;要想在这个残酷的世界上立足,按自己的意愿行事,自己就必须先要有足够强大的力量。因此,曹操似乎一夜之间就从"官二代"成长为枭雄。他决定不惜一切代价壮大自己的队伍。曹操与他的同伴们到扬州招募新兵后,再度北上,驻扎在河内郡。后来,曹操按照他为自己规划的人生轨迹,一步一个脚印地迅猛发展,堪称后世创业者的励志模范。

初平三年(公元 192 年),曹操获得兖州地方豪族的支持,占据兖州,成为兖州牧,并且脱离张邈的控制,成为一支独立的割据势力。在这一年,山东大旱,饥民无以为继,爆发了以饥民为主的黄巾军起义。曹操大破黄巾军,并且收服三十万黄巾军,把其中精悍所部编成青州兵,成为他最初的起家班底。

初平四年(公元 193 年),曹操的父亲曹嵩被徐州将领张阎所杀,曹操遂发兵徐州,开始了讨伐徐州的系列战役。第一次攻打徐州并不顺利,徐州城防坚固久攻不下,加之旷日持久的攻坚战粮草难以为继,曹操只得退军。

初平五年(公元 194 年)他再征徐州,但张邈和陈宫叛迎吕布为兖州牧,趁着曹操攻打徐州抄了曹操的老窝。曹操无奈,只得放下徐州赶回并围攻濮阳。二军相持不下,停战言和。

兴平二年(公元 195 年)山东大旱,吕布骑兵战斗力大减。曹操整军再战吕布,于巨野大破吕布军。

建安元年(公元 196 年)汉献帝在董承的保护下趁乱逃离长安,本来想投奔四世三公的袁绍,但袁绍认为汉献帝是董卓所立,拒绝承认其帝位的合法性,竟不予理睬。天下之大,一个皇帝竟然落到了无处可去的境地,可见东汉末年汉室权威沦丧到了何种地步。只有曹操听说献帝蒙尘,主动派人前去迎接天子。流落在黄河岸边无处可去的汉献帝在终于见到尚且把自己当领导的曹操的时候,肯定是比看到亲人还要激动。汉献帝感念曹操拥戴之德,在去往许昌的路上就主动提出封曹操为大将军、武平侯。集军事政治最高长官于一身,曹操一步登天,从被董卓通缉的逃犯,一举成为东汉朝廷最有权势的权臣——虽然这只是名义上的。

曹操向汉献帝建言,故都残破不堪,希望能够迁都许昌。汉献帝很快就同意了,他心想:全天下人都不拿自己当回事了,现在也就只有靠曹操了,迁都就迁都吧,反正长安已经残破不堪,洛阳也是一片废墟了。现在的曹操,称得上是一心要中兴汉室,应该没有一点儿所谓"挟天子以令诸侯"的想法。许昌也成为东汉最后岁月的首都,直到东汉灭亡。

十年奋斗,曹操终于混出点儿样子了。

虽然汉献帝在当时被人看来只是一块可有可无的遮羞布,但曹操有着这块遮羞布就奠定了他对于袁绍的道义上的优势。就是依靠着这种天命,他取得了天下心存汉室的人的支持,最终在官渡以少胜多,消灭了袁绍势力,统一了北方。

当然,这是后话。

跟随着汉献帝来到许昌的司马防,这一年四十八岁,实在是厌倦了在乱世中东躲西藏的日子。这位老臣向曹操这个枭雄请求告老。对于曹操来说,司马防也算是老相识了。二十年前司马防举荐了曹操,使他第一次成为京官,开始了跌宕起伏的人生。

两位老相识回首往事,相谈甚欢。酒过三巡,曹操忽然问司马防:"请问老哥你觉得我现在还能做北部都尉吗?"司马防起身整整衣袖鞠躬行礼,面带三分笑意,娓娓道来:"老夫做尚书右丞的时候,您做北部都尉正合适。"曹操听闻此言,哈哈大笑,对这样的回答甚是满意。

司马防退休

自此司马防告老还乡,不再过问江湖事,关门只读圣贤书。

司马防一生隐忍谨慎,在乱世中兢兢业业地延续其家族百年来的重任。除了举荐了曹操这一颠覆汉室的枭雄之外,并无可称道的功业。司马防对八个儿子严加管教,这些儿子也确实不负父亲的养育,个个都很有出息,在当地留下了"司马八达"的美名。其中以老大司马朗、老二司马懿和老三司马孚最为能力卓著。

司马防一生,在遇到重大抉择之时,不出头、明哲保身的处事原则,给儿子们留下了极其深刻的印象。从司马朗到司马懿,然后到司马师、司马昭都是一以贯之的低调不张扬,可怕地隐忍着,直至最后吞食天地。

建安五年(公元 200 年),曹操取得了官渡之战的胜利,打掉了在北方与其竞争的最大敌手袁绍,心情大好。这时他想起对自己有着知遇之恩的司马防老爷子。虽然他现在已经告老赋闲在家,但是他的儿子们都已经长大成人了。曹操就决心报答老先生,征召了他的大儿子司马朗前来做官。司马防这辈子跟着汉献帝东躲西藏,唯一干的有价值的事情终于开始有回报了。

作为司马家族在乱世中成长起来的新的一代,司马朗毅然接受了一代枭雄曹操的召唤,将振兴司马家族的大旗从父亲司马防手中接过,踏上了未知的仕途和征程。

司马朗履职伊始,就向曹操积极进言,号召地方郡国积极屯垦。他认为这样既能抵挡外敌入侵,又可震慑不轨乱臣。他也因此深得曹操的看重,不久升为兖州刺史。司马朗在兖州刺史的任上,勤政爱民,积累了非常好的民望。在暴发传染病的时候,他不顾危险身处一线体察民情,被百姓称为司马神农。司马朗是家族中唯一忧国忧民、无私付出的人。他在司马懿成为权臣之前就已病故,毫无污点;即使在整个曹魏官员群体来看,除了荀彧可以同他相提并论外,其他无人能出其右。

　　父兄为官之时的良好的口碑,为司马懿的出仕积累了很好的声望和人脉。

第四章

司马懿的轻狂年代

司马家族的经学传统，无疑给了司马懿最原初的启蒙教育，使得青年时期的司马懿有着明显的避世倾向。司马懿在入朝为官前的青年时代，一直与当时的大隐士胡昭关系密切，而且拜胡昭为师。受其影响，司马懿一生的行事原则是天下有道则仕，无道则隐。但经过曹操两次的征辟，进入曹操丞相府长达十几年的熏陶和磨练，使得司马懿的政治信仰发生了根本变化，由汉王朝的同情者转变为汉魏禅让的主要策划者。率直的青年儒生终于变成了城府深厚、干练冷酷的中年官僚。可以说，司马懿的一生都在实践我们所说的顺势而为之原则。

河内少年

　　扯了这么多闲篇儿，终于说到我们的主人公司马懿了。让我们把目光从战事频仍、生灵涂炭的关中地区收回，投向还算风平浪静的河内郡，看一看还是青涩少年时代的司马懿。

　　司马懿字仲达，东汉末年河内郡温县人，西晋王朝的奠基人，绰号"冢虎"，与诸葛亮、庞统、姜维合称"卧龙、凤雏、幼麟、冢虎"。卧龙、凤雏、幼麟都是昙花一现，虽然烜赫一时但最终还是功亏一篑，只有号称冢虎的司马懿最终成为三国时代的终结者。他长于隐忍，善谋奇策，征伐决断，佐命三朝，功业赫赫。年少的司马懿除了受其父司马防、其兄司马朗的训导，还得到一位隐逸高士的教诲。这位世外高人就是胡昭。胡昭，字孔明。虽然今世之人对于胡昭这个名字很陌生，但是在三国时代胡昭确实是最著名的隐士。胡昭与那些借着做隐士沽名钓誉之辈不同，他是一个真正的隐士，终身不屑做官。虽长期隐居深山，但其名声妇孺皆知。他不仅深受百姓爱戴，在乱世之中也受到朝廷和各种割据势力的惦记，从袁绍到曹操，一直到后来的大魏皇帝曹叡都曾经多次请其出山，但都被他婉言拒绝。说白了，胡昭就是东汉末年神一样的存在。如果说名气，在三国时代，他的名气肯定比另外一个字孔明的人——也就是卧龙丞相诸葛亮——更加大。

　　司马懿虽然说是世家子弟，但他也不是从小就那么心黑手狠，那么"多智而近妖"的。司马懿不是生而神灵，他也有着年少轻狂的青年时代，像我们一样有着后来回忆起来都想抽自己的过去。至于他为什么变得隐忍，变得别人怎么挤对，他依然露出懵懂的笑，那只有一个解释：世道险恶，不忍你就得死。

司马懿是以一个莽撞少年的形象登场的。就像每个人都有曾经鲜衣怒马的那个时期一样，他也是被现实这堵大墙撞得头破血流。但墙是不会主动来撞你的，一般都是你自己去撞它的。司马懿也是这样。

　　一心隐居的胡孔明为了躲避一波一波的来请他出山的各路权臣和豪杰，躲到颍川的陆浑山中做了山野隐士。司马懿的少年时代由于其父司马防在京都做官，基本上处于一种放养的状态，在家乡四处游历，广交朋友。年轻的司马懿听说这位天下最著名的世外高人就在颍川归隐，因仰慕其名望和学识，经常去登门拜访。胡昭见司马懿聪慧通达，胸有雄才大略，是可塑之才，于是就竭尽全力，传道授业，与他结下了深厚的师生情谊。从严格的意义上来说，胡昭可谓年轻的司马懿的启蒙师者；而少年司马懿也从这位人生中第一位老师的身上，学到了经史的修养和隐忍的气质。这对于其三观的塑造影响极大。

　　由于胡昭秉承开门办教育的方针，周围的年轻人都以成为胡昭门下子弟为荣耀，很多士族的子弟都与胡昭频繁交游。与司马懿一起拜访胡昭的，还有一位周生。周家在颍川是出了名的豪门，也是自视甚高的狂生。司马懿年少气盛，总是显得锋芒毕露，而且还几次当众与周生争辩，让周生很是下不来台。在屡次遭到来自温县少年司马懿的不屑和轻侮之下，作为颍川本地豪门子弟的周生，心中的恨意逐渐累积成杀之而后快的决心。周生联络了几个帮手准备杀司马懿。胡昭听说后大吃一惊，他知道周生和司马懿合不来，但没想到他竟动了杀心。

　　胡昭赶忙在半路上将准备杀司马懿的周生一伙人截住，动之以情，晓之以理，极力劝说，情到深处，甚至泣下沾襟。

　　"你如果还在乎我们的师生之情，就放了司马懿这一次；否则的话，你就先杀了老夫。"

　　周生见老师老泪纵横，泣血劝告，终于化解了胸中的仇恨，放下屠刀，长叹一声："今天要不是老师您极力相劝，我非杀司马懿不可！好吧，念在老师您的情分上，我饶他不死。"

　　胡昭害怕周生反悔，要周生立誓。

周生斟酌再三，挥刀砍倒了身边一棵小树，咬牙切齿地说道："日后如果我周某仍要害司马懿，下场有如此树！"说完挥手带着一众人返回了。

胡昭成功劝阻周生后，连忙赶回陆浑山的居处。司马懿已在此等候多时了。见司马懿安然无恙，胡昭才放下心来，但他绝口不提刚才的事情，而是与司马懿言笑如常，尽欢而散。

胡昭一介名士，之后非但当什么事情都没有发生过，而且在司马懿发达了，成为曹魏权臣之后也没有借此邀功。虽然胡昭终此一生未提及此事，但司马懿后来也终于知道了此事，并将它深深藏在心底。

君子之交，高雅纯净，清淡如水。

经历了这样的生死考验以后，司马懿终于知道年少轻狂会招来杀身之祸，自此收拾了锋芒，夹起尾巴做人。不单做人要低调，即便是才华横溢也要深藏不露，这才是胡昭作为老师教给他受用一生的隐忍之道。为了铭记师恩永远不忘，司马懿把两个儿子分别起名为"师""昭"。

汉末那个乱世虽然体统沦丧，虽然司马懿后来变得阴狠无比，但其初心，日月可鉴，千年以降也让人动容。

那一天，那个年少轻狂的司马懿死了，一去不复返。取而代之的，一个凡事低调、机关算尽的司马家儿郎成长了起来。之后的司马懿低调做人、高调做事，积累人脉和民望，为出仕做足了准备。

多年以后，当司马懿站在城门紧闭的洛阳城楼上，儿子司马师向东南方向指着，说那就是高平陵的方向，而他沿着手指的方向不住张望时，他一定会回想起他被颍川周生追杀的那个午后。他觉得他欠那个豪门恶少一声感谢。

物换星移，不舍昼夜。

东汉年间实行的还是察举制度，就是说要出来做官不用考试，但是民望要好，要有人说你的好话，要有人推荐你。所以人脉、民望这种东西还是很重要的。根据《晋书》里的记载，司马懿有两次被曹操征辟的经历，一次是在建安六年(公元201年)，另外一次是在建安十三年(公元208年)。

第一次是司马懿心怀汉室,不愿为乱臣贼子曹操做事;第二次曹操放了狠话,他不得已,勉强从了曹操。

司马懿,或者说司马家族算不算忠诚,这个没有定论,毕竟从周到汉几百年改朝换代也好几轮了。但至少有一点,在司马家族的人眼里,家族利益永远是高于国家利益的,这个没有什么可说的。《晋书》的作者是唐朝的房玄龄,他参考的史料大部分还是根据晋朝官方的记载。如果汉代是正朔,那么篡夺了汉朝的曹家就是非正义的。根据敌人的敌人就是朋友的逻辑,篡夺了曹魏的司马家从一定程度上讲也是正义的,因此,《晋书》是有给司马家涂脂抹粉之嫌疑的。

所谓的正义都是自说自话,所以,让我们只谈利益,不谈正义。

仕途

建安七年(公元 202 年),董卓被刺不久,曹操正和袁绍为了北方的控制权打得满头包,似乎还看不出来谁会最终成为北方霸主。如果单从势力以及地盘的面积来看,无疑袁绍的赢面要更大一点儿。河内虽然基本上属于曹操的地盘,但其实离袁绍也不太远。在胜负未分的时候无论投靠谁都会有风险。以司马家族投机的传统,此时已经有司马朗去给曹操出仕了,在局势尚不完全明朗的时候,断不会将所有的鸡蛋都放在一个篮子里。司马懿的选择就是潜伏下来静观其变,然后伺机而动,审慎而行。

但曹操已经明确征召他入职了,如何才能得体而完美地拒绝曹操的邀请呢?

在司空府辟书送达之前几天,司马懿骑马时在众目睽睽之下从马上摔下。据说他摔得很重,生活无法自理,更不要说去当官了。也有人说他是染了风痹。反正就是卧床不起了。曹操听后,虽然也不太相信就这么巧,但他当时正在跟吕布、刘表们打得不可开交,也就顾不上,索性听之任之。年轻后生司马懿正值年轻有为之时遭此厄运,犹如展翅高飞的雏鹰被砍断了翅膀,一时之间成为河内郡人人惋惜的不幸之事。

《晋书·宣帝纪》上记载了一个小故事,是司马懿第一次被曹操征辟之时在家装病时发生的小插曲:

一次下暴雨,嗜书如命的司马懿眼看着摊在院子里的书就要被淋湿了,一时着急就忘了正在装病这茬,一个鲤鱼打挺,飞身下床冲到院子里准备收拾书。一个侍女看到此情此景,在旁边惊得下巴都要掉到地上了,惊呼:老爷的病好了,老爷的病好了。这时,司马懿的老婆张春华冲上来,一刀就要了那个知道得有点儿多的侍女的命。完事以后,张春华默默把血擦干净,亲手把尸体处理掉,然后像什么事情都没有发生一样照样洗衣做饭。只剩下司马懿在旁边,惊得下巴都掉到脚面了。虽然老婆张春华是为了保守他装病的秘密才不得已杀人灭口,但这样的决绝和冷血,确实让人觉得有点儿可怕。不是一家人不进一家门,从做事果决和彪悍的程度来看,张春华确实跟司马懿有一拼。

但从当时来说,司马懿肯定会觉得这是非常可怕的事情,与这样的女人共度余生确实需要特别谨慎和小心。如果真的掐起架来,鹿死谁手还真不知道。后来,司马懿几次要休掉张春华,但是遭到两个儿子司马师和司马昭的坚决反对,遂作罢。看来,为娘的要想家庭地位高还得要靠儿子在后面撑腰。尽管这样,司马懿和张春华的关系一直不是很好,直到晚年他遭到曹爽的排挤赋闲在家时,这种矛盾才有所缓解。这可能与张春华当年彪悍行为给司马懿留下了的印象难以磨灭不无关系。

这第一次征召发生在建安六年(公元201年),在前一年发生了对后世影响深远的官渡之战。

关于官渡之战的情况,我大概说几句。

三年前,袁术不顾天下诸侯的非议,在寿春称帝。曹操扯起汉献帝的大旗,对袁术进行道义上的谴责。曹操即以"奉天子以令不臣"为名,进讨袁术并将其消灭。接着,他又消灭了吕布,利用张杨部内讧取得河内郡。

从此，曹操势力西达关中，东到兖、豫、徐州，控制了黄河以南，淮、汉以北的大部地区，从而与袁绍形成沿黄河下游南北对峙的局面。建安五年(公元200年)，曹操主动发起对势力远超自己的袁绍的攻击。

　　袁绍立刻联合了袁家兄弟、宛城的刘表、徐州的刘备以及江东的孙策组成了反曹联盟，兵分六路对曹操形成了合围之势，一时之间风声鹤唳。袁绍的六路大军看起来声势浩大，其实大家都各有心事，都等着别人先动手，然后想自己在后面捡便宜。所以，就这么干耗着贻误了战机，给了曹操充足的调兵遣将的机会。曹操拿着汉献帝讨逆的圣旨，天命在手，得到西北马腾的支援，加之孙策突然遇刺而死，使得本来就各怀鬼胎的反曹联盟土崩瓦解，六路大军只剩下袁绍一路单打独斗了。

　　然后，在曹操的精心选择下，官渡被作为决战的主战场。曹操佯装败退，诱使袁绍大军从白马渡过黄河。袁绍大军被黄河和济水切割成三段，首尾不能相顾。由于需要渡河，辎重粮草等战略物资的运输问题导致军中断粮，从而人心浮动。

　　官渡之战中，虽然曹操步步为营，但他毕竟人少地盘小，综合实力有限。袁绍作为当时天下最大的割据势力，赢面还是非常大的。曹军在与袁绍陷入了长达半年的僵持状态后，伤亡很大；加之粮草难以为继，曹操都有些坚持不下去了，甚至有了放弃官渡的想法。但坐镇许昌的荀彧给曹操写信，激励他只能坚持下去，否则必是一败涂地。于是，在荀彧的连忽悠带吓唬之下，曹操终于坚持了下去。

　　到这个时候，袁绍的军力虽然受到一定的损失，但是依然占据优势。可曹操突发奇兵劫烧了袁绍的乌巢粮仓，断了三十万袁军的粮草。袁军立刻军心大乱，以少胜多的曹操出奇制胜，一举扭转了战局。袁军很快就爆发了哗变，曾经不可一世的袁绍只能放弃辎重，率八百骑仓皇北逃。曹操在官渡之战中以弱胜强，大败袁绍，放眼北方已经没有能够与之叫板的势力了。

　　官渡之战之后一年的建安六年(公元201年)，刚愎自用的袁绍不但不检讨自己的过失，而且恼羞成怒杀害了忠言劝谏的谋士田丰。不甘心失败的袁绍赌上了全部身家,再次发动对曹操的进攻,这一战就是仓亭之战。在这一战中,袁绍依然是大败。如果说官渡之战是曹操险胜,而袁绍还有机会的话,那么急于翻盘的袁绍在仓亭之战中的失败就是彻底断绝了东山再起的可能。仓亭之战后不久,曾经心比天高的袁绍充满了对人生和前途的幽怨之情,一病不起,最终撒手西去。

在千年之后,袁绍这种不合逻辑的思维定式被称为"赌徒谬误"。一个赌徒输得越多,就越认为自己是在接近赢了,于是就一次次地押上身家再赌一把。事实上,世界并不存在这种输赢守恒的定律,你输了一万次,不代表第一万零一次就一定能赢。而袁绍就是掉进了这个"赌徒谬误"的心理陷阱,无法自拔,最终输得一败涂地。

官渡之战大胜之后,志得意满的曹操手下谋士如云,对司马懿的拒绝受召也没太在意。可是八年之后,曹操已经成为丞相,于是他再次发出征召司马懿的文书,并且放了狠话:"司马懿要么就来乖乖地上任,要么就直接下狱关起来,治他一个违抗圣旨的罪。"

面对再次征辟,经过与大哥司马朗研判时局之后,司马懿基本没有废话,立刻走马上任了。这一年司马懿三十岁。一方面是因为曹操作为霸主之相已现,现在要是再隐忍的话就会错过进入权力中枢的机会;另一方面,确实是因为曹操下了死命令,根本就没给他继续演戏的机会。

司马懿去向父亲司马防辞行。司马防须发皆白,拿出当年项羽裂土封侯,封司马卬为殷王时的封印——这乃传家之瑰宝——鼓励司马懿在今后的仕途中谨小慎微,光大门楣,铭记家族的光荣。司马懿端起那方泛着青光的殷王之印,心中涌起一阵激越豪情,只觉得充盈全身,直可俯仰天地、吞吐山河。深施一礼之后,带着家族的荣誉和父亲的谆谆嘱托,青年司马懿毅然离开家乡,奔赴未知的前程。

从曹

或许这确实是一个问题：面对能够成为吃皇粮的"国家公务员"的机会，司马懿为什么要端着呢？

作为一个人，或者说作为一个世家子弟，什么叫城府？或者，什么叫成熟？给个糖就欢天喜地抱着那是幼稚。幼稚是很危险的。所以在权衡利弊之前，你必须得端着。就算这个对你来说是有百利而无一害的，你也得端着；哪怕你对这个从天而降的赐予曾经梦寐以求，你也得装作无所谓，甚至有些勉为其难的样子。普通人如此，作为世家子弟的司马懿更加知道得端着，不能被人一眼就看透。

有人说，这叫装；有人说，这叫有城府。

还有一个因素。在汉朝，特别是在东汉，没有科举制度，做官是需要有人推荐的，也就是征辟制度。作为有志于成为"国家公务员"的年轻人来说，有人推荐是一方面，但是还要看推荐人是谁。如果推荐人很厉害，那就算是抱上"粗腿"了。这就是现在所说的平台，平台就决定了你的起点，这很重要。

第一次推荐司马懿的是一个河内郡的人，史书上连名字都没有记载，起点太低。第二次推荐在《晋书》中写得很清楚，推荐人是荀彧，当时颍川士人的领袖，曹操的头号智囊，位置相当于诸葛亮之于蜀汉。曹操起家所仰仗的势力主要是颍川和兖州的士人，以及沛谯的武士，颍川士人领袖的分量可想而知。这时如果再端着，那就是傻了，于是司马懿高高兴兴地就上任了。果然，司马懿进入曹操阵营后不久，就作为太子中庶子进入曹丕的后备干部序列。不久，司马懿又推荐其三弟司马孚成为曹植的属官。这就是世家子弟的思维：在局势明朗前永远不要把鸡蛋放在一个篮子里。

后来，曹丕在和曹植的争位之战胜出之后，司马懿又果断地让司马孚离开曹植，进入曹丕的队伍中。这个手腕耍得实在了得，确实也不能怪后世总是有人以阴谋论的眼光看待司马懿此时的做法。

建安十三年（公元 208 年），汉献帝刘协亲笔下诏颁告天下，废除汉光武帝刘秀设立的太尉、司空、司徒"三公"之职，另设丞相一职由曹操任之，总览朝政。自此之后，满朝文武上书，一律先送到丞相府宣制之后，再行裁定。此诏书，使得光武帝巩固帝权、分解相权的制度设计荡然无存，使得曹操真正成为权倾天下的臣子。

虽如此，很难说汉献帝做出这样的决定不是他自己的真实意愿。汉献帝刘协是董卓乱汉时期立的皇帝，其皇位的权威性一直就备受争议。从董卓被吕布所杀之后，他先是被吕布劫持，待吕布兵败逃走后，他又被李傕、郭汜扣押为人质。接着李傕、郭汜反目成仇了，汉献帝就像是只小鸡一般被各路诸侯豪强抢来抢去。后来汉献帝终于在董承的保护下逃出凉州势力的控制，可关东的诸侯又不承认他的地位，真是急急如丧家之犬，天下之大竟没有一个大汉天子的容身之处。只有曹操，主动派出大将接纳了汉献帝，令其感激不已。在赶赴许昌的路上，汉献帝就急不可耐地给曹操封官许愿。在此时，与其说汉献帝是被曹操胁迫的，不如说是一个穷途末路之人急切想要表现自己的价值。后来曹操顶着汉献帝这个金字招牌，打徐州、占宛城、杀吕布、灭袁绍，平定北方之后就更是重新树立了大汉王朝之权威。汉献帝现在能做的，就只是继续论功行赏，通过让曹操独揽相权来换取自己心里的安慰。

踏上仕途

且说司马懿进入曹操的执政集团之后,一直勤勤恳恳,干活净挑脏活累活,而且毫无怨言,很好地实践了老爸司马防高调做事、低调做人的训诫。在作为曹操一个小跟班的那几年中,基本上在魏国政坛上没有什么存在感。司马懿第一次见于史书中的记载,就是在曹操讨伐汉中张鲁的时候。

张鲁是五斗米道创始人张天师的孙子,从东汉末年开始,就在汉中建立了政教合一的宗教政权,关中政权与之一直相安无事。后来曹操与关中韩遂、马超开战,关中百姓为了躲避战火,大量内迁到汉中,张鲁汉中政权一时之间势力大增。他在汉中就有了点儿不知道自己几斤几两的意思,派人在汉中山里挖出块玉就敢说自己是天命在身,于是自立为王。

建安二十年(公元 215 年)三月,曹操率大军突袭阳平关,得手后直捣南郑。曹军以极小的代价攻占了南郑,张鲁逃走。曹操占据南郑之后,并没有展开大规模的清剿行动,而是大力宣讲朝廷优待战俘的政策。在大山中躲了几天的张鲁心想着投奔曹丞相也是一个不错的结局,总比东躲西藏要滋润,于是张鲁主动找到曹操,决心向朝廷称臣。作为汉中政教合一的政权的领袖,张鲁的主动投诚,使得汉中民众也对曹操放弃了抵抗,成为汉室的子民。

而此时的刘备,刚刚借了荆州,有了立足之地。他进入蜀地后,强行占了跟自己沾亲带故的刘璋的地盘,成了益州之主。刘备本来是打着为刘璋讨伐张鲁的旗号兵不血刃进入益州的,没想到却翻手为云、覆手为雨,强占了益州。因此,当地蜀人和刘备带去的荆州帮之间矛盾很大,刘备执政根基非常不稳。司马懿敏锐地看到了这一点,立刻建议曹操攻益州。

曹操这一年六十一岁，已经不复当年夺徐州、战宛城、平乌桓时的豪气了，不再有年少之时的进取之心。于是，暮年的曹操发出了那声著名的感叹："人苦无足，既得陇右，复欲得蜀！"

三国时代的事情，任何两方在角逐之时，第三国永远是个对时局有着重要影响的因素。其实曹操也并不是由于害怕刘备而放弃了将蜀地收入囊中的努力，因为此时，江东的孙权已经趁着曹操出兵汉中的机会，大军出动攻打合肥了。能不能打下蜀地，以后还可以计划，要是现在丢了合肥，可就哭都来不及了。

而且，曹操对于司马懿也并不能说是没有怀疑的。

早年曹操就看出司马懿有所谓的狼顾之相，就是回头的时候肩膀不动。然后曹操跟曹丕说，司马懿这个人不会甘为人臣，此人不能用。曹丕属于建安时代数一数二的文艺青年，跟他爹曹操还有兄弟曹植一起开创所谓建安文学的时代。而曹丕跟曹操的区别是，曹丕生活安逸，没有经过曹魏帝国创业初期的血雨腥风，没有曹操身上的枭雄气息，性格也不多疑。经过司马懿这么多年的苦心经营，曹丕已经把司马懿认定为自己最知己的朋友，甚至称他是自己的"四友"之一。曹操刚对曹丕告诫完，曹丕转头就告诉了司马懿：我爹对你还不太满意，你当心点。

当领导对你不满意时，你应该怎么办？是应该跟领导讲理非要辩出个是非来，还是一声不吭埋头拼命工作？世道艰险，官场更是难测，在当不了大爷的时候，只能夹起尾巴当孙子，这就是司马懿用他的选择告诉我们的。

从此以后，司马懿更加努力工作，以实际行动向曹操表明，他司马懿没有别的想法，只会干活。他常常通宵达旦地处理政务，连曹家放牧喂马这样的小事也要亲力亲为。他这么拼命干活终于让多疑的曹操没有再怀疑了。但曹操在主政的阶段，始终没有对司马懿有任何军事上的任命。从建安十七年（公元 212 年）一直到建安二十年（公元 215 年），司马懿就一直陪着曹丕吟诗作赋，劈柴喂马，干干粗活。

　很有眼色的司马懿在做好本职工作之外，还很努力地抓住一切机会拍曹操的马屁。

建安二十一年(公元216年),曹操在濡须大战孙权。第二年孙权给曹操写信,大夸曹操英明神武,自己已经佩服得五体投地,最后还信誓旦旦地说支持曹操废汉自立。司马懿不失时机地进言:"我们魏国已经是十分天下有九分了(这个就有点儿夸张了),孙权称臣那是天意,上古的虞、夏、商、周,之所以当仁不让,不再谦虚,不是为了别的,关键是敬畏天命啊!"这话说得没有丝毫风险,曹操哪怕最后不听,心里也会暗自得意。

让我们再来对比一下司马懿的举荐人,即曹魏第一谋士荀彧。荀彧是在董卓之乱的时候怀着兴复汉室的决心投奔袁绍的,后来发现袁绍格局太小实在不能完成他兴复汉室的终极目标,所以转投了曹操。可以这么说,荀彧是在曹操创业初期就跟着他的重量级的人物。荀彧的投曹标志着颍川士人倒向了曹操,这对于草创时期的曹操无异于雪中送炭。当时曹操拉着荀彧的手,激动地说:"你就是我的张良啊!"

荀彧在战略方面为曹操规划制订了统一北方的方略和路线,立下了面对吕布叛乱坚守保全兖州三城、出奇谋扼袁绍于官渡等诸多建树。在政治方面他为曹操举荐了钟繇、荀攸、陈群、杜袭、戏志才、郭嘉等大量人才,堪称曹操前期最为倚重的谋臣。

其中特别值得一书的是荀彧对郭嘉的举荐。曹操与郭嘉相见恨晚,对谈了三天三夜之后,颁布政令宣布设立军师祭酒一职,并聘任郭嘉为首席军师祭酒,对郭嘉言听计从。这个举动标志着曹操从这一天开始规划独立于汉献帝政权之外的属于自己的执政集团,在成为权臣的路上更进了一步。从另外一个方面来说,对于郭嘉的封赏,使得荀彧兴复汉室的追求已经基本上失去了可能。

曹操灭袁绍、平定北方之后,手下一帮人就张罗着要给曹操加九锡,或者说曹操已经授意这些拍手党们这样做了。他需要的只是一个借口。于是,曹操在出兵跟孙权在濡须打了很难说谁胜谁负的一小仗之后,便锣鼓喧天、鞭炮齐鸣地自称得胜回朝了。作为一心以匡扶汉室为己任的荀彧来说,这样的行为很难不让他想起当年的董卓。荀彧义正词严地说:

"大王是以匡扶汉室为己任的，你们这样做就是陷大王于不忠不义的境地！"曹操听得，心里相当不是滋味，又不能发作。虽然他敬重荀彧的气节，但是相比之下，我们的司马懿确实太会拍马屁了。

后来，曹操逐渐对荀彧丧失了耐心，逐渐疏远，直到最后将其彻底调离出执政的中枢。最后，荀彧郁郁寡欢地死于寿春。

反观我们隐忍而且会做人的司马懿。建安二十一年（公元 216 年），将近十年的苦干加拍马屁终于有了回报。将老是给自己添堵的荀彧赶走之后，曹操在这一年终于自立为魏王；而司马懿也因为其恰到好处的表现，终于消除了曹操对他的猜疑之心。因为司马懿过人的才干，曹操正式任命其为太子曹丕的幕僚，作为为儿子曹丕准备的人才，与吴质（振威将军）、陈群（司空）、朱铄（中领军）合称为"四友"，成为日后曹丕执政时最核心的班底。

第五章

选边站队是个大问题

曹操时代，尽管司马懿低调做事，但是由于著名的狼顾之相的问题，曹操对这个沉默的年轻人始终不太放心。尽管曹操认可其能力，从而将司马懿作为留给儿子曹丕未来的执政班底，但依然多次提醒曹丕对于司马懿的重用要慎之再慎。对于父亲的叮嘱，继任者曹丕显然是听进去了。在魏文帝执政的黄初年间，司马懿在曹魏朝堂之上的出镜率不高。司马懿在夺嫡之争中押宝成功，虽然也有过几次升迁，但是一直没有什么比较亮眼的政绩。这个初入职场的年轻人虽然知道如何正确选边站队，但未来的路还长。

王储之争

所有的封建王朝都会有一个绕不过去的问题，这就是继承人的选择。曹操在自立为魏王之后，他也不出意外地面对了这个问题。在曹操三个最为后世所熟知的儿子中，老大曹昂死得早，从一开始就退出了夺嫡之争。曹操在两个儿子——曹丕和曹植之间犹豫，很长时间都没有下定决心。从一开始，其实，作为一个文学家的曹操对于文学造诣很高的曹植更为青睐。但是曹植只继承了曹操激扬文字的一面，在政治上几乎是一个白痴。曹丕虽然略输文采，但是隐忍低调，善于在各派势力之中纵横捭阖，颇得曹操几分军事方面的真传。而且更要命的是，曹昂死后，曹丕就顺位成长子，具有先天的继承人的合理性。

高中语文课本里有一篇古文《杨修之死》，说的是一个因为小聪明而招来杀身之祸的故事，似乎是要教育孩子们要脚踏实地，不要耍小聪明，小聪明最终都会害了自己。但如果翻开史书，你会发现，这其实是一个悲惨的故事，这记录了一个在夺嫡之争中失败的人的悲惨结局。

杨修此人，在史书记载中是绝对的根正苗红的"官二代"，其父杨彪是东汉太尉，是主管军事的最高长官。而且杨修从小的聪明就是出了名的，二十五岁的时候他通过举孝廉就做到了丞相府的书记，相当于现在国务院办公厅的秘书。而且杨修经学修为深厚，全国上下不论公卿大夫都以结识杨修作为荣耀。除了根正苗红、文字功底了得，他的业务能力也是不俗。在丞相府任职期间，军国大事，内政外交方面的大事，他都能处理得很得体，因此很受曹操的赏识。

剧情如果按照这样发展下去，应该有一个皆大欢喜的结局，但问题就出在杨修很受曹操的赏识上。就像全天下的父母为了让自己的孩子接受最好的教育都会不惜砸锅卖铁一样,曹操也为了好苗子曹植能有更高的造诣,让杨修去给曹植当老师。

后来的事实证明,这是一个悲剧的开始。

曹植与杨修一见倾心,他们都是有才情的大文人,意气相投,一点儿都没有文人相轻的嫉贤妒能。更何况,此时的曹植是曹操最为器重的儿子,不出意外的话就是以后的魏王,所以杨修想都没想就毅然投身到曹植的阵营中。但是,参与到任何的继承人之争中都是一件非常危险的事,要么一步登天,要么粉身碎骨。

由于杨修态度坚定地站在曹植一边,所以,他在曹操面前就说了曹丕不少坏话。由于杨修实在是太聪明了,曹操竟然也就慢慢地相信了。对于这样的事态发展,曹丕非常惊慌,于是,曹丕将其铁杆的支持者司马懿和吴质藏在货车中接来府上商量对策。这种王子与外臣的私下接触是大忌讳,但是不想却被杨修布下的眼线发现了,于是杨修向曹操告发。但因为没有证据,曹操也是将信将疑。

曹丕慌乱不知如何应对,司马懿却淡淡地说道:"此事毫无证据,曹丞相又生性多疑,不会轻易相信杨修的说法。您可再派货车入王府,故意让丞相发现。丞相必然会心生疑窦,待其查验之后,必会对杨修生起猜忌之心。"

果然,曹操派人到货车上检查,没有发现曹丕私通大臣的证据,对杨修就有了戒备之心。

每次曹操率军出征,曹植都会当众吟诵自己为父亲所写的赞美诗,赞颂父亲曹操如何功业盖世。文章辞藻华丽,文采飞扬,大家听了都啧啧称赞,曹操也为儿子的文采所折服。面对这样的情况,曹丕感到非常失落。

"我是不是也应该写几首给父亲歌功颂德的诗作呢?"

"吟诗作赋不是您的强项,以后送别大王之时,您只需默默流泪就可以了。"司马懿淡淡地对曹丕说道。

"这样就可以了吗?"

虽然曹丕心里将信将疑,但以后每次曹操出征,曹植在慷慨激昂吟诗作赋时,曹丕就跪在远处泪流满面。曹操看到长跪不起的曹丕,深为其对自己的留恋和挂念所感动,不经意间竟也红了眼圈。时间长了,一种曹植浮夸、曹丕有仁孝之心的舆论在曹魏朝廷之中慢慢流传开来。

有一次,曹操问及此事。

曹丕真情流露道:"儿已成年,却不能为父出征,只有长跪于地,祈祷父亲得胜平安而归,壮我曹家之威。"

曹操听闻此言,心中不禁怅然。再想曹植虽然颇具才情,但喜好浮华,比不上曹丕的情真意切。满嘴诗词歌赋虽然表面上赏心悦目,但是对于治国理政来说毫无用处,于是,他渐渐地动了要立曹丕为继承人的心。加之,曹操在暮年自封魏王之后,已经大失天下人心。考虑到曹魏将要面对的动荡局势,在选择继承人的问题上,曹操陷入了沉思。

为了最终确定继承人的问题,曹操几次与曹丕和曹植讨论政局以及对军国大事的看法。曹植总是能够侃侃而谈,并且很有章法,而曹丕的回答却很朴实,不过比较接近曹操的想法。后来曹操经过一番了解,得知曹植的对答都是因为有杨修在背后参谋,便心中大怒,产生了一种被人欺骗的感觉。

最终让曹操下决心的是在建安二十二年(公元 217 年)发生的司马门事件。曹植酒后恣意放纵,私自坐王室专用的马车,擅自开启只有帝王举行典礼之时才能开启的司马门,让曹操对其种种狂放、蔑视父亲权威的行为终于积累到爆发的临界点。

当然曹操也知道,继承人的问题他也无法自己决定,还要顾及曹魏集团中各股势力的意见。曹魏集团内部并非铁板一块,而是各个地区的士族豪门的角力场。通过后来一系列的旁敲侧击,曹操发现,重臣们大都拥戴曹丕。群众基础有了,那么立曹丕为继承人的事情就顺理成章了。

> 春正月,天子命公世子丕为五官中郎将,置官属为丞相副。(《三国志·魏书·武帝纪》)

建安十六年(公元 211 年),曹操下令封曹丕为五官中郎将,而把包括曹植在内的其他儿子都封侯。这是一个非常明确的标志性的事件,因为封侯意味着肯定以后就当不了王了,也就是说和太子之位无缘了。曹操这是明摆着告诉朝廷之中的各派势力,继承人的问题已经尘埃落定了,他们该站队了。在这种情况下,曹植的地位变得尴尬起来,虽然表面上他依然是曹操最为宠爱的儿子,但事实上他已经被踢出继承人的选择。既然已经决定立曹丕了,那么铁杆的曹植党杨修,其存在就对未来曹丕的政权构成了威胁。谁知道他会不会将来为保曹植而发动政变?毕竟,权力引发的骨肉相残简直可以说是大概率事件。

因此,曹操的最佳选择就是在他活着的时候,替儿子除掉这个后患。杨修之死,就是迟早会发生的事情了。《三国演义》里的说法是:曹操率军出征与刘备争夺汉中,战事陷入胶着,夏侯惇来问曹操当晚的行动的暗号。曹操正在吃鸡,看着碗里的鸡肋,于是讪讪地说:"就用鸡肋为号令吧。"此时任随军主簿的杨修听到了以后,回到营中,就开始收拾行李。夏侯惇问他问什么要收拾行李,杨修说:"所谓鸡肋,乃食之无味弃之可惜之谓,丞相是准备撤军了。"

曹操听说后大怒,以扰乱军心的罪名,将杨修杀死。

总结一下吧,杨修处处卖弄他的小聪明并不是他被曹操杀的主要原因,恃才傲物的人多了,但因此招致杀身之祸的只有杨修。杨修的死不在于他自己做了什么;在他死心塌地地跟着曹植混的那一天,他的这个结果就注定了。也就是说,杨修与曹植的关系拖累了他。这种参与夺嫡之争的工作,历来就是一个高风险、高收益的职业,要么一步登天,要么粉身碎骨。杨修的结局就是粉身碎骨。所以,让我们以聪明人杨修为戒:聪明和才干不要被江河日下的行业拖累,该放弃的就放弃,该改变的就改变。

面对自己突然间从备受欢迎的王位继承人成为无人问津的人,甚至连自己的至交以及知己们都无法保护,心情愤懑的曹植写下了一首辞藻华丽的诗作《野田黄雀行》,借以抒发自己忧伤的心绪。

高树多悲风,海水扬其波。

利剑不在掌,结友何须多?

不见篱间雀，见鹞自投罗？

罗家得雀喜，少年见雀悲。

拔剑捎罗网，黄雀得飞飞。

飞飞摩苍天，来下谢少年。

让我们暂时离开这场夺嫡之争的失败者曹植，看一下我们的主人公司马懿在这场曹魏帝国最大变局中的表现。司马懿早在曹植的司马门事件发生之前，就敏锐地觉察到曹魏最高执政中央的风云变化。在取得曹操的信任离开太子府升任军司马的时候，他向曹丕建议，让他的弟弟司马孚离开曹植，补了自己的缺，做了太子中庶子。看一下司马懿跟他弟弟司马孚布的局吧，堪称教科书般的翻云覆雨手：

第一，在曹丕和曹植的王储之位的争夺尚未明朗的时候，两个兄弟分头进入不同的阵营，以备后路。

第二，在曹丕胜出，但曹植并不是没有一点儿希望的时候，暂时让弟弟司马孚留在曹植身边，以所谓正道规劝曹植。让曹植也无话可说的同时，也在为着日后将其抛弃做舆论上的准备。

最后，当曹植已经一败涂地无法收拾的时候，在司马懿运作下，司马孚抛弃曹植投入曹丕的怀抱。甚至在曹操死后，司马懿还主导为曹操置办丧事，并义正词严地教育曹丕，不要像老百姓那样哭哭啼啼，赶快去处理继位和逼汉献帝禅位的大事。而这正是曹丕想说但不好说出来的事。

曹丕代汉

就像董卓的废汉自立，一下就把自己从朝廷的股肱之臣变成了乱臣贼子一样，称王也是曹操此生最大的败笔。因为就在曹操称魏王这一年，孙、刘以复兴汉室这样让人无法辩驳的借口正式宣布两家联盟，开启了你方唱罢我登场的三国纷争的时代。

　　似乎一切就是在曹操成为魏王之后开始变了。曹操以前做丞相的时候，最多是权臣，身后永远站着汉献帝为他的行为背书。但是现在，曹操自称魏王，就是在制度设计的层面上与汉献帝分庭抗礼，将其与汉献帝的权力的纷争公开化。一旦曹操手中不再掌握着所谓的天命，而是因为拳头更硬就取得了更大权力的时候，由汉武帝刘邦所确立的、由汉武帝刘彻体系化的、以儒学为基础的、汉朝四百年的价值标准，便轰然倒塌了。各种势力，以兴复汉室和反对曹操为名义的暴动，如火山爆发一般喷薄而出。原来曹操赖以躲风避雨的那个叫作"天命"的东西，现在成了他的致命的毒药。

　　建安二十四年(公元219年)五月，刘备攻汉中，七月孙权取合肥。就在曹操调动淮南的魏军防备吴军的时候，关羽趁机攻荆襄，包围樊城，并水淹樊城，于禁献城投降。于禁是曹操创业初期的元老之一，他的投降令曹操非常震惊。可见，当时曹操的众叛亲离到了何等程度。一时间，曹魏腹背受敌，似乎下一秒钟曹魏的天下就要完了。此时，当年那个"东临碣石以观沧海"的枭雄曹操垂垂老矣，雄心不再，甚至打算迁都以避关羽的锋芒。

　　这时，司马懿极力劝阻曹操："于禁失去樊城，是因为被水所淹，并不是攻守方面的失败，对于国家并没有太大的折损。这个时候如果迁都，必然会示弱于蜀汉，对以后的战略部署更加不利，形势将更加无法挽回。孙权和刘备虽然号称是军事同盟，但其实貌合神离。而且三国的关系是此消彼长的，孙权必然不愿看到蜀汉势力的迅猛膨胀，也更不愿意看到关羽再立功勋。如果我们能与东吴联系，让东吴在后牵制关羽，则樊城之围自然会解。请大王三思而动。"

　　曹操虽然人老了，但是账还是算得过来的，因此在司马懿的出谋划策之下，他积极联络东吴，以利诱之。于是，早就看关羽不顺眼的孙权下令，派吕蒙在关羽背后捅刀子，趁其在樊城时突袭荆州。于是吕蒙白衣渡江，兵不血刃地攻占了荆州，令关羽腹背受敌。关羽此时正在围困樊城，听闻作为大后方的荆州丢失,自己即将陷入腹背受敌的情况,便向不远处的上庸求救。此时上庸的守将孟达,在蜀汉情势急转直下的时候竟然拒绝出兵救援关羽,导致无家可归的关羽只能败走麦城。

"走麦城"这个故事在后世无数的文学作品和戏剧中不断被演绎,其普及程度简直可以说是妇孺皆知。关羽兵败麦城,继续逃亡,途中粮草难以为继,中了东吴的埋伏,被潘璋所擒,为孙权所杀。蜀汉与东吴从盟友一夜交恶,成为不共戴天的敌人,曹魏涉险过关。虽然孙权在杀了关羽之后,将关羽首级送到许昌,企图嫁祸曹操,但已经于事无补。刘备倾全国之兵,不计后果地讨伐东吴,最终导致身死白帝城。

此计堪称力挽狂澜,由此可见司马懿的格局和全局观不在枭雄曹操之下。

而孟达因为拒绝在危难中救援蜀汉擎天之柱一般的战神关羽,直接导致了关羽兵败被杀,害怕被刘备治罪,他索性举城投降了曹魏。要说曹操对孟达真是不错,不但没有因为其做人的污点嫌弃他,而且还热情收留了这个蜀汉的叛徒,依然让他做上庸的最高长官。当然,曹操的这个决策很有可能是在司马懿的建议下做出的,毕竟收留孟达对于蜀汉的打击是显而易见的。魏文帝曹丕登基之后,为了东南方向的稳固,延续了曹操重用孟达的既定政策,封其为平阳亭侯。曹丕还将房陵、上庸、西城三郡合为新城,以孟达为新城太守,委以东南防务之重任。

第二年,建安二十五年(公元220年),曹操病故,留下两位曹魏重臣——曹休和曹真以及曹丕的死党司马懿作为托孤之臣,辅佐曹丕。后来常说的司马懿是曹魏的三朝托孤老臣,就是从曹操的托孤作为起点的。

曹操死的真是时候。当蜀吴两国为了关羽正拼尽全力掐架的时候,当魏国可以作壁上观的时候,曹操这才撒手而去。假如他死得再早一些,在关羽水淹七军、曹魏岌岌可危的时候呢?

自知命不久长的曹操,像每一个年迈的父亲,摆平了他能想到的所有的问题,安排好了身后事,然后才放心地死去。在曹操迅速平定西北、吴蜀两国陷入苦战的良好开局之下,曹丕的作为依然可以说是亲手把一手好牌打得稀烂。

曹操身后,曹丕继位。作为曹家第二代的继承者,曹丕已经没有了曹操那样沉重的所谓正朔的心理负担,很快就逼着汉献帝退了位,并封汉献帝为山阳公。曹丕自己当了曹魏帝国第一任的君主,号称魏文帝,追封曹操为魏武帝。

四百年汉王朝寿终正寝。

曹操的儿子们虽然各有千秋,但综合的才干都比不上曹操,这可能也是曹魏最终被司马后人篡夺的重要原因。曹丕有文青气质,文学造诣也确实不低,后世常以曹操、曹植和曹丕并称"建安三子"。其人伤春悲秋但是心胸狭小,气质如兰但是心地阴狠。如果作为一个诗人或是文艺青年,这些不算是太大的问题,甚至有时候还比较可爱,但是悲哀就悲哀在作为一个君主,这样的缺点就是致命的。所幸之处,就是曹丕短命,在祸害了魏国七年之后就撒手人寰了,否则魏国能不能撑到曹奂还真不好说。

曹丕对兄弟和亲族的残酷是出了名的。不光对曹植,在曹丕执政的七年时间里,为确保其执政地位的稳固,他还下令禁止其兄弟和亲族留在首都洛阳,并不停地把他们从一个地方调到另一个地方,反正就是不停地折腾。可以说曹丕做皇帝的这七年,曹家人基本上不是被发配,就是走在被发配的路上。

曹丕对于曹家人的排挤,甚至是迫害,在后来出现了一个非常严重的后果。这个后果就是由于曹家人人丁凋敝,使得司马懿能够迅速成长为一个权臣,并且在高平陵之变中靠着儿子司马师豢养的三千私兵就能占领首都,并最终篡了曹魏天下。曹丕的心胸狭小,使他后来亲手葬送了曹操亲手打下的锦绣江山。

曹丕的薄情,在另一个方面就表现得更加淋漓尽致了,那就是洛神的故事。

曹丕的皇后甄洛,自小知书达理,嫁给袁绍的儿子袁熙。官渡之战袁绍战败,后来袁熙也逃亡。甄洛被俘,曹丕被其美貌折服,一见倾心,收做自己的老婆,就是后来的甄皇后。但是再美的人看得多了也会审美疲劳,曹丕在登基后逐渐疏远了甄洛,开始宠幸郭后。

真是不是一家人不进一家门,郭后也是嫉妒心极强的女人,诬陷甄后因受疏远而怀恨在心,做巫蛊,诅咒曹丕,引起曹丕震怒,将已经冷落在邺城的甄后赐死,并且对死后的甄后"披发覆面,以糠塞口"进行侮辱。

尽管曹丕对自己的原配夫人极尽嫌弃和羞辱,但在政治上一败涂地的曹植却一直暗恋甄洛,始终将这个嫂子视作自己心中的女神,哪怕甄洛嫁作人妇,打入冷宫直到最后惨死。甄洛死后,曹植因感念这份得不到的爱恋,而写下千古名篇《洛神赋》。曹植模仿战国时期楚人宋玉《神女赋》中对巫山女神的描写,将自己对甄洛的思念幻化为自己在洛水边与洛水女神相遇的故事,辞藻华丽,感情细腻,若有寄托,乃曹植辞赋作品的巅峰之作。

也许是因为缺德的事情做得太多,郭后虽然极尽魏文帝恩宠,但是并无子嗣。无奈之下,曹丕将甄洛所生的儿子曹叡过继给郭后做儿子,最后传位给曹叡,是为魏明帝。后来,君临天下的魏明帝曹叡,追尊他那一生受尽凌辱的母亲为文昭皇后,以告慰曼妙女神的在天之灵。

另一方面,魏文帝曹丕作为君主所表现出来的无能和短视也是令亲者痛、仇者快。

为了摆脱被蜀汉堵着门殴打的现状,黄初元年(公元 220 年),孙权派人来投降,希望认魏文帝曹丕为主子。这是曹丕登基以来第一次面对重大问题的抉择。接受还是不接受?曹魏朝堂之上争吵得很激烈。

明眼人一眼就能看出孙权为什么这个时候来投降。东吴的吕蒙白衣渡江,兵不血刃夺了荆州,导致一代名将关羽败走麦城然后被杀。吴蜀交恶后,孙权为了免于两面作战的窘迫和灭国的后果,才向魏国低头。

其实,对于曹丕来说最明智的选择是跟蜀国建立攻守同盟一起打吴国,那么吴国必然穷途末路。哪怕作壁上观,就在旁边看着让他们两败俱伤也行,因为不管你魏国打不打吴国,蜀国都是要打吴国的。

大臣刘晔强烈建议曹丕不要接受称臣,他敏锐地看出孙权是假降。

一旦与蜀汉的战争结束,孙权必然会与曹魏反目。如果这个时候跟蜀国一起打吴国,吴国必灭,到时候再图蜀国,天下可定。话已经说得这么明白了,可曹丕还是听不进去。他好大喜功的一面让他做出了最错误的选择,曹丕选择接受孙权的称臣,也葬送了曹魏最有可能灭吴的一次机会。这个错误使得天下统一的进程一直推迟到了司马家的晋朝才得以完成。

这就不是能力的问题了,这是智商的问题。

事后证明,孙权的投降根本是个骗局,说好的质子也没来,东吴只不过是为了与蜀汉周旋而争取时间。如此,曹丕一登基就被人摆了一道。后来刘备在白帝城托孤之后,吴蜀两国又交好了。反正关羽已经死了,蜀汉打了这么久,估计一口吃掉东吴也越来越不可能了,自己也快要撑不下去了,还不如一起联手对付曹魏。

曹丕在被东吴当傻子一样骗了以后,其政治上的不成熟又让他做出了错误的选择。他听说吴蜀重归于好后,盛怒之下下令发兵攻打东吴。但是战机稍纵即逝,攻打东吴最好的时机已经失去了,此时仓促出战换回的是魏军的惨败,徒添笑柄。

老臣蒋济苦苦规劝,不要在隆冬之际发兵,可曹丕听不进任何意见,结果一场北风让船舰入不了江不说,十万水军困在风雪之中,士气受挫。后来又被吴军偷袭,他自己本人也险些被吴军生擒。

黄初年间的布局

这时,作为曹丕"四友"之一的司马懿在干什么呢?深谙三国之间纵横捭阖之道的司马懿为什么一声不吭?要知道,就是司马懿当初建议曹操去鼓动孙权偷袭关羽的,从而不光给曹操解了围,而且还让吴蜀结了怨。此时刘晔的计策不过是他的计策的翻版,为什么这个时候他就一言不发了呢？

虽然曹操在一开始就认为司马懿有所谓的狼顾之相，在初期的时候也是对司马懿各种打压，但在这种情况之下司马懿低调隐忍，通过兢兢业业地做事赢得了曹操的信任，并作为曹魏帝国第二代执政班底辅佐曹丕。但是曹操曾经那个"三马食一槽"的梦魇始终缠绕在心头挥散不去；在弥留之际，曹操特意提醒曹丕："司马懿此人虽然颇有才干，但是他有着狼顾之相，不会久居人下，你一定要防着他。"

"父王的叮嘱，孩儿一定谨记于心，有大司马（曹休）和大将军（曹真）二位的鼎力辅佐，司马懿也不会有什么想法。"

司马懿作为曹丕的死党，在夺嫡之争中厥功至伟，所以曹丕还是向着司马懿说话。而且尚处在蛰伏期的司马懿，行事低调隐忍，曹丕实在想不出来有什么打压司马懿的理由。

但从曹丕执政之后的表现来看，他对司马懿的态度还是有所转变的。在夺嫡之争的初期，由于曹丕不被朝廷中的势力看重，只有司马懿主动对其表示支持，因此曹丕对于司马懿表现出超乎寻常的倚重，以确保自己能够得到储君之位。到了曹丕从世子升级为魏文帝之后，曹操时期的一众将星尚在，曹仁、曹洪、夏侯惇等人对他忠心耿耿，而且更重要的是，这些都是自家人。所以司马懿在魏文帝曹丕眼中的地位自然不如当年在世子曹丕眼中的地位重要。在此时曹丕的眼中，司马懿不过是像郭嘉、荀彧一样可有可无的谋士而已。

当然，也可能是老父亲临终时的谆谆教导，曹丕真的是听进去了。

于是，登基之后的魏文帝曹丕死死地把握住曹魏帝国最为重要的军权，禁止司马懿染指。虽然从司马懿的角度来看，这确实有点儿让他绝望，但是从一国之君的角度来说，曹丕懂得什么时候该用什么人，以及该怎么用人，确实比曹植更懂得帝王的驭人之术。

面对这样的局面，司马懿的选择就是继续低调做人，把领导交办的所有事项做得有条不紊，静心等待机会。但话说回来，拜曹操不拘一格用人才政策所赐，曹操给曹丕留下了一大批战功卓著的将星，一时之间，司马懿也确实没有什么出头的机会。

所以在曹丕执政的七年中,司马懿基本上没有什么存在感。虽然从尚书到御史中丞,一直到后来封为安国乡侯,他一路加官晋爵,但这些都是虚职,没有什么像样的权力。面对这样的局面,司马懿知道自己加官晋爵不是因为建立了多么了不起的功业,只是因为他是东宫故人。在对外的征战中,曹丕牢牢掌握住军权,哪怕自己不辞劳苦亲征也不让司马懿染指军队。但为了表现出自己没有把司马懿当外人,曹丕让司马懿坐镇许昌,搞搞后勤,美其名曰"曹魏之萧何"。

风险投资家贾诩的眼光

正所谓,理想总是要有的,万一实现了呢。

正当司马懿为自己在黄初年间被当作吉祥物一样束之高阁而郁闷不已的时候,一个改变其命运的人出现了。贾诩,主动来找司马懿。

贾诩堪称是三国时代第一权谋家,人送雅号"毒士"。贾诩是陇西人氏,最早跟着董卓混,待董卓死后,他献计李傕、郭汜反攻长安。在李傕、郭汜等陇西军阀失败后,他又辗转成为张绣的谋士。在贾诩的阴谋帮助下,张绣两次打败曹操。在官渡之战前,他劝张绣归降了曹操,受到曹操重用,在赤壁之战时,贾诩认为夺取荆州之后就应安抚百姓而不应劳师动众讨江东,但曹操不听,结果受到严重的挫败。后来在曹操与关中联军相持渭南时,贾诩献离间计瓦解马超、韩遂,使得曹操一举平定关中。凡此种种,贾诩代替出走的荀彧而成为曹操最为倚重的谋士。贾诩一生秉承着良禽择木而栖的人生信条,不断地变换主子,而且就在这样的辗转腾挪之中一步步走向人生的巅峰。到了曹丕的黄初年间,他已经官拜太尉了。

司马懿知道贾诩登门肯定有事。但他不问,贾诩也不说,两个人就这样"你好我好大家好"地胡拉乱扯了半天也没有扯到正题上。

"陛下这么多年一直让您留守许昌，不让您统兵御敌，您心里一定不痛快吧。"贾诩终于首先憋不住了，一下子就戳到了司马懿的痛处。

"虽然蜀汉诸葛亮厉兵秣马、虎视眈眈，东吴剑指长沙、其心叵测，但我大魏有贾太尉在，社稷又有何忧？"司马懿不知道贾诩这葫芦里卖的是什么药，于是继续打哈哈。

"司马中丞，你我都是外姓人，官职什么的都是浮云，要想在曹家人的朝廷上立足，非要攫取军权不可啊！老夫虽然老朽，但一生阅人无数，老夫觉得司马大人您有吞吐天地之才，斗胆向您建言。"

听贾诩说得这么情真意切，司马懿觉得他没有恶意，而且说的也确实是自己多年来苦恼之事，便深施一礼："请太尉明示，懿当此之际，应如何应对？"

"如今陛下将兵权交付给了曹真、夏侯尚、曹休一众宗亲手中，要取得军权，靠陛下这条路是走不通的，只有通过与这些军界的当权派拉近关系、化敌为友，得到他们的鼎力支持，才是攫取军权的上上之策！"

"懿感念太尉指点，只是如何能够与这些军界的当权派拉近关系呢？"

"这个事情老夫已经替你思虑了很久。你家大公子司马师今年不是刚满十六岁了吗？他已经到了婚娶之龄。依老夫看来，你司马家若能就此与他们曹家或夏侯家联姻结亲，这个裙带关系自然牢不可破。"看司马懿这么上道，贾诩将他的建议和盘托出。

真可谓"听君一席话胜读十年书"，贾诩的这一番话一下子就打开了司马懿的思路。如果有一个曹家人做亲家，那就相当于当上了皇亲国戚，进入曹魏的核心中枢就是轻而易举了。既然是一门政治婚姻，司马懿觉得还是应该讨论一下具体人选。

"若要与曹家联姻，径直与皇家帝室联姻结亲何如？听闻陛下嫡生的东乡公主正值妙龄。"司马懿觉得与其费劲挑一个曹家人，还不如直接让自己儿子当驸马。

"陛下一向多疑猜忌，如果您主动提出要为儿子迎娶东乡公主，他肯定会怀疑您另有图谋。"

司马懿一想,贾诩说的没错,这样的话显得意图过于明显,非常容易引起别人的警觉。司马懿的大脑像是一台运算能力超强的计算机,迅速把曹魏的这些大佬们以及他们之间错综复杂的关系分析了一遍,最后选中了征南将军夏侯尚。

"征南将军夏侯尚崇儒好文、通达礼法,其子夏侯玄又拜司空王朗为师,其女夏侯徽亦有贤淑之名,可谓书香门第。再加上平日里懿与夏侯尚交谊不浅,与其结为秦晋之好,不知太尉觉得如何?"

所谓书香门第之类的说法,都不过是司马懿的虚与委蛇罢了,司马懿想要与夏侯尚家族结好的原因是夏侯尚的妻子曹茹,是曹真的亲妹妹。司马懿与夏侯尚家族结为秦晋之好,实际上是同时和夏侯尚、曹真两位军界大佬成了亲戚,实在是算无遗策。

看到司马懿被自己说动,贾诩终于微笑着说出自己此行真正的目的:"既然中丞大人有意与夏侯将军结为秦晋之好,那老夫就厚着脸皮自告奋勇,替您去夏侯府说媒和亲,如何?"

"太尉肯屈尊为犬子保媒,大恩大德卑职真是没齿难忘!"

"岂敢言恩德,老夫和中丞大人您一样,都是心系社稷而已。老夫此行是为了我大魏国的长治久安。老夫坚信,中丞大人必能大展宏图,继承武皇帝的遗志,完成平定宇内的大业。"贾诩轻松地摇唇鼓舌一番,将攀附权贵和大搞裙带关系说得这么道貌岸然,实在不愧"三国第一权谋家"的称号。

就这样,在当朝太尉贾诩的运作之下,黄初四年(公元223年),司马懿的长子司马师迎娶了征南将军夏侯尚的女儿夏侯徽为妻。从此,司马家族与夏侯氏、曹氏等魏国宗室结成了紧密的裙带关系,成为一家人。而司马懿也通过这条由姻亲关系结成的血缘网络,获得了来自曹魏宗室的强力支持,从外姓人摇身一变成为皇亲国戚。如果说在此之前,司马懿是通过努力工作取得领导的青睐,从而期望达到光大门楣的目标,但最终希望渺茫的话,那么从这一天开始,司马懿以及他身后的家族通过政治联姻

的方式与曹魏的权贵结为一体，从而走上了更高的平台。用现在的话说，这就是圈子。

所以说，起步低不怕，先挤进圈子再说。

而贾诩通过给司马家保媒拉纤，完成了一生中最后一次政治投资。而这场投资所带来的巨大收益很快就显现出来。司马师的大婚结束后一个月，一代权谋家贾诩在洛阳溘然离世。在东汉末年这个乱世，不但能明哲保身，而且以七十七岁的高龄善终，比以能活而著称的司马懿还多活了四年，着实不容易，贾诩老爷子确实做到了《道德经》里说的："功遂身退，天之道也。"贾诩死后，司马懿联合朝廷各部重臣上奏曹丕，以"肃侯"的谥号追封贾诩，并封其子贾穆为吏部郎，进入帝国最受欢迎的组织部门任职。

贾诩，这个出身于行伍的凉州人，在各大割据势力之间不断游走，永远在幕后，永远厕身在江湖。他冷眼看天下沧桑，敏锐地审时度势，在经历了董卓、李傕、张绣以及曹操诸位不同的主子后，一步一步迈向更高的平台。把天下大势看作棋局，不断地谋人、谋国、谋天下，时而看准时机入局攫取利益，时而运筹帷幄全身而退，贾诩每一次都能够在事业的最关键的节点上从一个辉煌走向另一个辉煌。而贾诩此生中最后一次投资选中了最大潜力股司马懿，也为他的家族带来了延续百年的丰厚回报，他的子孙一直到后来的晋朝依然是满门公卿。

当官的条件和九品官人法

虽然说魏文侯曹丕在他执政的七年时间里基本上没有什么可圈可点的政绩，但他也确实干成了一件曹操想干而没有干成的事情，那就是逼汉献帝禅位。以曹操一世枭雄，也只做到称魏王，但是还得把汉献帝当作吉祥物似的供起来,隔三岔五还得去请个安。为什么?因为大臣们反对。但如果你认为大臣们是感念汉朝皇恩浩荡而心存恻隐,那你就太天真了。

这要从曹操的用人说起。曹操起家依靠的是颍川和兖州的士族,这些士族在乱世中靠着曹操活下来,而且活得不错,但反过来又觉得曹操是宦官养子,看不起他的出身。曹操起事之时并不是势力最大、最为人们所看好的,因此不能有一点儿闪失,尤其是在草创之初,稍有不慎就会被人一脚踩死。因此曹操的用人原则是:不管你出身,不管你是不是异族,只要你有能耐我就给你最大的信任。曹操曾经先后三次颁发求贤令,大批底层士人,甚至毫无出身可言的平民得到了重用,成为"国家公务员"。用现在的话说,那就是不拘一格用人才,所谓"英雄不问出处"。正是这种用人的政策,在一定程度上压制了世家大族。这样做虽然使得曹操帐下一时间猛将如云、谋士如雨,但导致的结果就是挤压了世家大族的生存空间,而且世家子弟的权利也得不到保障。你当的官再大,一旦退休就可能什么都不是。于是世家大族的意见很大。一直到曹操死,世家大族都明确表示不支持曹操想要把汉献帝一脚踢开的行为。

可能有人要问了:世家大族就那么牛吗?曹操这样的枭雄想办的事情世家大族一搅和就办不成了吗?还真是。

从春秋战国时期开始,士族或者豪门的势力就已经成为国与国之间弱肉强食之外的第二条外交道路。魏安釐王二十年(公元前257年),秦国围攻赵国邯郸,赵国想要向魏国求救。但赵国人并未去找魏王而是去找了信陵君。信陵君一番纵横捭阖,偷了魏国的虎符出兵解了邯郸的城下之围。这个故事叫作"窃符救赵"。现在想一想真是有点吓人,出兵这种重大的国际外交事件居然不通过魏国国君,而是通过魏国的所谓公子就直接操作了。这就相当于架空了国家领导人。这说明在这些封建国家中,豪门大族拥有可以撼动国家主权的力量。到了三国的时候,在前台表演英雄的虽然是曹操,但后台老板依然是各大门阀。虽然司马家族也是门阀的一员,但是从需要抱颍川领袖荀彧这条大腿的角度来说,他可能还不属于一流的门阀。

中国人离开贵族的时代已经太远了,可能不太能理解居然有一国君王想做而做不了的事情,尤其是这个君主还是那种乱世中的枭雄。曹丕登基后,在陈群的建议下颁布了《九品官人法》,也就是常说的九品中正制,就完美地解决了这个看似无解的问题。

汉代还没有科举制度,科举制度还要到五百年以后的隋朝才第一次出现,因此,在汉朝做官只能靠推荐。这个九品中正制把全国的官员从大到小分成九品,每一品设立中正,就是负责向朝廷推荐人才的官员,而且县里有县里的中正,郡上有郡上的中正。这个中正就厉害了,他的一句话就能决定一个人的人生。这种中正当然都是由各门阀所瓜分了。政治这种东西只有抱起团来才能发挥出气吞山河的力量,单个人的力量太渺小了。一开始可能还会有个把真正有能力的门阀以外的人才能进入官员序列,但慢慢地,中正推荐的就都是各大家族的子弟了,渐渐就形成了"上品无寒门,下品无庶族"的局面。各大门阀把持了魏国的各大权力中枢,不在乎你有没有本事,只在乎你爸是谁。这在经济学理论里有一种说法,即劣币驱逐良币。如果你是颍川荀氏或者兖州司马氏,你是支持处处想排挤你、任用外来户的曹操呢,还是支持只任用自己人、把儿子外甥们的就业工作问题全都解决的曹丕呢?

答案是显而易见的。

从黄初年间《九品官人法》作为曹魏帝国选贤纳士的法律被明文规定下来后,那些号称汉室纯臣的人们纷纷上书,称汉朝国祚已尽,请曹丕禅位。当年面对曹操铮铮铁骨誓与汉室共存亡的,与苦口婆心劝曹丕赶紧废汉自立的是同一拨人。朝堂之上怎不令人感叹?所谓正义,所谓忠诚,无非是"利益"二字。

曹丕托孤

自从黄初元年(公元220年)刚刚登基为帝时被东吴孙权欺骗感情之后,曹丕那颗被伤害的心就一直没有平静过。曹丕像是一个被人抢了玩具一样的孩子一样,哭着喊着一定要去夺回来。黄初元年(公元220年)和黄初三年(公元222年),曹丕倾全国之兵亲征东吴,结果两次都被打得大败亏输,曹操二十年经营的不可战胜的曹魏铁骑之威名在曹丕这儿被耗散殆尽了。曹丕执政的七年就是在亲征东吴被打败,休养生息再次厉兵秣马,然后再一次被打败的循环中度过的。

黄初六年(公元225年)冬,自感来日无多的曹丕再次强打起精神率二十八万大军讨伐东吴,结果天寒地冻,战舰连长江都下不了,还没有开战士气就低落到不行。东吴那边打探到曹魏进军受阻,连夜摸过长江,主动出击进攻曹魏。双方在庐陵一带交战,战事陷入胶着。

此时宛城的奏表递到。镇守在宛城的镇南将军夏侯尚病重,有重大的身后之事要向曹丕禀告。

夏侯尚是曹丕的发小,关系非比寻常,一听说夏侯尚病重,曹丕立刻放下东征的军务赶到宛城,见夏侯尚最后一面。

曹丕赶到宛城的时候,夏侯尚已经非常虚弱了,他挺着不死是为了一定要面见曹丕,亲自把一件事敲定。

夏侯尚见曹丕风尘仆仆赶来,想要起身迎接,曹丕走上前去一把扶住:"伯仁,你不要动,躺好躺好!"

"微臣不肖,估计要不久于人世了。只是这镇南将军一职的接替人选,微臣一定要抱病陈奏。"

"你意下,何人可担此位?"

"奏陛下，依微臣之见，那些跟随先帝的大将们如今不断凋敝，已经所剩无几了，新生的少壮们又威信不足。如今满朝百官之中，唯有司马仲达文武双全，先帝之时就作为军司马随军参战，且屡建奇功，可以为镇南将军驻守荆襄！"夏侯尚几乎是拼尽了所有的力气才非常艰难地说出这段话的，之后就不住地喘息。

夏侯尚说的话确实是现在曹魏面临的问题。曹洪、曹仁这些跟随曹操纵横四海的老将们纷纷故去，现在的曹魏朝堂之上青黄不接的问题非常严重。曹丕不禁陷入了沉思之中，作为当年自己做太子时亲附的骨干分子，司马懿的才干他当然非常清楚。但是曹操弥留之际的再三叮嘱犹在耳畔，而曹丕这么多年也是秉承着对司马懿的提防方针，哪怕再提拔重用也不能给予兵权。

"司马仲达虽为镇南将军镇守荆州，但东有曹真拥兵江淮，西有曹休镇守雍凉互为掎角之势，他纵有异志，无奈左右受制于人，陛下大可对他放心！"看到曹丕犹豫不决，夏侯尚继续苦苦相劝。为了老亲家能够拥有更大的实权，也为了自己闺女以后在司马家不受欺负，老头儿也是拼了。曹丕思量半天，想想当下之朝廷能够当得起荆襄一方重任的也就只有司马懿了，深感夏侯尚始终是为了曹家的社稷思虑良多，不禁泪流满面。

就这样，在亲家翁的极力推荐下，司马懿终于摆脱了吉祥物的尴尬境地，正式进入军界，成为一方封疆大吏。

黄初六年（公元225年）冬天的这场讨伐东吴的战争再次以失败告终，曹丕回到许昌之后，气愤难平，终于一病不起。

他开始交代后事了。

虽然曹丕经不住发小的软磨硬泡让司马懿做了镇南将军，但是他从内心深处对于不是曹家人掌握军权还是不太放心。为了确保在他身后有人能够镇住司马懿，让司马懿他无法用手中的军权做出什么出格的事，曹丕做了两个在他看来天衣无缝的安排。

第一个安排是，将资历比司马懿还老的司徒华歆擢升为太尉，位列诸大将军之上，节度天下兵马调遣权。这样他就可运用职务时时监控司马懿。而司马懿只能调动荆州的十万军马而已,一旦荆州有事,华歆随时可以调动全国兵马予以弹压。

为了确保第一个安排万无一失,曹丕还设计了第二个方案。当然,这个方案也是当初为了让曹丕放心,夏侯尚向曹丕建议的。这个方案就是,命夏侯尚的从弟夏侯儒为十万荆州军中最为精锐的三万虎豹营的统帅,且授予荆州副帅之职。如果说第一个安排是在外部对司马懿的荆州军进行钳制,使其不能有所动作;那么第二个安排就是在荆州军内部打进一个强有力的楔子,起到对荆州军进行监视的作用,使得司马家在荆州军内部永远无法是铁板一块。经过这样一番制度设计,曹丕自认为已经能够把司马懿控制住,既让他为国家卖命又让他无法为所欲为。

于是,曹丕把司马懿召进宫,正式宣布托孤的安排。

人之将死其言也善,虽然曹丕千方百计要防着司马懿不让他为所欲为,但两人从小熟识,作为自己的死党,司马懿也是厥功至伟。曹丕看到跪在自己面前的司马懿,心中充满了感慨,往昔的点点滴滴一下子涌上心头。

曹丕强用最后一丝力气下达最后一道圣旨,宣布了在其身后的安排。曹真为中军大将军兼征西大都督,司马懿为抚军大将军兼镇南大都督,陈群为镇军大将军兼司空,曹丕最为倚重的三个好哥们儿共同作为辅政大臣,辅佐少帝登基。

黄初七年(公元 226 年),在政治上基本上毫无建树的曹丕死了,曹魏帝国度过了最为尴尬的七年。别看曹丕荒淫无度,他最宠幸的郭皇后竟然没有给他添个一丁半子,其他嫔妃生的儿子也大多早夭。没有办法,他只好立了已被废而且赐死的甄皇后之子曹叡为帝。真是讽刺,一个被侮辱、被抛弃的女人的儿子,成了那个时代最有权势的男人。

但是,魏明帝曹叡,这个最像他爷爷曹操的人,却打破了司马懿原本打算安逸混到退休的美梦,让他的潜能一点点被激发出来,一步步变成一条歹毒的龙。

第六章

司马懿的戎马岁月

魏明帝曹叡可以说是曹魏帝国最后一个还算雄才大略的君主，他有着曹操的大局观和运筹帷幄能力，同时也跟曹丕一样阴狠毒辣，荒淫纵欲。其执政的前期，胸怀天下、开明、富于进取，其治下的曹魏达到其势力的顶点。司马懿在军事上的征途可以说是从魏明帝曹叡年间开始的。从曹叡登基开始，司马懿就离开了曹魏朝廷，离开了中央核心决策权，开始他纵横沙场的戎马生涯。从平孟达，到接替曹真成为魏国的大将军指挥对抗蜀国北伐，这段军旅生涯，成为日后司马懿性格中坚毅果敢以及遇事冷静等性格的重要塑造阶段。

曹叡登基

魏明帝曹叡，字元仲，曹操的嫡长孙。由于有着良好的基因，母亲是大美女甄洛，父亲曹丕虽然有点儿小心眼儿但确实有才华，曹叡从小就非常聪明，深得爷爷曹操的喜爱。曹操开会的时候经常带着这个小孙子，还骄傲地对别人说："看，这就是我们曹家第三代传人啊！"从他后来的表现看来，曹叡在政治智慧和执政手腕方面并没有让曹操失望，堪称曹氏子孙中最像曹操的。

魏明帝曹叡在黄初七年(公元 226 年)继位为曹魏帝国的君主。

曹叡一登基，就表现出少年君主的雷厉风行与执行力，显示出与优柔寡断的曹丕截然不同的执政风格，令曹魏朝野的精神面貌为之一振，一扫黄初年间由于对东吴战争不顺利所带来的低迷气氛。在曹叡的运筹帷幄之下，曹真和司马懿负责对吴作战，曹休主持对蜀作战，陈群留在中央负责国内事务，魏国的气象为之一新。

东吴孙权听说曹魏这边曹丕死了，继位的是二十几岁的曹叡，立刻有了想法。曹魏现在的情况是主少国疑。在中国的历史长河里，这样趁着人家办丧事而想浑水摸鱼的事情多了去了，孙权不是第一个也不是最后一个。但干这样缺德事情的人大多没有好下场。有当场就玩完的，白白给新皇帝送了经验，积攒了民望；有的虽然一时占了便宜，但很快就有了报应。凡此种种，屡试不爽。

而且，东吴有个特点，凭着坚城，往往是无坚不摧，最后还能打上一个漂亮的防守反击，让对手跑都跑不了。再加上天险长江的护佑，孙家在江南几十年坚若磐石。但是东吴一旦要主动攻击，就基本上没有赢过。再加上这次东吴派出的是诸葛瑾，诸葛亮他亲哥，三国时代著名的"软柿子"。

也确实不能怪诸葛亮的光环盖住了他,使诸葛瑾的存在感几乎为零,因为诸葛瑾这一辈子基本上就没打过什么胜仗。这一次即使面对第一次带兵打仗的司马懿,诸葛瑾最后也输得一干二净。诸葛瑾与儿子诸葛恪分率四路大军围攻襄阳,竟然被司马懿各个击破,最后损兵折将而回。

　　司马懿第一次以军事统帅的身份登上政治舞台,就干净利索地击退围攻襄阳的东吴军,可谓赢得了满堂彩。这一年的十二月,曹叡加封司马懿为骠骑将军,并授予其开府治事之权。开府治事,标志着司马懿已经进入魏国最有权力的巨头的行列,可以有自己的办事机构,可以招兵买马培植自己的力量了。

　　在经历了曹操一朝不能有所作为,和曹丕一朝不想有所作为之后,司马懿在这一年开始了新的征程。他体内司马家族将种的火焰在燃烧,三河武士的热血又一次在他血管里澎湃。司马懿虽然是魏文帝曹丕最可倚重的东宫旧人,但终其一朝始终作为决策中枢存在于朝堂之上,始终没有机会在战场上展现军事能力。如今,他终于有机会立战功了。

　　此时,哥哥司马朗已经去世,司马懿成为家族的长男。司马懿知道,他已经从父兄手中接过家族的大旗,像他那些司马家的先祖一样,扛起了光耀门楣的任务。

　　第二年,魏明帝便任命司马懿为都督荆州豫州诸军事,屯驻在南阳,保障帝国西南边疆的安全。然而从另外一个角度来说,这也标志着司马懿被正式排挤出执政的核心。但是功名在马上,好男儿当纵横沙场,已经年近五十的司马懿当时一定是这么想的。

　　这一年,司马懿此生荣辱和功勋的最大的人生注脚,蜀国丞相诸葛亮,刚刚写完《前出师表》,屯兵在汉中,正在为第一次蜀汉的北伐做着准备。

平孟达，战神司马懿的亮相

随着魏文帝曹丕的离世，另外一个人的人生轨迹也被改变了，那就是新城太守孟达。

孟达的故事前面提过几句，这里仔细说一下。

蜀汉擎天之柱一般的武将关羽之死，除了与他刚愎自用的性格缺陷有关，其实与孟达和刘封二人也有着很大的关系。当时关羽引兵包围襄樊，放水淹了樊城，水淹七军之后，本来形势一片大好。曹魏一时之间风声鹤唳，曹操都动了要迁都躲避关羽锋芒的念头。关羽想趁战胜之威，一举夺下曹魏所占据的荆州地盘，但苦于兵力不足。于是，关羽向驻守在附近上庸的刘封、孟达请求援军，但二人以"刚刚攻占上庸，民心尚未归附"为由，拒绝向友军提供军事援助。为了攫取更大的战功，一向认为自己是天下第一的关羽动了贪念，抽调荆州全部防守兵马，围攻襄樊。

曹操在司马懿的建议下，积极与东吴联络，将关羽孤注一掷、荆州空虚的最新情报泄露给东吴。虽然此时东吴与蜀汉是同盟关系，是有着攻守同盟约束的友好国家，但是没有永远的朋友，只有永远的利益，孙权做了一个令他后来后悔不已的决定。他命令大将吕蒙白衣渡江，奇袭荆州三郡，夺取了关羽所防守的荆州。老窝被端掉，关羽围攻樊城的军队成了无家可归的流浪军团，而此时看热闹不嫌事儿大的曹操也领兵救援襄樊，关羽进退无门，败逃麦城。兵败如山倒的关羽在慌不择路中被埋伏的东吴军擒获，最终被斩首。

关羽之死，成为三国时代重大的标志性事件，曾经的盟友蜀汉和东吴为了关羽结为世仇，互相都拼了命地想置对方于死地。蜀汉皇帝为了给自己的好兄弟报仇，追究关羽被害的责任，将自己的养子刘封捉来杀掉。

孟达心想，刘备对自己的养子都这么狠，对自己就更是没有二话了。于是孟达就投降了正在坐山观虎斗的曹魏。这个时候的曹魏，曹操刚死，魏文帝曹丕一继位就有人来投降，令有着威伏天下、四方来朝妄想症的曹丕十分高兴，满心欢喜地接受了投降。在孟达的指引之下，曹魏夺取了蜀汉在荆州所残存的最后一座孤城——上庸。蜀汉的势力在这一战大败亏输，彻底将荆州拱手让给了魏国。

因为孟达弃暗投明的举动兼有攻略荆州全境的功劳，加之孟达面相端庄又是一副温文尔雅的样子，令曹丕一见倾心。为了表达自己的重视，曹丕将房陵、上庸、西城三郡合为新城，任命孟达为新城太守，防御西南，开疆拓土。因此，跟司马懿一样，孟达终曹丕一朝过得也是相当舒坦。

孟达的命运可以说是和曹丕同始终的。孟达在曹丕登基的黄初元年投降曹魏，但曹丕死后，他儿子曹叡继位后的雷厉风行的做派又让孟达觉得坐立不安了。再加上作为外来户的孟达与本地的魏兴太守申仪始终有摩擦，这就更让他觉得有点儿度日如年了。

当然还有第三个原因让孟达下定决心去做一个反复小人。

孟达原以为镇南将军夏侯尚死后，曹丕肯定会让自己继任夏侯尚，进一步加官晋爵，统领荆州的军政大权。没有想到，曹丕却让司马懿当了镇南将军。本来刚把夏侯尚熬死，现在又来了个更年轻的司马懿，想要成为荆州的封疆大吏估计这辈子是没戏了。这种人事变动上的失意让孟达很快丧失了生活的信心，再加上蜀汉昭烈皇帝刘备已经在白帝城仙逝，蜀汉和东吴已经结束了互相敌对的状态，似乎当年背后插关羽一刀的事情已经翻篇儿了。于是，顾不上"好马不吃回头草"的古训，孟达开始积极地跟蜀汉眉来眼去。

但是现如今蜀汉实际的当权者诸葛丞相显然不是这么想的。诸葛丞相目光如炬，在整个三国时代是神一般的存在，一眼就看出孟达这样的墙头草是断然不能接纳的，而且当年就是孟达见死不救，导致关羽败走麦城。因此诸葛亮准备采取牺牲孟达的做法，一方面能除掉蜀汉的败类，另一方面促使孟达造反也能削弱曹魏的实力。诸葛丞相的想法很好，反正里外都是曹魏受损失,稳赚不赔。

于是诸葛亮使出反间计,派出郭模假模假样地向魏兴太守申仪投降,连日子都定好了,其间还无意中透露了孟达要回归蜀汉的消息。蜀国郭模降魏的事情不知道有没有下文,但是申仪立刻就向司马懿报告了孟达要反的消息。司马懿害怕风声走露后孟达立刻起事,更害怕他真的跟诸葛亮取得联系,那以后再有所行动就被动了,于是他立刻给孟达写了一封亲笔信,感情真挚,言语之间仿佛是家书一般语重心长。

"想当年在我国最危急的时刻,将军您深明大义弃暗投明,多亏了您的壮举才使三百里荆州重回祖国版图,您为我大魏国的开疆拓土厥功至伟。后来您为平定蜀国叛逆之事,殚精竭虑,日月可鉴。蜀国人一提起将军您,莫不捶胸顿足、咬牙切齿。魏兴太守申仪因为嫉妒您的丰功伟绩诬告您意图谋反之事,这纯粹是蜀汉诸葛亮的反间之计,我早就知道了,我岂能因之做出亲者痛、仇者快的事情,请您放心。"

收到了这封情真意切的来信之后,本来已经如惊弓之鸟般的孟达彻底放松了警惕,大为欣慰,认为司马懿对自己一点儿怀疑都没有,于是放弃了马上就起事的准备。司马懿这一招阴损的欲擒故纵之计,在以后的日子里会被多次用到,而且用得越来越风生水起,用得越来越有心得。

与此同时,蜀汉那边为了让孟达早日造反,诸葛亮也给孟达写信,让他早作打算,以免夜长梦多,中间又生出什么变故。自以为已经把曹魏君臣玩弄在股掌之中的孟达,信心满满地给诸葛亮回信,在信中还非常耐心地给诸葛亮掰着指头算日子。

"诸葛丞相不必过分挂念,魏国有着非常严格的汇报请示制度,司马懿想调动军队就要给皇帝打报告,不打报告私自动用军队是绝对禁止的,这是要军法处置的。司马懿给皇帝打报告,先一级一级往上报,然后皇帝再一级一级往下批,司马懿才从宛城来。宛城离我一千二百里,算下来最快也得一个月才能到。最近我身体小有不适,等过几天身体好一些了,再挑个黄道吉日起事不迟。"

按照魏国正常的办事流程,司马懿得知了这样的消息,的确是首先应该向负责西南军事的第一长官曹真报告,然后再由曹真向朝廷报告。但是司马懿不是一般人,他此生一系列成功背后的秘诀就是不按套路出牌。在他的眼中,一切的敌人都是自己的功劳簿上的一行记录。如果按照正常程序上报朝廷,等有所动作贻误战机,或者命别人前去镇压,那就白白给别人做了陪练。于是,为了不贻误战机,几乎在给孟达写信先把他稳住的同时,司马懿已经在不动声色地厉兵秣马,打算先斩后奏。

于是,司马懿暗中亲率大军,日夜兼程,只用了八天就抵达了新城城下。就在过惯了安逸日子的孟达还在犹豫到底是现在就反还是等等再说的时候,司马懿已经率领魏军完成了围城。为了防止蜀国前来救援,司马懿命另一路魏军在新城周边设伏,成功地将蜀国救援孟达的军队堵截在了路上。

司马懿完成包围后随即下令兵分八路全力攻城,并同时进行了惩治首恶、其余不问的心理战。面对神兵天降一般的魏军,孟达竟然跑出城外,建起了营垒,隔着护城河与魏军对峙,妄图在魏军渡河的时候击之半渡。司马懿岂是他一条护城河就能挡得住的?他略施声东击西的小计就过了河,孟达只得丢盔卸甲逃回城内。在强大的军事压力和心理威慑之下,仅仅过了十六天,孟达的外甥邓贤、部将李辅就开城投降。魏军进入新城,干净利落地砍了孟达的脑袋,传首京城。做好安抚工作后,上庸城内似乎除死了孟达之外生活没有什么变化。然后司马懿下令退出新城,屯驻在宛城,并暗示周围的州郡前来道贺,其中就包括泄密的魏兴太守申仪。申仪以为平定孟达自己立了大功,怎么着司马懿也得代表朝廷嘉奖一番吧,于是就兴高采烈地来了。

没想到司马懿见到申仪的第一句话就是:“来啊,给我把暗通敌国的申仪拿下。”

这就太尴尬了,申仪简直就是丈二和尚摸不着头脑,说好的奖赏呢?说好的加官晋爵呢?

“大将军,您这是何故,通敌的是孟达,他不是已经被正法了吗?我可是国家大大的功臣啊!”

"申太守，我早知道你和蜀国眉来眼去。你举报孟达反叛不假，但你自己似乎也不干净。你暗通蜀国郭模的事情难道是忘了吗？"

尽管司马懿很难说忠义，但他确实非常痛恨两面三刀之人。在他眼里，申仪和孟达都属于这种立场不坚定的人，既然来了，就索性全都收拾了，省得以后麻烦。于是，司马懿趁机将申仪收捕，随军送回京师。

司马懿这一次平定孟达之战，是一年之内作为封疆大吏第二次建功立业，也是与蜀汉丞相诸葛亮的第一次斗法。他先是施展欲擒故纵的策略，稳住孟达，使其贻误战机；然后火速出兵，并将吴蜀两军堵截在半路，使其无法来救；最后以迅雷不及掩耳之势全力攻城，还辅之以心理战。他每走一步都看透之后的两三步，并且先出手将死对手。此一战堪称完美。司马懿对战端格局的把握以及成竹在胸的大局观，在三国时期可以说少有出其右者。

两年时间内两立战功，使得曹魏军心大振，一扫曹丕时期被吴国骗、被蜀国欺负的被动局面，司马懿也成功确立了其在军队中的人望。而说起孟达，能够被三国时期两大顶级人物同时惦记上并对其大费周章，也算不枉此生了。

乘风而起的第一步

魏明帝登基初年，司马懿用两场胜利迅速奠定了其在帝国武将中的地位，接下来的事情就让我们更叹服于他在宦海浮沉中的老练手腕了。现在司马懿在曹魏的武将中排名第三，排名第一的是他现在的直接上司、负责东部战线的大司马曹休。在确立了自己的地位之后，司马懿的下一步棋就是要扫除一切挡在他前面的障碍，向着权力的巅峰前进。

登基初年挫败东吴的挑衅，平定了孟达的叛乱，稳定了政局的魏明帝曹叡，就开始谋划着发动对外战争了。于是，曹叡召见了正处在快速上升期的司马懿，问他应该先对吴国用兵还是先敲打蜀国。

　　司马懿的大脑飞速运转了几秒钟之后，一个借刀杀人的计策就在他脑海里形成了。

　　"吴国！"他斩钉截铁地回答曹叡。当然，理由非常充分。

　　"吴国欺负我们魏军不习水战，在其咽喉之地东关(今安徽和县)守军很少。如果曹休引兵突破东关奔袭皖城(今安徽潜山)，吸引孙权东去救援，我率兵南下乘虚攻取夏口(今武汉)，东吴可破。"

　　曹叡大喜，当即下令曹休和司马懿两道攻打东吴。

　　军令如山，面对最高领袖的殷殷嘱托，曹休在曹丕面前慷慨激昂地表态："臣愿率精锐之师渡江作战，踏平江南，以战养战。如果臣不幸阵亡，请陛下不要挂念。"还没出征，不想着胜利后的凯旋，净想着战死沙场，虽然话是好话，但听上去怎么就有点儿怪怪的。

　　司马懿一路进军似乎不顺利，但曹休这一路披荆斩棘，进军神速。就在曹休一部率军突破东关的防线、奔袭皖城的时候，吴国的鄱阳守将周鲂来降。这就是意外的收获了。如果占据了吴国的鄱阳，就相当于在吴国的腹心扎下一颗钉子，只要自己愿意，随时就能渡过长江渡口威胁吴国，东吴最可依仗的长江天险将视同无物。而且，最重要的是，这样的占领还不用耗费一兵一卒。于是曹休立刻决定放弃围攻皖城，继续向东去接收鄱阳。

　　《三国演义》里对这一段有着相当传神的描写，就是"周鲂断发赚曹休"。

　　曹休满脑子想的都是占据皖城之后的美好时光。但要记住，任何时候天上都不会无缘无故地掉馅饼。后来的事实证明，这是东吴对魏国的又一次诈降。真是不长记性啊，黄初年的时候曹丕就被孙权骗过，这才过了几年？

　　就这样，本来是用来吸引孙权主力的担任诱敌之军的曹休军团，就这样成了攻打东吴的主力。而且，孤军深入。

要说曹休没有一点儿防范之心，也确实冤枉了他。如果作为帝国第一军人的曹休连这点儿经验也没有，那与愣头青无异。曹休要求负责断后任务的贾逵与其会合，去接收鄱阳，但是架不住周鲂一遍遍死催。周鲂说现在东吴的防备很空虚，而他想要为曹魏帝国的统一事业做贡献的愿望是很强烈的。曹休也实在是不愿意放弃这样千载难逢的机会。

于是，曹休没有等到贾逵率军来跟他会合，就带着几千人火速向东，去和周鲂会合了。当然，曹休没有找到周鲂，却发现自己已经进入了陆逊设下的十面埋伏之中。在石亭，东吴第一名将截断了曹休的去路。孤军作战而且对地形不熟，曹休很快败走，虽然捡了一条命，但曹休一部几乎全军覆没。

曹休回国后陷入了深深的自责之中。

胜负本是兵家常事，但是帝国的第一武将曹休却接受不了。他觉得这一战让魏国前功尽弃，自己也身败名裂，辜负了魏明帝的期待。于是他向魏明帝上书谢罪。魏明帝为了宽慰他，给了他很多赏赐。但是这丝毫不能抚慰曹休受伤的心灵。闷闷不乐的曹休一直不能原谅自己，结果背上长了个大疮，没多久就病故了。魏国第一军人曹休就这样晚节不保，羞惭而死。

但是，说好的两道出兵，司马懿在干什么呢？

还在路上。

终其一生，司马懿都在践行着走一步、想两步、看三步的处世之道。

现在我们来看看司马懿打东吴的这个计策。这个计策的阴损之处在于：如果一切按照计划进行，孙权被调动离开夏口，那么你曹休军是疑兵，主攻方向在我司马懿这里，论功行赏的话我司马懿头功；如果孙权没有被调动，说明你曹休这一路的战略目的没有达到，我这一路根本不需要动，而且还可以在曹叡面前摆你一道，没有拿下夏口的原因是曹休无能。

这绝对是稳赚不赔的买卖。曹休在出兵的那一刻起，就已经注定输了，只不过他选了输得最彻底的那个选项。不知道大司马曹休在羞愤至死的那一刻有没有明白这全是他的手下司马懿给他设的局。

　　不过,这已经不重要了,曹休死了,司马懿自然而然地升任东部战区的一把手。这一年司马懿五十岁,在知天命之年他已经将命运牢牢掌握在自己手中。浸淫官场多年的他左右逢源,正在一步步地走向人生的巅峰。

第七章

蜀汉北伐，不可能完成的任务

司马懿和诸葛亮，在三国时代绝对可以算得上是一对相爱相杀的冤家。司马懿需要诸葛亮这个强大的敌人，来换取新皇帝曹叡对他的信任和重用，避免卸磨杀驴的悲剧。同时，诸葛亮也需要司马懿这个敌人，来整合蜀汉的资源，发起耗费巨大的北伐，以免陷入蜀国国内纷争之中。没有诸葛亮的北伐，司马懿可能依然是曹魏军中的一个方面军的领军人物，无法在几年内就成为手握曹魏兵马的大将军。从某种角度来说，对手才是使我们获得快速成长的人。

《出师表》和北伐

三国鼎立的时代，任何一个国家的风吹草动都会引来另外一个国家的目光。曹魏死了一个大司马，立刻拉开了一场更加旷日持久和更加血腥的战争的帷幕。

这就是诸葛丞相的北伐。

建兴六年(公元228年)春，蜀汉丞相诸葛亮写下了《前出师表》，惺惺作态地向后主刘禅说明了北伐的紧迫性和必要性，开始了在后来看来"明知不可为而为之"的征程。

诸葛亮六出祁山进行北伐，除了将蜀汉本来就已经羸弱不堪的国力消耗得更加不堪一击之外，没有给蜀国带来任何益处。史书对于诸葛亮六出祁山的盖棺定论就是：劳民伤财，徒劳无功。

在《三国演义》这部文学色彩浓烈的作品中，六出祁山都是诸葛亮在和司马懿打，把司马懿打得毫无招架之力，要不是最后鞠躬尽瘁的诸葛丞相积劳成疾，终于星落五丈原，蜀国差一点儿就成功了。最后，书里还安排了个死诸葛吓走活仲达的情节。但真实的历史是，蜀汉的六次北伐有四次都是魏国在大司马曹真的率领下跟诸葛亮在打，最后两次是司马懿接替曹真成为曹魏的大司马，一次借诸葛亮之手杀了曹操时代最后的名将张郃，第二次则直接耗死了诸葛亮。自此，蜀汉北伐结束，再无力北出祁山。

挡在司马懿面前的第二个人，就是曹真。

曹真此人，其实并不是曹家的人。曹真本命姓秦，其生父秦邵，为曹操的部下。早在曹操跟袁绍争夺北方霸主的时候，一次曹操与秦邵轻车简从身赴前线刺探敌情，忽遇袁绍的军队杀到。混乱之中，秦邵夺过曹操的头盔和战马，引开袁绍的军队，用自己的命换了曹操一命。躲过一劫的曹操感动得不得了。都说曹操生性多疑，可就是这个多疑的曹操也有其真性情的一面。为了报答秦邵的救命之恩，曹操肩负起将秦邵的儿子秦真抚养长大的责任，不但把他当作自己的儿子一样对待，而且让他姓了曹。不光曹操，曹家人也没有把这个曹操的养子当外人。曹叡登基后，将西部兵团的最高指挥权给了这个叔叔曹真，后来又在曹休之后担任大司马，光辉与荣耀一时无两。秦邵九泉之下有知的话也当瞑目了。

从汉中北进，有两个方向四条通道。一个方向是出秦岭入关中。在这个方向上有两条通道：一是出秦岭子午谷，进入关中；二是经秦岭褒斜道，出入斜谷，进入关中西部。这两条通道谷长路险，均有栈道，大军行动比较困难。另一个方向是往西经阳平关进入陇山。在这个方向上有两条通道：一是出阳平关，经故道、散关，进入陇东；一是出阳平关，经武都、建威到陇右的祁山出天水。这两条通道道路较远，但略为平坦。

公元228年，诸葛亮意气风发出祁山，开始第一次北伐。

诸葛亮不用魏延的计策以奇兵出子午谷直攻长安，而是大造声势号称要走斜谷道取眉县，让赵云设疑兵吸引曹真的大军，自己率大军从陇右出祁山，干净利索地将南安、天水和安定三郡拿下。但马谡守街亭时，为曹魏名将张郃所破，蜀汉的粮道断了，诸葛亮无奈只好下令撤军返回汉中。

这一次的北伐，是最接近胜利的一次，其最重要的原因是出其不意。在诸葛丞相的纵横捭阖之下，蜀汉军队发动闪电战，迅速拿下凉州三郡，只要马谡能守住街亭，蜀汉就能控制凉州全境，使得凉州与汉中、蜀地连成一片。这样就能够以汉中和陇右为基地同时从两个方向对魏国发动进攻，从而实现《隆中对》中所说的兴复汉室所必备的两个条件中的一个。虽然最终街亭还是丢了，但是他至少也拿下了陇右三郡；虽然没有取得压倒性的胜利，但是颇有斩获：这是六次北伐之战中收获最大的一次。后来的几次北伐，曹魏基本上是倾全国之兵防范蜀汉；蜀汉所能取得的成果寥寥，可以说是王小二过年，一年不如一年。

粮草问题，蜀汉北伐绕不过去的死局

这年冬天，诸葛亮急不可耐地写出了《后出师表》，就是我们语文课本中要求背诵的那一篇，"臣鞠躬尽瘁，死而后已"作为一句名言一直流传到今天。诸葛丞相信誓旦旦地表明其毕生的目标就是北伐，哪怕那是个南墙，也要拿脑袋一次次地去撞。此后诸葛丞相的作为就像是个在赌场上赌输了的赌鬼，虽然一输再输，但就是不知悔改地一再赔上蜀汉的锦绣河山去做一次次没有悬念的赌局。与第一次北伐不同的是，第二次他换了一条路，选择走大散关，包围陈仓。曹真早就料到蜀汉还会再来，命郝昭守陈仓。蜀汉围着打了一个月打不下来，依然是粮草的问题，只能撤军。第二次北伐，毫无进展，白白折腾了一番，蜀军只能悻悻而回。

粮草问题，在六次北伐中始终是蜀汉绕不过去的一道坎，如果能像第一次北伐那样用声东击西的方法快速从大山中冲出，对魏国的威胁就相当大，相当于绕到其西边开辟了第二战场。但如果被魏国猜出其战略意图，被挡在雄关或者坚城之下，就基本上只有吃完粮食打道回府的份儿了。

所以说，北伐之战，只可速战，不可持久。

当年刘邦为了消除楚霸王对其的怀疑，自己主动要求做汉中王，并且烧了栈道，向项羽表明自己绝无图霸关中的心迹。然后，韩信就可以明修栈道，暗度陈仓，很轻松地占据关中，与项羽争夺天下。如果说粮草问题，是从蜀地北伐长安的最大的瓶颈，那么既然三国时代有，秦汉的时代也应该有，那为什么韩信的北伐就那么轻松地实现了，而诸葛亮的北伐就那么艰难而又没有希望？

第一个当然是主观的原因。楚霸王项羽虽然武力天下第一，依靠着江东子弟兵扫荡了天下诸侯,但他放弃了固若金汤的关中,一心只想着回到老家彭城光宗耀祖,而且还给后世留下了"锦衣夜行"这个成语。但结果是,项羽前脚刚走,刘邦后脚就打出汉中。

第二个就是天下大势的原因。项羽在取得天下后分封了十几路诸侯,而为了牵制刘邦,还将关中之地一分为三,分别分封了三个诸侯(这就是后来陕西号称"三秦之地"的渊源),这也是很重要的原因。出汉中路很多,分属于不同的诸侯,纵横捭阖的余地相当大。同时,韩信作为当时名闻天下的帅才,利用了项羽不把关中作为战略重点的机会,声东击西之中完成了出汉中经略关中的目的。而三国时期形势就变了,魏国在中国北方是铁板一块,几个雄关之间的军队调度根本不成问题。因此,实在是诸葛丞相的运气不好,时代变了,攻守之势异也。

第三个就是客观原因了。秦末汉初的时候,汉中最主要的河流——汉水是流经汉中全境的。通过汉水,可以以非常小的代价实现人员和粮草辎重的迅速转移。因此在韩信明修栈道、暗度陈仓的时代,粮草似乎从来就不是问题。而汉武帝时期,汉中地区发生了一次重大的地震。这次地震除了造成人员伤亡之外,还造成了另外一个重要的后果,那就是汉水的改道。也就是说,从蜀地运送兵马和粮草辎重,通过汉水实现水路的运输已经基本不可能了。因此,对于蜀汉来说,粮草问题始终都是悬在头顶的达摩克利斯之剑,随时都会造成北伐的无疾而终。而纵观诸葛亮的六次北伐,基本上是因为粮草难以为继,最后无奈撤军。

在每次北伐的时候,魏延都要向诸葛亮建议出一支奇兵,走子午谷,直取关中。其理论依据就是要借鉴当年韩信的先进经验。但诸葛丞相每次都拒绝了魏延的建议。魏延还总是心有不甘。这实在不是诸葛亮不明智,事实可能正好相反,明修栈道、暗度陈仓的时代已经过去了四百年,拿四百年前的故事来套当时的实际,如果用一个成语描述这个所谓的奇谋,那就是"刻舟求剑"了。

而且,战争不是一城一池的得失,说到底是国力的竞争。我们来看一下三国力量的对比。

从地盘上来说，东汉在汉献帝接手的时候有十五个州郡，魏国拥有荆州、青州、兖州、雍州、扬州、徐州、凉州、冀州、幽州和并州，一共十个州郡。吴国靠着长江天险，拥有扬州、荆州、交州和广州。而力量最弱的就是蜀汉，即使在其全盛的时期也不过只拥有益州和荆州的一部分。当然所谓国力的强弱，地盘只是一部分。对魏、蜀、吴三国人口的数量，学界也一直争论不休。梁方仲在他的《中国历代户口、田地、田赋统计》中认为蜀后主炎兴元年(公元263年)蜀国有28万户，94万人；魏国有66万户，443万人。吴国在公元280年有52万户，230万人。这成为目前学界的主流认识。

魏国幅员辽阔、人口众多，所以造血机制非常旺盛，而蜀汉基本没有战略缓冲，元气的恢复效率极低。这就是为什么诸葛亮主政时期虽然没打过败仗，但是越打越弱，越打人越少。而司马懿就是非常敏锐地看到了这一点：我根本不需要跟你打，我只要跟你耗着，你就总有耗不下去的一天。对于诸葛亮的北伐，司马懿认为其逆天而行，根本没有成功的可能。在写给兄弟司马孚的信中，司马懿说："亮志大而不见机，多谋而少决，好兵而无权。"

可以说三国时代，魏国是当时的主旋律之所在；起码从综合实力上来说，吴、蜀都劣势明显。如果按照一般的理解来说，魏国不出兵讨伐吴、蜀就算天下太平了。蜀汉作为三国时代实力最弱的一方，为什么一定要一次次"明知不可为而为之"地去打比自己强大得多的曹魏？所有人都能看出诸葛亮的北伐绝不会成功，难道作为三国时代以神机妙算名噪天下的诸葛亮竟然看不出来吗？

诸葛亮当然知道。早在三顾茅庐的时候，诸葛亮就已经与刘备讲出了著名的"隆中对"。"隆中对"的中心思想是：想要北定中原、复兴汉室，必须得有两个前提条件。第一是等到天下有变，第二是必须两路出兵。在诸葛亮开始北伐时，荆州已经被关羽搞丢了，那么也就不具备两路出兵的条件了。而且此时天下已经处于一种稳定的三角结构，根本上很难有什么变故。既然条件都不满足，那么诸葛亮为何还要坚持自找苦吃地去北伐呢？

对于蜀地来说，刘备集团属于外来势力，其执政集团有三大派系：元老系、荆州系和益州系。这三大集团矛盾重重，一直到刘备去世，这种矛盾也没有得到彻底的解决。以关羽的败亡为标志的元老系消亡后，荆州系和益州系就更加水火不相容。在诸葛亮的主政时代，这种矛盾非但没有缓和，而且大有愈演愈烈的趋势。解决这个内部矛盾只有一个办法，那就是不断地对曹魏进行攻伐，让蜀汉处于长期的战争状态，转移内部矛盾，以外战防内乱或内战。一般而言，战争确实是最好的办法。它一方面可以转移蜀汉内部的注意力，还能增加蜀汉上下人心的凝聚力；而在一致对外的这个过程中，还有一个好处，那就是以此作为打击益州势力的借口和理由会显得充分而自然。用一句话来说明，就是要用不断的对外战争来缓解国内的执政危机。

曹真也被司马懿玩死了

蜀汉的两次北伐，虽然最终都没有对魏国造成什么实质性的威胁，但蜀汉像个苍蝇一样天天在眼前转悠，也是够烦人的。而且魏国也算是地区大国了，成天被缩在蜀地的小国追着打，说出去也确实不太体面。于是曹真决定主动出击。魏明帝曹叡对于这个不是亲叔叔却胜似亲叔叔的曹真充满了信任，当然满口答应，而且命令司马懿作为偏军配合曹真的伐蜀战役。

于是，一个超豪华的阵容出现了。曹真率军走子午谷，张郃率军走斜谷，司马懿率军走汉水，另外还有郭淮、费曜等人也一并出军。曹魏精锐尽出，浩浩荡荡，欲一战解决蜀汉；就算不能彻底解决，也至少要让它消停几年。

曹真，作为曹操时代成长起来的一代名将，随着时间的流逝，也在渐渐老去。于是，一种去日无多的紧迫感让他觉得有一件事必须要做了。这一刻，也许他能够理解父亲义无反顾地代替曹操死去时的想法，因为他所守护的这个人承载着他的梦想。

现在的魏明帝曹叡，也是他三千功名尘与土的寄托。

大山那边的诸葛亮在听说了曹真伐蜀的消息之后，也燃起了熊熊的希望之火。他在脑海中也无数次地找寻击破强大魏国的方法，也许他想到了官渡之战，也许他还想到了赤壁之战。这个被先主刘备托付了江山的蜀汉丞相，也急切地想用一场彻底的胜利告慰那个临终前对自己殷殷嘱托的人。

来吧，最终的决战。

三国后期最伟大的一场大战，双方投入了自己时代里硕果仅存的名将，一场火星撞地球般的大决战眼看着即将拉开帷幕。

遗憾的是，上天没有给这两个人机会，而是让这两个即将成为耀眼巨星的人，先后悲情落幕。曹真伐蜀，虽然在史书中都是匆匆带过——《三国演义》中更是为了陪衬诸葛亮而将曹真描绘成彻头彻尾的草包——但是历史上应该有他的一席之地。

子午谷的一场大雨，来得不早不晚，毁灭了三国后期最为惊心动魄的一场大战，也毁灭了两个失意的人。

会大霖雨三十余日，或栈道断绝，诏真还军。

《三国志·魏书·曹真传》

回到洛阳后，曹真真的就走完了一生，忧愤而死。

再来看我们的大将军司马懿，依然是秉承无利不起早的人生理念，出工不出力。当年在剿灭孟达给自己捞好处的时候，他八天之内就急行军一千多里，这次快一个月了，却还没走出去五百里。就在司马懿率领着人马以游山玩水的心态在路上磨蹭的时候，大司马曹真的部队已经在子午谷中因为连日的暴雨出现了大规模的非战斗减员，无奈之下伐蜀之战取消。不久传来曹真积劳成疾忧愤而死的消息。

有的时候，你再有能力，后台再硬，也架不住别人比你能活。司马懿首先熬死了上司曹休，成为东部战区的军事长官，升任大将军，然后又熬死了大司马曹真。他虽然还没有成为大司马，不过没关系，只要能活，以后还有机会。

后来的事实告诉我们，被司马懿熬死的人的清单还会更长，以后还要接着熬死曹叡，熬死曹爽，最后还几乎熬死了曹魏。

关山难越，谁悲失路之人。

曹真并不是唯一的失意人，另一个是诸葛亮。对于诸葛亮来说，唯一可以跟魏国来一场酣畅淋漓大战的机会错过了，唯一能以弱胜强、凭借雄关和防守反击打败魏国的机会错过了。因为他知道，在以后的日子里，想要找到魏军主力并与之一战有多难，那是终其一生而不能达到的梦，那种憋屈远比被人痛打要痛苦一万倍。诸葛亮将会遇到司马懿。跟曹真强弓硬弩、大开大合的华丽打法不同，司马懿根本不跟你正面冲突，就这么耗着耗着，直到把你耗死。

请问，你有脾气吗？

第八章

司马懿挂帅

　　三国时代,无论从三国的力量对比或从地缘政治的角度来看,蜀汉都是最弱的。蜀汉对于曹魏的唯一胜算就是出奇制胜,引曹魏来攻,在防守中寻找机会。因此,蜀汉北伐,只能速战,不能久战。司马懿非常敏锐地看到了这一点,于是在后来几次与诸葛亮的对垒中,都是屯兵渭水岸边,绝不与蜀军正面冲突。蜀汉穿越漫长的秦岭到关中作战,日久天长,粮草必然难以为继,不用一战,蜀汉就只能选择退兵。蜀汉的北伐,如果失去了出奇制胜的先发优势,卧龙丞相纵有神机妙算,在这种被对手看透的情况下,已经是不可能完成的任务了。

借刀杀人，司马懿的攘外必先安内

历史上称诸葛亮主导的蜀汉北伐为六出祁山。其实这是把曹真伐蜀这一次曹魏的主动出击也算上了。那一次其实两军根本就没有碰上，子午谷的大雨使得魏军主力在进退维谷中无奈选择撤军。诸葛亮见曹魏撤军，才命魏延出兵追击魏军的偏师——郭淮一军，小有斩获，算是第三次北伐。

心不甘情不愿的诸葛亮没有给魏国多少喘息的机会，第二年就卷土重来，进行第四次北伐。这一次，魏国主导对蜀汉作战的是大将军司马懿。司马懿连续熬死了两个领导，终于成为手握曹魏兵马大权的人。他终于要站上舞台中央了。

此次北伐，诸葛亮放弃了迂回到陇西，在曹魏的西北方向开辟第二战场的不切实际的想法，其战略目标就是稳扎稳打，消除汉中西部的隐患。蜀军在山地作战还是非常有心得的，很快就攻陷了武都、阴平两郡，消除了汉中周边最大的威胁。蜀军成功击退了前来救援的魏将郭淮，并在这两个郡驻军，形成了长期的占领。到此为止，诸葛亮的北伐取得了其六次北伐中最有实质性意义的成果。

蜀建兴九年，魏太和五年(公元231年)，诸葛亮开始了他的第五次北伐。这次北伐，诸葛亮做了最为充足的准备。一方面，为了解决军粮的问题，他设计出木牛流马来在崇山峻岭中运送军粮；另一方面，他联络东吴攻打合肥，使曹魏不能全力应付西北，而且他还联络了鲜卑轲比能作为声援。能做的都做了。甚至可以认为，一年前第四次北伐夺取武都、阴平是为了扫清出祁山路上的障碍，在为这一次北伐做准备。

真正意义上的北伐就是这一次和第一次的北伐。第二次攻陈仓是试探性的攻击,攻不下来也就撤军了。第三次是防备曹真来攻,根本就没有碰上魏军的主力。第四次是为了这一次做准备,也是见好就收。

但是,时势变了,这一次与第一次的北伐已经不可同日而语。第一次北伐其实是离成功最近的一次。第一次北伐是在曹丕时代的后期,当时因为曹丕被孙权欺骗,曹魏一直在和吴国交恶。曹魏的关中地区久未见兵戈,防备相当松懈。那一战,马谡如果守住街亭,等待诸葛大军前来会师,在陇西扎稳脚跟,那么他就随时可以切断关中与中原的联系,迎接一片大好的形势。但是,最后功亏一篑。

这一次,曹魏与东吴平静下来,曹魏的军事重点已经转向西北。而且曹魏在这几年中由于司马懿的屯垦政策,军力大大加强了。各方在这个时候已经进入一种相对平衡的稳定状态。如果要打破这种均衡的态势,需要付出更大的努力和代价。

诸葛亮率军出武都,攻祁山。

作为魏军对蜀汉作战的主师,司马懿立刻率魏军增援上邽。此时蜀汉由于运输线绵长,木牛流马也难以为继,听说魏军主力增援上邽的消息,也放弃祁山攻打上邽。两军在上邽陷入拉锯式的攻防战。魏军坚守不出,诸葛亮求战不得,日久粮草难以为继。

上邽城中,司马懿的日子也不太好过。

以张郃为代表的魏将一再请命出战,司马懿就是两个字:不许。虽然凭借坚城最终是可以让蜀军人困马乏退军,但堂堂曹魏帝国就这样被蜀国人堵在城中也实在是憋屈。而且张郃还仗着自己资历比较老,对司马懿这个领导的畏敌如虎情绪进行了批评,实在让领导没有面子。

让我们分析一下这个时候曹魏军队中的形势。曹真死后,司马懿名义上在曹魏军人序列里排名第二,张郃排名第三。但张郃是曹操中后期的名将,资历甚至可以说比曹真还要老。张郃也一定知道曹真和司马懿之间的矛盾,而如今老领导死了,自己在老领导以前的死对头手下,怎么会快活?面对张郃的倚老卖老,以及可以理解的挟私报复,司马懿也确实说不出什么，而且张郃的批评也合情合理，众将已经出现了明显的对自己不友善的情绪。每次张郃请求出战、司马懿驳回的时候，众将们就会不怀好意地相视一笑。

这个时候，司马懿的忍耐在一点一点地失去，表情也越来越凝重。终于，在某一刻突破了临界的状态，他准备杀人了。

此时的诸葛亮那个着急啊，现在别说跟司马懿打了，连面都见不上，只能喊话。终于熬到不能再熬的时候，诸葛亮下令撤军。临走了还把上邽郊外的麦子全都割了，带在路上以作口粮。

诸葛亮终于走了，司马懿把众将叫来开会。众将对司马懿说：归师勿遏。但是司马懿一反常态，命令张郃亲自带兵去全力追击蜀军。张郃愤怒了，这是明显的公报私仇。谁都知道穷寇勿追，而且这还是号称"用兵如神"的诸葛丞相，他不是战败而只是因为粮草无法为继而撤军，不可能没有防备。

但是愤怒归愤怒，军令如山，况且，理由是那么冠冕堂皇，无法辩驳。

果然，心思缜密的诸葛亮在一个山谷中安排了伏兵，张郃率领的魏军死伤无数，张郃也被射中，不治身亡。

蜀汉北伐，越来越不可能完成的任务

司马懿一定是心情舒畅地等来了这个消息。作为魏军主帅的司马懿在此战中不寻求与诸葛亮正面接触，一直躲在暗处观察这个第一次碰到的据说是神一般的对手。跟你打消耗战，看你有什么办法？事实证明，诸葛亮并不像传说中的那样用兵如神，坚城攻不下来也毫无办法，终于坚持不下去了。那好，让张郃去追击。如果诸葛亮撤退中慌不择路被张郃大有斩获，那不错，最大的功劳自然是领导的；如果败了，甚至张郃死了，借蜀国人的手杀了这个倚老卖老的名将，也是极好的。

冠冕堂皇。

排名仅次于司马懿的战功赫赫的名将张郃死了，死于诸葛亮的伏军，但更应该说是死于司马懿之手，他的翻云覆雨手。

不要去争什么是非对错，有时候无所谓对和错。在张郃以自己的老资历训斥司马懿畏敌如虎的时候，司马懿就已经投来了向遗体告别的目光了。在他眼里，从那一刻开始，这个人就已经死了。现在，环视猛将如云的魏军，再也找不出一个能和司马懿匹敌或者叫板的所谓名将了。

中军帐下，噤若寒蝉。

此战之后，司马懿已经看透了这个被《三国演义》吹成神鬼一样的卧龙丞相，其评价很简单：多谋而少决。意思就是说，想法很多，但是犹豫不决。

现实中的诸葛亮，是一个普通人，可能能力比一般人强，但依然是一个普通人，也会恐惧，也会不知所措，也会明知不可为而为之。平心而论，在条件对等的情况下，让诸葛亮和司马懿各带十万人马在平原打攻防战，胜负不好说。但是当司马懿手握更占优势的兵力和机会的时候，我们发现，诸葛亮作为一方统帅，办法不多。对于胜负，我想诸葛亮心里也是有数的，但他依然要这样一次次地北伐，一次次输得更惨。

让我们看看诸葛亮北伐的年表。

第一次北伐，公元 228 年春。

第二次北伐，公元 228 年冬。

第三次北伐，公元 229 年春。

第四次北伐，公元 230 年秋。

第五次北伐，公元 231 年春。

第六次北伐，公元 234 年春。

从这些枯燥的数字里我们似乎看到诸葛亮在慢慢地耗尽他的北伐激情。

从第一次到第五次，公元 228 年到 231 年，基本上每年都要北伐一次;而第六次北伐,跟第五次隔了有三年。唯一的解释是,他面对一件越来越觉得无望的事情,心冷了。公元234年,大权独揽却又心力交瘁的诸葛亮知道,这可能是他最后一次机会了。

在这一年,一个行将就木的老人强打起精神,再次踏上北伐的路。他活不了多久了,他自己非常清楚。但是活得长或者活得短,跟梦想比起来又算什么呢?魏国,承载着曹操一生的梦想,也埋葬着无数魏国英烈的尸骨。然而,诸葛亮依然要不顾一切地毁灭它。因为,蜀汉,也承载着他自己一生的梦想,也埋葬着无数蜀国英烈的尸骨。魏国、蜀国、吴国,没有正统之分,也没有什么奸邪之分。在三国这个乱世,大家都是为了自己的梦想而活,为了自己的梦想而斗。

这就是那个乱得像一团麻的时代。这个时代没有对错,只有胜负。

活下来,就是正义。

在这三年里,司马懿知道诸葛亮始终还是会来的。因此,他丝毫不敢懈怠,他从魏国的四方不断移民到关中开始进行屯垦,兴修水利,加强战备。

蜀建兴十二年,魏青龙二年(公元234年),诸葛亮再次联络了他的老哥们,孙权,请东吴再次牵制魏军。如果说,在曹操和刘备论天下谁是英雄的时候,可以提前勾画天下三分,但是到了魏明帝曹叡的青龙年间,庞大的魏国已经像个巨兽一般把蜀、吴两国分别挤在两个墙角,任何一方都无力单独发动对魏国的战争,必须两边同时动手才能牵制住这个庞然大物。

悲剧英雄诸葛孔明

话又说回来,蜀汉的这次北伐确实让司马懿有些措手不及。

因为当司马懿还在考虑这一次诸葛亮会选择哪一条路出祁山的时候，蜀汉的十万大军已经站在春寒料峭的褒斜道的北口了。走出斜谷，蜀汉大军面对的是渭河。沿渭河向西是陇西，沿渭河向东是眉县，然后是长安。如果蜀汉能够横跨渭河，在陇西和长安之间站稳脚跟，就相当于把魏军一分为二了。由于这次北伐的出其不意，其实蜀汉是有这样的机会的。应该向西攻上邽威胁陇西，还是向东攻眉县意图长安，或者就直接渡过渭河抢占地利，这些战略意图应该在决定北伐之前就想清楚了，但是从后来的事态看，似乎诸葛亮率领的蜀汉军队在斜谷口陷入了沉思。

　　一连几天根本没有任何动作，一直到司马懿率军渡过渭河，背水与蜀军对峙。诸葛亮的优柔寡断和凡事以稳为上的毛病使他再一次贻误了战机。兵者诡道，战机稍纵即逝，没有人有耐心等你把所有问题都想明白了然后再有所动作。如果说命运的天平曾经倒向过诸葛丞相，但是现在，一切都变了。

　　再看看魏国主帅司马懿的作为。

　　渭河与秦岭之间是肥沃的冲积平原，如果蜀军全取渭河南岸，就可以就地屯田，解决粮草的问题，从而达到反客为主的目的。这也许是诸葛亮敢于在此沉思，一定要找出一条万全之策的原因和底气。司马懿决定要想办法把蜀军赶回汉中，起码不能让他舒服地在渭河南岸驻扎下来，于是他召集众将，渡河，背水扎营。

　　这就是传说中的背水一战。

　　背水扎营是自陷死地的兵家大忌，一旦作战失利，敌军攻入大营，将退无可退。但兵无常势，水无常形，历史上，韩信也曾经背水扎营大破项羽。

　　魏军占据渡河后，司马懿下令大营沿渭河一字排开，任凭诸葛亮百般挑战就是坚守不出。

　　司马懿的这一招，看似是无可奈何的被动防守，但其实阴损无比。首先，在渭河南岸与蜀汉对峙，使其不能全力屯田；其次，不论蜀军选择向东或者向西都要沿着秦岭一字行军，从而将侧翼暴露给魏军，蜀军将极其危险;再有,一旦蜀军向东或者向西行军,魏军主力可以直接从斜谷进入攻打汉中,攻其必救,那么蜀汉的北伐很有可能导致其一战亡国。

诸葛亮对于这一切都没有完全的把握。是的,一生谨慎从事的诸葛亮需要一场有把握的胜利。忘了《三国演义》里那些空城计、火烧上方谷或者火烧赤壁之类的以险取胜的战例吧,那些在历史上都不属于诸葛亮,是罗贯中为了彰显诸葛丞相神一般的存在而东拼西凑来加在诸葛亮头上的。这个世界上存在有绝对把握的事情吗?战争从某种程度上来说就是一场赌博。

作为经历阵仗无数的老江湖,诸葛亮当然知道孤军深入应该速战,时间拖得久了对进攻一方来说就越不利。于是又经过了几天的沉思之后,诸葛亮选择了一条他认为最为稳妥的计策,即攻占祁山旁边的五丈原,然后从五丈原过渭河,切断司马懿与后方的联系。司马懿早就猜出诸葛亮会有这一步,预先命人在五丈原的渭水北岸修筑堡垒,以防蜀军渡河。蜀军发动了几次攻击,始终无法得手。

诸葛亮见此计不成,便从五丈原退下,祭出声东击西之计,佯装要东去攻击长安,实际率军西去攻打上邦。这个计策确实成功地调动了司马懿的主力向东防守,但是由于诸葛亮的作战意图不明晰,贻误了战机,驻防陇西的雍州刺史郭淮已经在积石加固了城防,挫败了蜀汉的进攻。由于优柔寡断使得蜀汉痛失好局,把一手好牌打得稀烂,蜀汉的领导人诸葛丞相难辞其咎。

就在蜀军像只四处碰壁的没头苍蝇一样灰头土脸地回到了起点——褒斜道的北口的时候。魏军在司马懿的调动下已经完成了战略布局,渭河南岸的眉县和积石都已经完成魏军的集结,形成东西两个方向的堵截之势,北边则是司马懿大营。其战略意图很明显,就是让蜀军知难而退,赶紧回家吧,快别闹了。

诸葛亮现在的选择越来越少了,除了退军之外,就只剩下直接与司马懿一决胜负这一条路了。于是从五月开始,诸葛亮就派人日复一日地到两军阵前挑战甚至是叫骂,但是司马懿还是就当没听见。别说决战了,连人都看不见。三个月过去了,魏军就这样做了三个月的缩头乌龟。

　　为了激怒司马懿,更是为了激怒魏军将领,诸葛亮给魏军送来女人的衣服。司马懿部将长时间以来的愤懑快爆发了。这个仗打得太憋屈了,三个多月了一仗没打还天天让人堵着门骂,于是众将士纷纷请战。甚至有将领问司马懿:大帅,您莫不是通敌了吧?

第九章

星落五丈原

建兴十三年（公元 234 年）八月的一天，一颗彗星拖着长长的尾巴坠落在五丈原。那一天，诸葛亮病死在大营中，鞠躬尽瘁。萧瑟的风依然吹过渭河两岸，但是，一个时代结束了。诸葛亮的落幕之战无疑是输了，他就像是个重症的偏执狂，一次次地北伐，哪怕成功的希望已经越来越渺茫。抛开战略上的是非功过不谈，诸葛亮的那种至死不渝的忠诚和拼死坚持的勤奋，还有那种殉道一般的执着，千载之后仍令我们感动。

悲剧，就是把美好的东西毁灭给你看。

对垒

司马懿此时的处境可谓是开战以来最为艰难的。但泰山崩于前而不惊，司马懿此时的处变不惊的表现，堪称名将风度。这是优秀将领的必备条件，他做到了。兵书有云"将不可愠而致战"，司马懿也做到了。但另一方面，他已经看透了诸葛亮的意图，如果任其发展，就会导致军心不稳，后果将不堪设想。

司马懿佯装被激怒了："诸葛亮此举欺人太甚，我恨不能此刻就出战与之决一胜负。但皇帝禁止我出战。我将向皇帝请命，请求一战！"这么一来，他总算平息了众怒，争取到了时间。而魏明帝智商绝对够用，司马懿这个时候临阵请命，其意图非常清楚，魏明帝心领神会。

于是众将领就等啊等，终于等来了诏命。魏明帝的诏命明确作出了指示：不许出战。而且还派来持节大臣辛毗，堵住营门，声称"敢言战者，斩"。节，就相当于皇帝。没有持节大臣的时候，大营之中司马懿是主帅；有了节，持节大臣就是主帅。

就这样，魏军又被辛毗堵在营门内几个月不能出战。其间，司马懿也进行了几次怒不可遏，要出营作战的表演，但都被辛毗持节拦了下来。

不光如此，司马懿在千里请战的诏书中，扭扭捏捏地表达了自己现在作为帝国第二军人的大将军身份的尴尬，有些曹爽的老部下明显表现出对自己这个新领导的不服从，工作开展的难度很大。其实啰里啰唆说了一大堆，意思就是两个字：要官。曹叡当然也是明白人，知道现在这个节骨眼儿上，这种封疆大吏提出的要求，只要不是原则性的就必须答应。拜其父曹丕所赐，曹氏宗族已经被赶出政权的中央，没人来威胁他的王位了，但是一旦有事，宗族凋零无法仰仗，就只能依靠外姓了。曹叡虽然不太愿意,但他对司马懿这样从他爷爷曹操时期就开始在魏国朝廷里浸淫的老狐狸也确实没有办法,加之也没有更合适的人选,只好任命司马懿为大司马,职掌魏帝国全国兵马,使其重权在握。

你说司马懿聪明也好,狡诈也罢,但你无法否认的是,这确实是一个一箭双雕,甚至三雕的计策,是个非常明智的选择。同样是身处危机中的决断,其与被世人过度神化的诸葛丞相的优柔寡断和一再下出臭棋,形成了鲜明的对比。司马懿通过把球踢到魏明帝那里,两人心照不宣地玩了一场双簧。而且为以防万一,魏明帝还派辛毗持节前来压场子。这一场"双簧"不光成功地压制住了一众无脑但是手握重兵的魏将对于司马懿坚守不出的汹涌抗议声,而且还让司马懿能有机会表演率众出战却被拦下来的一出好戏。

所谓"将在外,君命有所不受",要是你司马懿连是否应该出战都做不了主,还要请示千里之外皇帝的诏命才能决定的话,要你这个主帅还有何用? 也罢,所有人或者看不懂,或者揣着明白装糊涂,大家都在信誓旦旦地演一场司马懿策划的大戏。

两阵离得实在是太近了。蜀军这边把辛毗来魏营、一次次拦截想要冲出应战的魏将看得清清楚楚。诸葛亮长叹一声,跟姜维说:"看来司马懿是不会出来应战了。如果我军有什么可乘之机,他肯定第一时间出战,怎会千里迢迢请命于朝廷?"

魏军大营中充满了怨气,但蜀军营中也好不到哪里去。

蜀军前进的路完全被魏军堵死,挑战了三个月也没能让魏军出来应战,就这么窝囊地退军又实在是不甘心,于是就这么干耗着。日子一天天地过去,这样的僵局似乎再也无法被打破,两边对峙的其实是意志和决心,谁先泄气或者放弃谁就输了。于是,双方都把所有的希望寄托于对方先坚持不下去。而这场僵持中,蜀军显然更加不利。司马懿主场作战,虽然有被手下骂胆小的现实危险,但他清楚地知道,诸葛亮更拖不起,这就是他吃定诸葛亮的底气。

在无望的僵持中,蜀汉的士气一天天低落。面对已经彻底把自己看透的司马懿,诸葛亮感到痛彻心扉的绝望,他已经基本上放弃了同魏军在正面战场上的交锋了。于是,他把希望放在魏国东南边境上配合自己进攻的东吴身上,如果这还算是希望的话。

他在焦急地等待着东吴的消息。

合肥,孙权心中永远的痛

让我们暂时把目光从魏国的西北边境转移到东南边境上。在这里,东吴军队正在攻打合肥,算起来,这应该是孙权第四次打合肥了。让我们来梳理一下前三次合肥战争的脉络,以及为什么孙权像个强迫症患者一样隔几年就要来这么一回。

公元 208 年,《三国演义》中的赤壁之战,曹操大军还没开战就被烧得七荤八素,其实是罗贯中老爷子的艺术创造。《三国志》中有明确的记载:"太祖(曹操)征荆州,还于巴丘,遇疾疫,烧船,叹曰:'郭奉孝在,不使孤至此。'"曹操是因为水军在濡须口受到孙权的阻击,加之军中爆发了严重的瘟疫,无奈之下才自己放火烧掉了不能带走的船。在史书中,其实赤壁之战根本不算什么了不起的大战,但是到了《三国演义》,似乎就成了一举扭转天下力量对比的大战役。

不单如此。赤壁之战实际上是由东吴著名的儒将周瑜指挥的,所谓"羽扇纶巾,谈笑间,樯橹灰飞烟灭"这样的描述起码在北宋的时候说的还是周瑜。但由于《三国演义》前所未有的群众基础,致使从明朝一直到现在,这已经成了诸葛亮的功劳了。

北宋苏东坡的《念奴娇·赤壁怀古》中有云:"大江东去,浪淘尽,千古风流人物。故垒西边,人道是:三国周郎赤壁。乱石穿空,惊涛拍岸,卷起千堆雪。江山如画,一时多少豪杰。"文学色彩浓厚的《三国演义》竟然就这样张冠李戴地让诸葛亮作为统帅火烧赤壁了。

但是无论如何,不管是被人烧了船,还是曹操自己把船烧了,赤壁之战算是周瑜打了胜仗。在这种情况下,孙权准备挟战胜之威趁机扩大战果,挥师攻打合肥。其实,说赤壁之战并不是那么重要,是因为赤壁之战只是一系列重大战役中的一个。

话说建安十三年(公元 208 年)的时候,荆州的刘表突然病死,曹操立刻亲自率领精锐挥兵南下,兵锋直指襄阳,襄阳守将蔡瑁、张允献城投降。于是,曹操得到了荆州的十万水军,准备沿长江经淮河将精锐的水军带回许都。当时曹操骑兵、步兵可谓天下无双,如果再把水军这块短板补上,东吴以长江为天堑的优势将荡然无存。在这种情况下,孙权与刘备联合攻击曹操。为了确保赤壁之战的万无一失,在周瑜主导赤壁之战的同时,孙权也发动了对合肥的进攻。非常没有面子的是,吴主孙权亲率大军围攻合肥超过一个月,竟然没有攻下来。曹操在听说合肥危急之时,立刻派人率骑兵驰援合肥,然后亲自火烧战船退回北方。孙权听说援兵马上就到,只能望风而逃。第一次合肥之战中的东吴就这样在开局形势一片大好之下莫名其妙地败了北。

第二次攻打合肥是公元 215 年,当时曹操率领大军在汉中与刘备进行殊死的搏斗。孙权看到机会又来了,一方面是配合刘备北伐,显示联盟,另一方面也要展示一下自己的本领。于是,孙权率领十万大军再度攻打合肥。这个时候镇守合肥的曹魏大将是张辽、乐进与李典。当时,合肥守军人数为七千余人。然而,孙权十万大军的围攻,竟然激发了张辽军队的斗志,发生了历史上著名的逍遥津之战,打得吴军无人敢应战。孙权围攻了十余日之后再度撤军。在渡河的过程中,张辽率军追击,吓破胆的东吴军甚至还没等孙权过河就把桥拆了。幸亏有东吴虎将凌统率领三百死士以死相拼,使得孙权捡了一条命逃回江东。虽然这一战,孙权损失的人马总体上不多,但从此开始,张辽对于孙权来说简直就是噩梦。这以后很长一段时间,东吴百姓吓唬孩子,都是说"张辽来了",孩子马上就不哭闹

109

了，可见张辽威震逍遥津这一战给东吴上下带来了多么大的心理阴影。孙权第二次攻打合肥再次无功而返。

曹魏镇守合肥的大将满宠，因为觉得合肥太靠近长江，既不适合防守，也不适合取得支援，考虑到东吴适于水战，于是下令在靠近鸡鸣山的地方重建合肥城。孙权得到消息，以为曹魏胆怯，认为机会来了。自以为终于抓住机会的孙权立刻发动了第三次合肥之战。但是孙权动作还是太慢，等到东吴大军再度来到合肥的时候，他们才发现，合肥的新城已经建好了。新城离长江很远，他们又不敢贸然上岸，害怕受到伏击，就在船上待了二十多天。后来孙权终于忍不住上岸发动进攻，没想到还真的中了满宠的埋伏，损失几百人后，孙权又一次无功而返。

接连经受了两次东吴方面的大军倾轧，虽然说有惊无险，但老是这样被动也不好，于是曹魏镇守合肥的大将满宠，仔细调研了合肥城的地理位置，发现：合肥太靠近长江，不太适合防守，也不适合取得支援，而且东吴擅长水战，不用上岸就可以对合肥展开进攻。基于充分的调研，满宠下令在靠近鸡鸣山的地方重建合肥新城。孙权得到消息，以为曹魏胆怯，认为机会来了，于是立刻发动了第三次合肥之战。但是孙权动作还是太慢，等到东吴大军再度来到合肥的时候才发现，合肥的新城已经建好了，而且离长江很远。东吴军不敢贸然上岸，害怕受到伏击，就在船上待了二十多天。后来孙权终于忍不住上岸发动进攻，没想到还真的中了满宠的埋伏，损失几百人后，孙权又一次无功而返。

为什么孙权一直对合肥情有独钟呢？明明打不下来，却还是要冲上去？因为合肥的位置太要命了。

东吴能够与曹魏分庭抗礼的底气就是当时的天堑长江，而合肥就处在淮河和长江的中间地带。在夏季雨水充足、河水暴涨的时候，淮河与长江可以互相连通，魏军就可以把他在淮河的水军调度到长江，对东吴形成很大的威胁。从合肥向东南可以到达采石，这里是长江江面最窄的地方，渡江的难度比在其他地方要小得多，魏军可以从这里突破渡江。中国历史上北方王朝进攻江南多是从这里渡过长江。如果魏军控制合肥，就相当于卡住了东吴的脖子,只要条件成熟,随时可以发起渡江战役进攻江南;如果东吴控制了合肥,就去除了心腹之患,可以一举扭转对魏的不利战局。因此,合肥有着极其重要的战略地位,此地一直是魏吴两国的必争之地。

孙权看到了合肥对于东吴的重要性,这其实也是英雄所见略同。曹魏帝国从曹操一直到曹叡时代,合肥也有着作为帝国支柱的战略地位。无奈孙权这一江东首席"官二代",一直有志大才疏的问题,总是高估了自己的军事才能。他多次执意亲自攻打合肥,最终都无功而返,徒留笑柄,也让天下人见识了孙权的军事才能确实不怎么样。后来接替周瑜之位的陆逊听说孙权又要亲临一线指挥战斗,就害怕地躲到家中不敢出来。

话说在诸葛亮主导的第三次北伐战争中,应诸葛亮的要求,孙权从江东出发牵制曹魏的力量,这就是孙权的第四次合肥之战。听说孙权再次来袭,因旧城离长江近,满宠请求退守合肥新城。魏明帝坚决不同意。而东吴由于攻打合肥失败的经历太多,已经对于攻取合肥不抱太大希望了,索性就抱着抢一把就走的心态,一旦受挫或者进军不顺利,一有风吹草动就草草收兵。一直以来仰仗着天堑长江的护佑,东吴军队对于攻克坚城确实没有太多的办法,这一次的情况也差不多。

"东南的合肥、西南的襄阳、西北的祁山,这三个地方是国家的三个最重要的支点,不容有失。现在蜀汉发动战争,西北方向战事频仍,你一定要坚守城池,确保东南方向不得有失。我会亲征合肥驰援你。"魏明帝曹叡给满宠下了死命令,不容有商量的余地。

满宠于是坚守长江岸边的合肥老城,并命骑兵不断突袭东吴水军,使其无法上岸进行攻击。东吴军中士气严重低落,后来又听说魏明帝亲征,孙权只得再次下令撤军。就这样,孙权为了配合诸葛亮北伐而发动的第四次合肥之战再一次以失败告终。配合孙权作战的是东吴最后一个儒将陆逊。所谓儒将,就是长着一张书生脸却杀人不眨眼的人。听说进攻合肥的孙权主力已经撤退,陆逊拒绝了部下撤军的请求,而是佯装要进攻,在城下耀武扬威一番，以进为退，攻克了几个小城，然后不慌不忙地退走。这也算是为东吴挣了一点儿面子，不至于令场面太难看。

与诸葛亮倾尽全力与敌以命相搏相比，孙权的每次进攻都是浅尝辄止，既不敢上岸又不敢放手进攻，一听说魏国有援军就落荒而逃。孙权既没有诸葛亮沉重的使命感，也没有兴复汉室的理想，再加上对自己运筹帷幄的能力也不太有信心，因此割据江东就是他能想到的最好的策略。这就决定了，由孙权亲自挂帅的对魏国的进攻就是以偷袭为主，能抢一点儿算一点儿，不敢与曹魏大兵团作正面的冲突。

公元234年，面对西北和东南两个方向几乎同时燃起的战火，年轻的魏明帝定下了西北方向坚守和东南方向果断出击的政策，成功地顶住了吴、蜀两国从两个方向的进攻，稳定住了局势。这个年轻的帝国领袖在运筹帷幄方面成熟老到，颇有其祖父曹操之风。

星落五丈原

此时，在渭河岸边与司马懿苦苦僵持的诸葛亮终于也得知了东吴战败的消息，最后一丝希望的火苗也被掐灭了。诸葛亮已濒临崩溃的边缘，他万念俱灰。他可能也希望这一切快点儿结束，但是，他必须坚持，拼死坚持。

两国虽然没有仗可打，但是来往的使者一直有。司马懿与蜀国使者交谈，使者透漏的消息让司马懿如获至宝。

使对曰："诸葛公夙兴夜寐，罚二十以上，皆亲揽焉。"

《三国志·蜀书·诸葛亮传》注引《魏氏春秋》

寥寥几句，似乎波澜不惊，但司马懿就是从这字里行间读出了惊天的秘密。使者的这句话用现在的话来说就是：诸葛丞相白天吃得少，晚上睡不着,芝麻大的破事儿都要亲自过问。吃不下饭,睡不着觉,每天精神压力大到不行,而且还事必躬亲。这人怕是快不行了吧？这就是司马懿的重大发现。

于是夜晚来临的时候,司马懿总是仰望天穹,属于诸葛亮的那颗将星,已经一天比一天黯淡了。

他默默地说,快了,再等几天吧。

还是让我们把目光收回来,看一看诸葛亮将星坠落前的那个晚上。

一生操劳的诸葛亮终于病倒了。后主刘禅派来一个叫李福的人探望诸葛亮,絮絮叨叨说了一堆废话,就是不说正经事情。也是,去问一个快死的人他死以后该怎么安排后事之类的话确实太冷血了。

诸葛亮当然明白李福的来意,心想:"既然他不好意思主动问,那我问吧。"

"行了,我知道你来是为了什么。你是要问我死了以后谁可以替我吧？"

李福不敢抬头看这个行将就木的老者的眼睛,默然。

"我死了以后让蒋琬接替我的位置吧。"

"蒋琬以后呢？"

"蒋琬以后让费祎接替。"

"费祎以后呢？"

诸葛亮没有回答,只是默默地闭上了眼睛。也许是他觉得累了。但是他最终也没有提到他十分看重的姜维。也许他是真的对姜维并不十分放心。

诸葛丞相的回答在冥冥中暗合了蜀国的归宿。姜维虽然九次主持了北伐,但是一次比一次绝望,他眼见着蜀汉的国力被耗散殆尽。姜维北伐的时期,天下去汉已久,曹魏已经进入了曹氏第三代的统治。北方包括西域已进入稳定时期。老百姓经过多年的战乱纷争,开始渴望和平,希望天下统一,所以,姜维的北伐,已无民意基础,老百姓不愿意再为战争付出,连年的北伐注定要以失败而告终。姜维最终与钟会密谋反兵而被诛杀就是最好的证明。

这一夜，司马懿彻夜未眠，他一直在看着渭河西边的那片天空，看着那颗忽明忽暗的属于诸葛亮的将星。就在黎明前的一刻，他似乎看到那颗星星突然闪了一下，然后迅速向下坠落，划出了一道美丽的弧线，最后坠落在五丈原上。司马懿像是被什么东西刺了一下，猛然间精神起来，一夜未睡的疲倦一扫而光，接着他立刻下令全军紧急集合，发起对蜀汉大营的总攻。

当司马懿率领一众魏军来到蜀汉大营的时候，等待他们的不是一场恶战，而是一座空荡荡的大营。原来喧嚣的大营现在空无一人，被丢弃的东西和来不及拿走的兵器粮草散落了一地。

"蜀军已经撤了！"一直跟在司马懿身边的副将胡遵大声喊道。他似乎有点儿遗憾，打了这么长时间的仗，一直憋在军营里，不能痛痛快快地打一仗。虽然现在蜀军终于坚持不下去，兵败撤走，但似乎总是有点儿胜之不武的意思。司马懿脸上没有一点儿表情，他冷冷地下达命令，禁止手下的军士劫掠蜀军抛弃的物资，并且把守各处险要路口，高度戒备。

作为主帅，司马懿知道自己必须冷静。他虽然几乎是亲眼看到那颗预示诸葛亮运势的星星坠落了，但仍要求自己时刻保持高度警惕。因为他知道，世界是一个危机四伏的荒原，过于自信是为将帅者的大忌，你不知道下一个意外什么时候到来。

司马懿在众将士的簇拥之下直奔诸葛亮的中军帐，他急需用事实来验证自己的推测。他看到中军大帐中满地的笔墨和散落一地的兵书典籍，终于放松了紧绷的心弦，长出一口气，对身边的将士们说道："看来诸葛亮是已经殒命了。"

"蜀军撤退是撤退了，但是怎么看出来诸葛亮死了？"副将胡遵依然是一头雾水。

"你看，这扔得满地的书。"司马懿手指着散落成一地的竹简，然后捡起其中的一片仔细看了看，淡淡地说。

"那会不会是疑兵之计，蜀军在某处设伏，诸葛贼人精于此道，大帅一定要小心。"胡遵还是不太相信诸葛亮已经死了的事实。

"作为诸葛亮这样的大帅,兵书和典籍是要被时刻翻阅的,是须臾不可离的。在他的眼中,这些东西比辎重粮草要重要万倍。如果撤军命令是诸葛亮下达的,那么他必会将这些兵书典籍先行整理好。而如今兵书无人收拾,可见诸葛亮在蜀军下达撤军命令的时候已经死了。难道说还有一个人把五脏六腑全部掏出来,还能存活于世的道理?竹简断成一片一片,也说明了昨晚蜀军撤走,是在极其仓促之中进行的,如果是诸葛亮在世,断然不会如此之狼狈。"司马懿很耐心地向将士们解释自己的推测,然后突然眼睛一亮,怒吼道,"现在传我的命令,全军急行,追击蜀军!"

憋了这么久的魏军将士,终于要痛痛快快地大战一场了,个个都奋勇向前,他们要把这一腔的怒火全部喷洒在已经溃逃的蜀军身上。正当司马懿父子率领大军进入斜谷口之时,忽然前方一阵喧哗,在隆隆战鼓之声中,蜀军簇拥着载着诸葛亮的四轮车摆开战阵。而诸葛亮坐在车里,身后高高飘着的"汉丞相诸葛"的大旗分外醒目,旗帜在秋风的吹拂下猎猎作响。诸葛亮的四轮车旁边,是一身银甲的姜维挺枪纵马,长啸而出,一如半年之前刚杀出斜谷道之际一样锐气逼人。

"诸葛亮没有死!"魏军将士看到眼前的情景立刻陷入了一片喧哗之中。

这个时候的司马懿一定也瞬间陷入了怀疑人生的思考之中,但是他一定飞速地将所有的战局、证据和推测联系了一遍,形成了自己对于这种变局之下的最好的应对方略。他一定会认为自己的推理是没有问题的,诸葛亮肯定是死了。然后,既然诸葛亮已经死了,那么这个木车上坐着的,不是木头人就是假扮诸葛亮的人,这是蜀军的疑兵之计。最后,司马懿应该也会在脑海中对事态的发展迅速进行大胆的假设。他想的不是现在能不能取胜的问题,他想的,应该是如果取胜之后怎么办的问题。如果自己将蜀军使诈的消息公之于众,魏军全力攻击必然大获全胜,魏军将蜀军吃掉之后直下成都,蜀汉灭国就基本上是大概率事件了。蜀汉的亡国,将会导致一系列的后果严重的事件的发生,其中一个就是:一旦蜀汉这个方向对于曹魏的威胁不复存在，那么自己是否还能掌握这么大的军权？

这就是在历史上一次次上演的兔死狗烹、鸟尽弓藏故事的核心问题，权臣和君主之间的博弈也围绕着这个问题一次次上演。为了保命，或者说是为了使自己存在的价值最大化，很多封疆大吏或者权臣的选择不是尽快将敌对势力消除，而是与这些敌对势力达成一种平衡，甚至有意放对手一条生路。这就是后来在历史中无数次上演的所谓"养寇自重"。

于是，司马懿在电光火石之间做出了一个令所有人都觉得不可思议的决定。

司马懿突然拼命拉住缰绳，在战马紧急刹住的同时，他迅速将手里的马鞭扬起，示意全军停止前进。于是，他身后急速前进的数万威风凛凛的魏军铁骑齐刷刷地停住了，扬起了一片烟尘。司马师、司马昭、牛金、胡遵一众只想着杀敌立功的武将纷纷围了上来，七嘴八舌地询问为什么突然停止进攻了。

"诸葛亮原来是诈死！前边恐有伏兵，我军全速撤退，不可久留！"司马懿眉头紧锁，朗声下令道。

军令如山，魏军纷纷调转马头，向着中原的方向绝尘而去。

此时，在不远处山谷中强打起精神的姜维终于松了一口气："多亏了丞相最后一个锦囊妙计，否则此次真的是生死难料了。丞相真乃神人也。"

原来，诸葛亮在自己即将灯枯油尽之际，知道在自己死后，目光如炬的司马懿一定会从蛛丝马迹中探知到自己已经故去的消息，从而率军追击取得战果的最大化。在这种情况下，师老兵疲的蜀军势必无法抵挡多日以来休养生息、只待一战的虎狼一般的魏军铁骑。于是，诸葛亮在最后的一刻，用尽了所有的力气，将退军的事宜进行了安排。一方面，他面授机宜，命姜维在斜谷入口布下埋伏，并打造自己的木像来以假乱真；一旦司马懿率军来追，可用疑兵之计将追兵吓回，即使不能喝退追兵，也能将其拖住,给撤回的主力部队多赢得一些斡旋的时间。另一方面,他命长史杨仪作为全军的统领,率领蜀军主力撤回成都。

　　后来的情况,可以说在很大程度上印证了诸葛亮在生命最后的时刻对于战局的预测。诸葛亮死后,司马懿就推测出他已死,而且姜维也算比较好地完成了诸葛亮临终前的战略布局,使得司马懿退军,就连魏国军方也留下了"死诸葛惊走活仲达"的说法,意思是司马懿过于谨慎,以至于贻误了大好的战局。面对这样的揶揄,其中当然有着不为人知的情况,司马懿也是讳莫如深地一笑置之:"我能料生,不能料死啊!"活下来最重要,吓不吓的,有什么关系呢?

杀魏延,蜀汉自毁长城

　　但是,诸葛亮临终前的第二个安排引发了一场蜀汉内部"亲者痛,仇者快"的屠杀。

　　诸葛亮把统军的大权交给了长史杨仪,考虑更多的是作为文官长史,其对于掌控全局的能力或者在全军中的威信。如果不出意外的话,杨仪能够带领着全军顺利回到蜀地。但是诸葛亮没有考虑到杨仪与魏延的矛盾。在后来就是二人的矛盾引发了一系列蜀汉内部的争斗。

　　诸葛亮最后的安排是,让魏延断后,杨仪统帅撤军,最后又说,"延或不从命,军便自发"。心胸狭小而且与魏延有仇的杨仪,就是根据这句含糊不清的"军便自发"认为诸葛亮的遗命是要杀魏延。他先是激怒魏延,然后以其谋反为由请求刘禅下旨杀魏延。刘禅并不是小说里那个肥胖且没有主见的后主,他恐其中有诈,将杨仪的告状信压下,命回朝廷再做决断。杨仪恐回朝后没有必胜的把握,毕竟魏延是刘备时期仅存的名将,便命蜀军停在汉中将断后的魏延截住杀掉。那句"军便自发",就是一个文

117

官杨仪敢于光明正大地杀蜀国大将的底气。

但是,诸葛亮的意思是要杀魏延吗?

魏延是作为刘备的荆州班底参与入川之战的,可能比诸葛亮晚,但是也晚不了多少。刘备赶走刘璋入主四川后,曹操灭了汉中的张鲁政权,入主汉中。司马懿就是在这个时候献出他仕途中的第一个计策:趁刘备立足蜀地未稳,继续进兵一举将其拿下。曹操此年六十一岁,已不复当年的豪气,一句"既得陇右,复欲得蜀"拒绝了司马懿的建议。因为此时,孙权正亲率大军抄曹操的大后方——合肥。虽然孙权数次想要攻下合肥而不得,但对于曹操来说,合肥在战略上的重要性远远超过只能自保的蜀地。曹操选择放弃以汉中为基地图谋蜀地的计划,小富即安,选择守住汉中,然后准备回师。但很快,曹操就后悔了。

曹操是放弃了一举拿下蜀地的打算,但刘备想要汉中这个蜀地的门户。

据《三国志·蜀书·庞统法正传》的记载,引刘备入川、吃里扒外的法正最先看到了机会。法正认为曹操用很小的代价降服了张鲁,平定了汉中,却没有趁势出兵蜀地,实在是属于"天予不取"的不智之举。现在曹操只留了夏侯渊和张郃守护汉中,明显是没有意识到汉中对于蜀地的极端重要的战略地位。他强烈建议刘备,如果能够从蜀地出发,占领汉中,那么就可以在荆州、蜀地连成一片的基础上,以汉中为基地,逐步夺取雍州、凉州。进可攻,退可守,简直是上天送给蜀汉的大礼。

于是,刘备下定决心拿下汉中。

虽然说看上去计划天衣无缝,但是事实证明,汉中之战是一场旷日持久的恶战。一开始刘备的攻势并不顺利,而且后来曹操明白过来,又再次出发保卫汉中,战争一度陷入僵局。双方都投入了大量的兵力和资源,从建安二十二年(公元217年)一直打到建安二十四年(公元219年)。汉中之战虽然远没有官渡之战、赤壁之战以及夷陵之战的名气大,而且《三国志》和《三国演义》中对于汉中之战都着墨不多,但是这场战争无论从规模还是从经历的时间跨度上，或者从残酷性和双方投入的兵力上来说比三国时期的任何一场战役都毫不逊色。三国时代魏、蜀、吴三分天下的态势，是由汉中之战确定的。而且汉中之战是刘备一生中最为辉煌的战役。汉中之战后的蜀汉达到了其势力的顶点。

最后，刘备在南郑与阳平关之间的定军山设下埋伏，切断南郑与阳平关之间的联系。蜀军长于山地作战，一战斩杀魏国大将夏侯渊。听闻手下猛将夏侯渊战死，曹操再也坐不住了，下令张郃与刘备周旋，自己亲率大军坐镇汉中。听说曹操亲自前来，刘备玩起了缩头乌龟的把戏，就是不出战。张郃似乎也没有什么好办法，双方就这样僵着，从春天一直僵到夏天。有一天刘备发现曹操竟然撤军了，他欣喜若狂地以为捡到一个大便宜。但等到蜀军进入汉中以后，刘备惊呆了。曹操把汉中的百姓粮草辎重但凡能搬动的全都运走了，给刘备留下了一座空城。原来，曹操趁着刘备跟张郃纠缠的时候当起了"搬家公司"，将汉中的百姓和粮草全都搬回了关中。

要把人口和辎重全部带走，这个工程量不是一般的大，而且还要考虑到从汉中到关中山路之崎岖难行，这基本上是不可能完成的任务。要完成这个看似不可能完成的任务，还多亏了张鲁。作为三国时代唯一的政教合一政权的领袖，其对于其民众的号召力是超乎想象的。在信仰的驱动下，汉中的民众拖家带口走出大山，跟着张鲁进入关中，安定下来，日出而作，日落而息。

冷兵器时代，人口远比一城一池的得失要重要；只要有人，打仗的时候就可以拿来补充兵源，平常则可以用来屯垦积累战备。城池丢了可以再打回来，人要是没了再造出来可就难了。因此，史书上经常有破城之后把百姓当作奴隶带回的记载。史书上记载曹操从汉中带回的人口达十三万，这个数字现在看起来没什么，但在当时，这个数字相当于蜀国人口的约七分之一。刘备看到一片空地之后的愤怒可想而知。

彻底被曹操耍了。

但是无论如何，这场历时两年的汉中之战最终的胜利者是刘备，尽管带走了汉中的民众，但是曹操依然是失败者。曹操丢失汉中，还痛失大将，率大军亲征有无功而返，对于一代枭雄来说，这个仗打得太窝囊了。当时曹操头风病日益严重，他是带着病体亲征的。这病上加气，回洛阳后不久，也就是第二年的正月，曹操就病逝了。

> 二十五年春正月，至洛阳。……庚子，王崩于洛阳，年六十六。
>
> 《三国志·魏书·武帝纪》

汉中之战，要了曹操的命。

但是对蜀汉来说，现在的汉中依然凶险无比。一旦曹魏休整好了再来攻打汉中，以现在的防备能力来说，基本上必败无疑。必须找一个具有力挽狂澜能力的人来守汉中。于是，诸葛亮推荐了一个人：魏延。

如果诸葛亮认为魏延有反骨，他会让一个心怀二志的人把守蜀地门户这么重要的地方吗？面对这样如山一样沉重的托付，魏延的回答，可以说是掷地有声的。

> 先主大会群臣，问延曰："今委卿以重任，卿居之欲云何？"延对曰："若曹操举天下而来，请为大王拒之；偏将十万之众至，请为大王吞之。"先主称善，众咸壮其言。
>
> 《三国志·蜀书·魏延传》

从这一天开始，魏延一直待在汉中，整整九年，使得曹魏不敢踏入蜀地半步。似乎魏延已经从蜀国朝堂消失了。哪怕先帝刘备死讯传来，魏延也只是抹去眼泪，向成都的方向深深地叩头，然后起身继续守城，一直到九年后，交出汉中太守的职务，跟随诸葛亮以汉中为基地开始北伐。

那么诸葛亮对魏延如何？

"诸葛亮驻汉中，更以延为督前部，领丞相司马、凉州刺史。"

这些是诸葛亮给魏延封的官，远超刘备给魏延的封赏。诸葛亮对于魏延，可谓相当倚重，两个人的关系更像是有着过命交情的哥们儿。所以诸葛亮把断后的重任留给他最放心的魏延，他所说的"军便自发"，其实是给这个哥们儿一个选择：魏延，你自己决定；你甚至可以投奔司马懿。或者说,这是给杨仪的命令:如果魏延要走,就让他走,不要追。但是后来魏延的作为显示,他并没有听从诸葛丞相的安排,而是出色地完成了断后的任务,然后撤军返回成都。而杨仪同样也没有按照丞相的遗命去做,他先是向后主刘禅告黑状,告状不成之后,又在半路设伏截杀了魏延。

自毁长城。

公元 234 年八月的那个晚上,一颗彗星拖着长长的尾巴坠落在五丈原。

诸葛亮因为积劳成疾终于病死在大营中,那一年他五十四岁。萧瑟的风依然吹过渭河两岸,但是,一个时代结束了。诸葛亮的落幕之战无疑是输了,而且输得很难看,他就像是个重症的偏执狂,一次次地北伐,哪怕成功的希望已经越来越渺茫。抛开战略上的是非功过不谈,诸葛亮的那种至死不渝的忠诚和拼死坚持的勤奋,还有那种殉道一般的执着,千载之后仍令我们感动。

悲剧,就是把美好的东西毁灭给你看。

诸葛亮的故事,读来总让人有一种人生的悲凉之感。

第十章

魏明帝的两面人生

公元220年，汉献帝刘协禅位给曹丕，自己成为山阳公，在远离政治旋涡的浊鹿城度过了生命中最后的十三年。在这十三年中，他日出而作，日落而息，度过了生命中最为平静的一段时间。公元234年，他在山阳与诸葛亮同年去世，享年五十四岁。这就是这个大汉天子的一生，充满了无奈、苦难、眼泪和鲜血。他没有做错什么，尽管他善良、聪明，并受过良好的教养，但他的一生就是一个悲剧。如果刘协生在太平盛世，很可能是一个明君。但最终他什么也没有做成，甚至还不如一个平民百姓，虽然清贫，但可以心灵平静地过完一生。终于他死了，带着一个时代一同离去。对于他来说，这倒真的是一种解脱。

末代皇帝汉献帝

如果说诸葛亮的死标志一个时代的终结会让你有异议的话，那么，另外一个似乎与其截然不同的人的死，会让你不得不承认这个时代确实走到了最后。这个人就是刘协，汉朝最后一个皇帝——汉献帝，也在公元234年这一年走完了他的一生。诸葛亮和刘协的死，暗示着人们，一个时代结束了，也提醒着人们，他们将跌跌撞撞地闯进另一个陌生时代。

那个拘谨而又狂放，质朴而又厚重的汉朝结束了。那个千百年以来为后人敬仰的既进取又质重，既张扬又含蓄，既简单又通脱的充满了人类本真的汉文化的时代，甚至后来我们这个民族都以此为名的汉文化的时代，结束了。虽然在此之后，还有很多自称汉朝刘氏后裔的人创立了微不足道的小国苟活于世，但不久他们就被时代大潮淹没了，那些都是大浪淘沙中泛起的沉渣。那个确立我们民族精神世界的伟大帝国，那个我们至今还津津乐道的时代，结束了。

刘协，字伯和，是汉灵帝刘宏的第二个儿子，母亲为王美人。在东汉这两百年的历史中，皇子短命甚至是夭折的比例之高，简直成了一种惯例，究其原因，大抵是权力斗争导致的。当时汉灵帝宠幸何皇后，何氏外戚专权于内朝。刘协的生母王美人害怕为何皇后所害，所以将出生没多久的刘协交给董太后亲自抚养。后来，王美人果然被何皇后在药中下毒害死。刘协尚未成年便失去了母亲。不过，不幸中的万幸是，在董太后的保护下，刘协躲过了外戚党的迫害，总算没有夭折。公元189年，汉灵帝终于没有熬过东汉一朝皇帝短命的诅咒，三十三岁就撒手西去。在何皇后的哥哥大将军何进的授意和安排之下，何皇后的亲生儿子刘辩被立为帝,是为汉少帝。

九岁的时候,刘协目睹了东汉王朝最后一次外戚势力和阉党之间的倾轧。先是大将军何进优柔寡断,原本是想谋诛宦官,结果因行事不密,反被宦官抢先动手给杀了,引起都城洛阳一片混乱。接着,袁绍等人打着为何进报仇的借口进入洛阳城,诛杀宦官,场面混乱之极。一开始还只是杀宦官,后来袁绍纠结的乌合之众基本上是碰见没长胡子的就杀。为了免于被误杀,很多人只有脱下裤子口中大喊着"我不是阉党",才幸免于难。在一片混乱之中,刘辩、刘协兄弟逃出了人间地狱一般的洛阳城。彼时刘辩十四岁,刘协九岁,也就是现在中小学生的年纪。逃出城的两兄弟,到了晚上又饿又渴,只得摸着黑往洛阳城去,一路上狼狈之极。后来他俩又被董卓的兵士抓住,送进城去。

少帝刘辩在与董卓的对谈中吓得大哭不止,说话语无伦次,整个是六神无主。而刘协却是临危不惧,非常从容地对答如流。董卓立刻就喜欢上这个只有九岁的刘协。而且刘协是由董太后养大的,董卓认为自己与董太后同族,于是就把自己当成了当代的周公,当即下令废黜少帝,改立刘协为皇帝。就这样,刘协在董卓的扶持下当上了皇帝,是为东汉最后一个皇帝——汉献帝。

初平三年(公元192年),司徒王允联合吕布除掉了董卓。不料司徒王允竟下令剿灭凉州军阀,原本已经逃散的董卓的部将,又在李傕、郭汜的号召下重新集结起来,回身攻打长安。西北军阀的战斗力也是不俗的,三国时代第一武将吕布竟然败下阵来,弃城而逃。汉献帝刘协又落入了李傕、郭汜的手中。后来西北军阀内部又发生了内讧,李傕、郭汜之间相互功伐,刘协就像个战利品一样被不同的军事势力抢来抢去,毫无国君的威严可言。

这段日子应该说是刘协少年时期最痛苦的回忆了,他连基本的生活都得不到保障,更不要说复兴汉室了。一国之君都是这样,一众大臣就更惨了,自尚书郎以下的官员还要亲自出城去采野谷充饥,有的甚至因没有找到粮食而饿死,可谓处境凄惨。

汉献帝刘协基本上是在这种颠沛流离的生活中度过他的少年时期的，他在等待时机，摆脱目前的困顿的处境。作为一个有名无实的皇帝，他比任何人都渴望得到应有的尊严和权利。

　　作为一国之君的汉献帝刘协，一直就生活在这样朝不保夕、颠沛流离的生活状态中，一个皇帝还要担心下一顿饭的问题。就这样，刘协一直在等待时机，摆脱目前困顿的处境。

　　天无绝人之路，后来中原诸侯联合起来对西北军阀展开了绞杀。兵荒马乱之中，汉献帝在董承的保护下逃出了长安。此时袁绍占有青、幽、并、冀四大州，是北方势力最为雄厚的军阀，而且袁家号称"四世三公"，从政权的合法性方面是最为正统的。从感情上来说，汉献帝也感觉和袁绍最为亲近，所以拥戴着汉献帝的董承本来一心想投奔袁绍，但结果是"我本将心向明月，奈何明月照沟渠"。袁绍认为汉献帝是董卓所立的伪皇帝，对其合法性不予认可，对于汉献帝的千里来投不理不睬。作为中原诸侯盟主的袁绍明确表示了对于汉献帝合法性的不认可，那么刘表、吕布等人也纷纷站队，对汉献帝不予承认。终于逃出"狼窝"的汉献帝便又陷入了流离失所的境地。

　　这就尴尬了，堂堂的东汉皇帝流落在黄河岸边，无处可去。

　　此时，曹操得知汉献帝离开长安的消息，马上派人前去袁绍的地盘迎汉献帝来到许昌。

　　这样的行为，你觉得是曹操在挟持汉献帝吗？或者，你觉得曹操所谓的挟持行为的初衷是要利用汉献帝达到自己阴暗的目的吗？当时的天下虽大，但是汉献帝无处可去，诸侯们纷纷把这位董卓所立的伪皇帝当作烫手的山芋，避之唯恐不及。就在这样的情况下，只有曹操心存汉室，把汉献帝当作领导看待，不但派人去接，而且出许昌三十里亲自热情迎接。刘协过了这么多年流离失所的日子，现在终于有人把自己当皇帝了，对自己起码有了表面上的尊重，所以当他看到来迎接自己的曹操时，就像是看到了亲人那样激动。为了表示自己并不是一无是处，汉献帝甚至不等进入许昌城,就迫不及待地大笔一挥,封曹操为大将军、武平侯,并同意曹操请求的迁都许昌的建议。曹操作为当时势力范围只有兖州一部分的小诸侯,终于手握了天命这个虚无缥缈的东西。

令袁绍没有想到的是,势力本来相对弱小的曹操在拥立汉献帝建都许昌后,一下子就拥有了作为中央政府号令天下的优势。面对汉献帝的号令,地方军阀哪怕不愿服从,起码也得做做样子。当然,你可以说汉献帝刘协得位不正,但是放眼天下,也没有比刘协更具合法性的皇帝了。

当时曹操北面有袁绍,南面有刘表、袁术,东面有吕布,都对当时势力还相对弱小的曹操虎视眈眈。汉献帝的到来,使这三方顿感压力倍增。吕布表示拥护中央朝廷,立即解除了和袁术订立好的同盟关系。后来袁术称帝,立即遭到了四方诸侯的声讨,很快在众人的攻伐之下灭亡,其根本原因就在于汉献帝这个唯一正朔的存在。官渡之战中,刘表本和袁绍是同盟关系,由于汉献帝发诏书,命天下诸侯讨逆,因而不敢发兵袭击曹操后方,而是采取中立态度,任凭曹操和袁绍斗得你死我活,这解除了曹操与袁绍作战的一个很大隐患。在西北拥戴汉献帝的马超也出兵援助曹操。就是因为这些拥戴汉献帝的力量的存在,使得本来一场六比一的悬殊战斗,成了袁绍和曹操的单打独斗。最终,袁绍集团在官渡之战中大败,再也无力回天。曹操也一战成为天下诸侯的翘楚。

当然,你可以同意对于曹操的评价,"操虽托名汉相,其实汉贼也";但是,你无法否认,在建安元年(公元196年)遇到曹操,是汉献帝刘协这一生中所遇到的最幸运的事。

建安元年,命途多舛的汉献帝遇到了曹操,终于结束了流离失所的日子。这一年,刘协十六岁。从九岁开始做皇帝算起,他基本上度过了整个少年时代才过上了安稳的日子;也只有从这时候开始,他才算有了皇帝的威严。

前面曾经列举过东汉一朝皇帝尚未成年就夭亡的比例。可以说,除了开国皇帝汉光武帝刘秀之外,享年最高的就要算刘协了。对比一下他的那些列祖列宗,你才会知道刘协有多么幸运。正是因为曹氏父子的善待,刘协最终才没有落得曹髦、李煜等人的下场,最后以山阳公的爵位而善终。如果从末代皇帝得到善待或者活得长这个角度来看,刘协的待遇起码能够排进中国历史的前三名。

建安二十五年(公元220年)汉献帝四十岁。这一年征战一生的曹操死去,传位给曹丕。同年,汉献帝看尽一生荣辱,最终选择禅位给曹丕。曹丕接受禅让,自称魏文帝,追封父亲曹操为魏武帝,四百年的大汉王朝自此寿终正寝。魏文帝曹丕选择善待刘协,封刘协为山阳公。

> 邑一万户,位在诸侯王上,奏事不称臣,受诏不拜,以天子车服郊祀天地,宗庙、祖、腊皆如汉制,都山阳之浊鹿城。
>
> 《后汉书》

接到逐客令后,刘协搬出了那座充斥着血腥、弥漫着权诈、没给他带来多少荣耀却给他带来无尽屈辱的皇宫。

刘协来到浊鹿后,四处巡察民情,看到民不聊生,便派人四处张贴榜文,宣布所有赋税一概减半,垦荒种植者免交三年赋税。消息传出,饱受苦难的山阳百姓奔走相告,无不称颂。刘协在山阳虽然爵位为公爵,但生活需自给自足,与普通百姓无异。他以医为业,造福百姓。刘协做山阳公的事迹,在正史中没有太多的记载,但修武一带至今依然流传着他广施仁政、亲民爱民之事迹。现在的河南省焦作市有一个以山阳为名的行政区域——山阳区,不知道是不是代表了后人对于这位末代天子的怀念。

现在的焦作市修武县有一座禅陵,还有世世代代为其守陵的农人。禅陵,据说就是汉献帝刘协的陵冢。几年前,笔者路过焦作市的时候,还曾经专程前去凭吊。虽然没有秦皇汉武帝王陵冢的气势,但那里郁郁葱葱,安详宁静。

山阳公刘协,在远离政治旋涡的浊鹿城度过了生命中最后的十四年。在这十四年中他日出而作,日落而息,度过了生命中最为平静的一段时间。公元234年,刘协在山阳与诸葛亮同年去世,享年五十四岁。

这就是这个大汉末代天子的一生,充满了无奈、苦难、眼泪和鲜血。他没有做错什么,尽管他善良、聪明和受过良好的教养,但他的一生就是一个悲剧。如果生在太平盛世,刘协很可能是一个明君。但他最终什么事也没有做成,甚至还不如一个平民百姓,虽然清贫,但可以心灵平静地过完一生。终于,他死了,带着一个时代一同离去;对于他来说,这倒真的是一种解脱。

故事没有结束。

这个叫作山阳国的蕞尔小国没有消失,一直传位四代。一直到公元309年,在西晋年间的"永嘉之乱"中为号称自己是刘邦后人的前赵匈奴人刘渊所杀。

想来也真是可笑。

这依然不是结束,根据日本的古籍《日本书记》《古语拾遗》《续日本纪》记载,第四代山阳王的弟弟刘阿知在匈奴人肆虐之时为了躲避战乱举家漂洋过海,来到日本。刘阿知被当时倭奴国王封为东汉使主,是今天日本原田、高桥、大藏、江上、秋月、波多江等家族的共同祖先。据说今天日本的奈良县妙见山有阿知宫,就是其后人祭祀这位献帝后人的地方。

刘协,这个历经磨难的末代皇帝,虽在乱世中飘摇,但仍心怀悲悯以其医术护佑一方百姓。也许这就是所谓的"不失赤子之心"吧。在多少当年不可一世的豪强世家都灰飞烟灭的时候,他的后人还能够于行将被屠戮之际漂洋过海,在遥远的东方保留一丝血脉,这也许就是造化在怜悯这个生而不幸的孩子。

蜀汉的后诸葛亮时代

但是无论如何,诸葛亮死了,作为蜀汉实际拥有最高权力的人,在蜀国如同定海神针一般的人物驾鹤西去了。

面对诸葛亮突然死去留下的巨大的执政权力真空，蜀国政坛产生了巨大的动荡。由于诸葛亮临终前对于蜀国朝政进行了严密的安排，姜维作为武将得以继续进行北伐中原的行动；尽管动作和效果已经越来越小，北伐成功的希望也越来越渺茫。在朝廷中，诸葛亮授意蒋琬作为其政治领袖的接班人，而蜀国第二代承相蒋琬也非常忠实地执行了诸葛亮既定的政策，那就是继续依靠荆州帮的势力，打压本地派的力量。

后主刘禅，经历了被诸葛亮压得死死的初登基的几年时间，终于熬死了诸葛亮，想着自己可算能够放开手脚大干一番。但蒋琬执政以后，对于刘禅的钳制和操纵依然很牢固。刘禅对于诸葛亮以及其留下的并且依然拥有非常强大势力的执政集团，具有一种强烈的抵触情绪。

这种抵触情绪之强烈，在诸葛亮死后发生的一件事情上显露无遗。

在诸葛亮的棺椁运抵成都，蜀国上下一片悲愤之情的时候，面对国内汹涌舆情的后主刘禅却下令禁止官员奔丧。《三国志·蜀书·谯周传》中有记载："亮卒于敌庭，周在家闻问，即便奔赴，寻有诏书禁断，唯周以速行得达。"这段史书的记载很明确地告诉我们，闻听到诸葛亮的死讯，后主刘禅并没有像《三国演义》描写的那样"出城二十里迎接"，并且"放声大哭"。在其禁止百官前去吊唁的命令之下，只有谯周一人因为跑得快赶去看了丞相最后一眼，并且最终只有谯周一个人孤零零地参加了诸葛亮的葬礼。更有甚者，刘禅不但不许群臣为诸葛亮吊孝，而且，当朝臣和民间请求为诸葛亮立庙时，后主刘禅也以不合礼仪为由加以拒绝。

在这样的执政背景下，刘禅注定不能与以蒋琬为首的执政集团和睦相处，于是刘禅便转而依靠宦官黄皓，希望用宦官的势力来对抗朝廷百官对自己的钳制。当皇权与相权的矛盾不可调和之时，引入宦官作为第三股势力的情况在汉朝四百年的历史中不知道重复了多少次，现在又再一次在刘姓的蜀汉帝国里上演了，也算是继承了大汉朝政治斗争的光荣传统了。于是，在黄皓以及其宦官势力的积极运作下，蜀汉朝政被弄得乌烟瘴气，连掌握军权的最高统帅——姜维在成都都待不下去，只能被排挤到天水去戍边。

诸葛亮的死，是三国时代乃至中国历史上重要的事件，它同时也引发了三国时代重大事件的连锁反应。

在曹魏这边，诸葛亮的死讯传来，魏明帝曹叡也是松了一口气。蜀汉这边彻底消停了，再也不会隔几年就来那么一次了。但是该赏的一定要赏，于是，曹叡派出了钦差大臣辛毗来到渭河西岸，宣读自己的亲笔诏书。

"诏曰：大将军、征西大都督司马懿力挽狂澜，驱退蜀寇，毙其酋首诸葛亮，居功至伟，着晋位为太尉，增邑三千户，并立刻单身返京面圣，朝廷另有大任托付。钦此！"

经过此战，司马懿升任曹魏帝国的太尉。这个官职是所谓的"三公"之一，也就相当于现在的国防部长，掌握全国的兵马。通过一系列战役，司马懿终于一步一步地走上了魏国军界的最高平台，成为这个国家拥有呼风唤雨之能量的人。

另外一件重大的事件是，在诸葛亮死后不久，刘协的死讯也随之传来。

这个消息是曹叡派来的钦差大臣辛毗带给司马懿的。

司马懿悚然一惊："山……山阳公故亡了？"

这个消息的爆炸程度一点儿不亚于诸葛亮殒命五丈原的消息。辛毗扫眼看了看四周，凑过来向他附耳说道："洛阳城里传言说，山阳公可能是自杀的。"

司马懿似乎可以理解刘协的绝望。大汉复兴希望已经破灭了，所谓"哀莫大于心死"，了断也许是终结痛苦最好的方法。这个曾经在名义上"君临天下"了二十多年的傀儡天子，落得如此下场，让司马懿也心生一股酸楚。刘协若不是生在这个乱世，也许不失为一位守成的明君。

刘协一心要恢复汉室不假，但他有着一种宏大的家国情怀，哪怕兴复汉室、一统天下的大业无法在自己的手中实现，但只要刘氏一族中任何一人能够完成大业，也终归比落在其他外人的手中更好。说不定，刘协还在暗暗地等待机会再一次禅位给刘禅。事实上，刘协之贤明远胜曹丕，想曹丕哪怕大魏终将大权旁落，也不愿将权柄授予宗室。黄初年间曹丕大兴牢狱，皇亲国戚牵涉其中的更是不计其数。这一行为导致的结果就是宗师凋敝，在曹叡年间竟然到了无人可用的境地，只能一再依靠包括司马懿在内的外姓大臣，最终大权旁落，可惜可叹。

雄才大略和荒淫无度集于一身的魏明帝

司马懿在挫败蜀汉六次北伐、耗死诸葛亮的时候已经五十六岁了，搁现在就已经快到了退居二线的时候了。而魏明帝曹叡二十三岁才登基，现在也不过三十出头，一般来说，曹叡不会死在司马懿的前头。司马懿此时还这么拼命，他真的一心就只想在自己退休前多积攒些功绩，得以光宗耀祖。对于他来说，家族的强盛和源远流长更重要。再一个可能就是，由于曹叡对他还是有所怀疑，他这么做是为了向皇帝表忠心，让皇帝放心。篡夺曹家的天下，司马懿可能根本就没有想过，对于他来说，这可能只是一个连他自己都觉得不可能实现的梦。

毁掉三国时代神一般的诸葛丞相的功业，让蜀汉在恐惧中走向末路，当然也是司马懿如此做法所能获得的快感之一。所以，也许是出于争取更大功勋的欲望，也许是职责所在，在已经走上了太尉的新的领导岗位之后，司马懿向魏明帝曹叡建言，趁现在蜀国国内空虚大举伐蜀，一劳永逸地解决蜀地这个最大的威胁。

但是，对于这样的合理化建议，曹叡的反应竟然是断然拒绝。诸葛亮的"出师未捷身先死"，也深刻地影响了曹魏的统治者曹叡。

魏明帝曹叡二十三岁登基，从他登基那天起，整个曹魏帝国就没有一天消停过；作为一国之君的闲适与纵情声色，他是一天都没有体验过。从即位之初东南方向孙权前来扫秋风,到后来的孟达造反,然后就是西边蜀汉诸葛亮北伐一共来了六回,再到青龙二年(公元234年)诸葛亮累死才算暂时消停了。曹叡作为曹魏帝国的第三代继承人,早已没有了第一代君主曹操兴复汉室和吞食天下的左右为难,甚至也没有其父逼献帝退位所承担的天下人的责难,他一继位就已经是曹魏帝国名正言顺的国君,既没有一统天下的沉重责任感,也没有篡位的始作俑者的负罪感。但是在他执政的前六年中,帝国的四境不得安宁,曹叡没有过一天安稳的日子,为了稳定军心,他有时还要御驾亲征。这个一国之君当得真是比劳模还要辛苦。

终于能过几天消停日子了,这个司马懿竟然又建议打仗。他一定要将司马懿这样工作狂的念头扼杀在摇篮里。

于是,一心要抓紧时间过几天放荡日子的曹叡,立刻就将其荒淫无度和沉湎享乐的一面表现出来;登基初年被外部危机压制的骄横奢侈的本性,也被彻底地释放出来。诸葛亮的死,让原本持续存在的军事压力骤然减轻,原本还有一些明君风范的曹叡一改往日勤勉国政,下令大兴土木,修筑宫殿。

在兴建楼堂馆所方面,曹叡比其父曹丕有过之而无不及,已经到了一种病态成瘾的地步。洛阳的崇华殿失火烧毁以后,曹叡下令不仅要重建崇华殿,而且还在其旁边建了许昌宫、洛阳宫、昭阳太极殿等一系列宫殿。他甚至突发奇想,要把洛阳旁边的邙山铲平,在上面盖大殿,遥望黄河。似乎老天爷对这种不顾民间疾苦大兴土木的做法也感到了愤怒,第二年又是一场大火,把刚盖好的崇华殿以及周边的宫殿群烧了个干净。曹叡面对这样的情况,不是反思自己劳民伤财的行为已经到了天怒人怨的地步,而是再次下令,在原址上重建,而且要建造得更为奢华,规格更高。

曹叡沉湎于狩猎游乐,在洛阳修建了皇家专用的狩猎场。狩猎场中的麋鹿太多,冲出猎场,啃食庄稼。但是民众眼看着庄稼被啃食干净也不敢动这些麋鹿,因为朝廷有令,不能猎杀皇家猎场的麋鹿,否则以杀人论处。曹叡喜欢南方的珍宝古玩,就像他父亲曹丕当年一样,用北方的战马向东吴换取南方的奇珍异宝。江南并不出产战马，战马对于东吴来说是重要的战略物资，孙权面对着这样的买卖当然是求之不得。于是，曹叡用大量的优良的战马换来了珠玑、翡翠、玳瑁等珍宝。

曹叡不但在大手大脚乱花钱方面不是一盏省油的灯，在荒淫无度方面也是载入了史册的。《魏略》中记载，魏明帝下令将百姓的妻子配给成边的战士，并把其中有姿色的女子填充后宫。曹叡时期，后宫佳丽数千人，并且比照朝廷百官给予这些嫔妃相应的官位和俸禄。后宫女人们在薪资待遇和社会地位方面，远比那些辛辛苦苦操劳国事和刀口上舔血的男人们高得多，妇女的社会地位获得了前所未有的提高。荒唐地说，曹叡也成为中国历史上最早的"女权主义者"。

前面说过，魏文帝曹丕娶美人甄洛为后。后来甄洛年长色衰，魏文帝又宠幸郭女王，废甄后，立郭后。在郭后的挑拨之下，他将甄后赐死。甄后"披发覆面，以糠塞口"，死状甚惨。魏明帝曹叡登基后，听说了自己生母的悲惨遭遇，便逼迫自己名义上的母亲郭太后自杀，并且也是"披发覆面，以糠塞口"。

冤冤相报，有时候造化就会把你安排进一个残酷的轮回。

就在曹叡站在一个被侮辱、被伤害的孩子的角度，怨恨郭太后与自己的生母争宠，同时也怨恨自己的父亲不顾结发夫妻之恩而将母亲赐死的时候，他自己也因为宠爱另外一个郭姓女子而将自己的原配毛皇后废掉然后赐死。这简直是曹丕所作所为的翻版。

而且他似乎比其父曹丕更加过分，更加令人齿寒。

曹叡与新欢郭夫人喝酒取乐时，郭夫人好心建议把毛皇后叫来一起喝酒。曹叡拒绝了，还说千万不要告诉毛皇后。结果毛皇后不知怎么就知道了，第二天问曹丕：昨天喝酒喝得开心吗？曹叡当时就羞愧难当，像是偷东西的孩子当场被人抓住那样窘迫。恼羞成怒之下，他当场就下令把那天伺候的下人全部杀死。过了几天，他可能还是觉得太没面子，又下令将毛皇后赐死。本来不是什么大事，无非就是点儿争风吃醋的事，但是曹叡的小心眼儿碰上嫉妒心强的毛皇后，这后果就无法挽回了。

曹魏皇室,已经进入了一个残酷的轮回。

在历史上,这种后宫充斥美女、荒淫无度的皇帝反而子嗣稀少。魏明帝曹叡就是这样,自己嫔妃无数,好不容易生下的几个儿子却还没成年就夭折了。眼看着没办法了,他就从宗室中抱来了两个儿子,一个封为齐王,叫曹芳,另外一个封为秦王,叫曹询。由于荒淫无度,曹叡在景初三年(公元 239 年)的时候就已经一病不起。曹叡临终前,司马懿和曹爽一起受顾命辅佐小皇帝曹芳。他死的时候只有三十六岁。曹家三代君王,一个比一个短命,三个人都没活过一个司马懿。这也是司马家最终得以取代曹家的重要原因。

曹操当年"三马食一槽"的噩梦就快要实现了。

帝国的北方

相对于剪不断,理还乱的皇室的爱恨情仇,北方游牧民族不断的侵扰对于曹叡来说,也算是一个不小的麻烦。

其实北方的困扰是历史问题,由来已久。

首先是匈奴。公元 202 年,袁绍在官渡之战被曹操大败后,面子上挂不住,竟然给气死了。袁绍一死,他的三个儿子为了抢地盘打成一团,曹操正好趁机去收拾袁绍这三个不争气的儿子,顺便统一北方。趁着曹操去河北,呼厨泉单于终于逮住机会出来抢一票。但曹操早有安排,马超和庞德二将将蠢蠢欲动的匈奴人打了个七零八落。呼厨泉再次臣服。曹操眼见着南匈奴一次次反叛,确实已经丧失了耐心,决心一劳永逸地解决匈奴的问题,省得三天两头给自己添堵。于是就趁着呼厨泉来请罪的时候将其扣押,同时将匈奴分割成五部,并且内迁至中原,严加看管。至此,南匈奴彻底灭亡。

另外一支强大的游牧民族的势力是乌桓。

在匈奴之前华夏的北方曾有一个烜赫一时的民族——东胡，匈奴的一代圣主冒顿单于击败东胡成为北方草原的主人。东胡的残部作鸟兽散，逃入鲜卑山的一支成为后来的鲜卑人，逃入乌桓山的一支成为后来的乌桓人。后来就是正处在巅峰期的匈奴人被更为凶猛的霍去病打得满头包，分裂成南北匈奴。北匈奴一路跑到俄罗斯草原。

此时乌桓在中势力最为强大的是以蹋顿为单于的部落，趁着匈奴分裂，趁势占领了匈奴退出的北方草原。袁绍其时正被曹操逼得快没路走了，就与蹋顿联合对付曹操。跨民族组建的反曹联盟一仗还没打，袁绍就因为官渡之战输了老本给气死了。建安十年（公元 205 年），曹操斩袁绍的儿子袁谭于南皮，袁绍的另外两个儿子——袁尚和袁熙被曹操打得无处可躲，只好跑到乌桓的地盘寻求政治避难。想着曹操不会纵兵千里讨伐乌桓辽西，这两个人就做了"带路党"，经常带着乌桓侵扰幽州、并州一带的边界。

为了一劳永逸地解决辽西的威胁，并且除恶务尽，将袁绍的残余势力彻底清剿掉，曹操亲率大军于建安十二年（公元 207 年）出兵辽西。乌桓打家劫舍的好日子还没过几天，突然就听说了曹操千里奔袭柳城来讨伐乌桓的消息。乌桓的首领蹋顿早有耳闻，埋伏下了重兵。曹操本来打算出塞走海边讨伐柳城，但是天下大雨，道路艰险，而且乌桓重兵把守，于是他就在田畴的带领下，辟出一条小路，北出人迹罕至的卢龙塞，一路开山填谷，直取柳城。一直到曹操大军距离柳城只有两百里的时候，蹋顿才发现曹操的大军已经从身后向自己扑来。蹋顿慌忙之下，率领大军回军守备柳城。曹操丢下主力和辎重，率领八百精锐虎豹骑占据了乌桓回军驰援的必经之路的白狼山。蹋顿得知消息后精锐尽出，将曹操团团围住。大将张辽自告奋勇要冲下山斩杀蹋顿，曹操大喜，将自己的大红战袍披在张辽的身上，勉励其奋勇杀敌。张辽敏锐地寻找战机，率虎豹骑在包围得如铁桶般的乌桓铁骑中撕开一道口子，直取蹋顿。乌桓首领蹋顿眼看着自己铁桶一般的骑兵包围阵竟然被硬生生地隔成两半,还没来得及下令迎战,一团烈火般的张辽就出现在他面前,犹如神兵天降一般。蹋顿留在脑海里的最后一个画面就是张辽急速砍来的刀,一道致命的黑影。

张辽一马踏乌桓,电光火石之间手起刀落于阵中将蹋顿斩杀。乌桓铁骑军心大乱,一败涂地。曹操此次对风头正劲的乌桓的奇袭,堪称当年霍去病率八百精锐深入漠北斩杀匈奴左贤王之战的翻版。张辽于此战中表现得霸气十足,创下了他一生中最为辉煌的战绩。这种于百万军中取上将首级的战法,在后世有另外一个响亮的名字:斩首行动。

曹操东征乌桓,得胜而还,踌躇满志。

听说了曹操在白狼山一战杀蹋顿平乌桓的事情后,如丧家之犬般的袁尚和袁熙再一次踏上了亡命天涯的道路,投奔辽东的公孙康。公孙康面对这两个倒霉孩子,二话没说,杀了他们,然后把首级献给曹操,表示恭顺。辽东的公孙康可不是《三国演义》里那个武力不强、形容猥琐的出场次数少到如果你不仔细看都看不到这个名字的小角色。公孙康号称辽东之王,势力范围曾经达到朝鲜半岛。这个辽东的故事因为跟司马懿有关系,所以在后面还会讲到。

闻听曹操干净利索地解决了乌桓,鲜卑王轲比能立刻表示臣服曹操。

破匈奴,战官渡,平北方,凌乌桓,服鲜卑。此刻的曹操,已经站在了这个时代的巅峰,站在了整个远东的巅峰。

就像当年对于黄巾军的战俘一样,对于俘房的乌桓人,曹操没有采用一般将领对待战俘的处理方法将他们杀掉或者充为奴隶,而是将他们建制不散地编入自己的军队中,在以后的征战中成为曹魏坚强的乌桓铁骑。曹操这种不拘一格任用人才的做法显示了其作为军事家、政治家的胸襟和胆魄。曹操的眼中没有门第、阶级甚至种族的界限,只要你能为他所用,他就会让你发挥出自己的能力。奇怪的事情发生了,在蹋顿领导下的白狼山一战中似乎不堪一战的乌桓战士,在后来的十几年间在曹操的调教下,纵横南北,真正发挥出他们鬼神一般的战斗力,成为敌人为之胆寒的铁骑部队。

曹操一战换来了魏国北方十五年的安宁。

鲜卑的轲比能是闻讯臣服的，与匈奴和乌桓有着本质的区别。匈奴和乌桓被曹操彻底打残，族人离开祖先生活的北方草原内迁；而鲜卑因为轲比能的识时务没经受过曹魏实质性的打击，只是在积蓄力量等待时机。在这十几年时间里，鲜卑各部落逐渐南进、西进，占领了原先匈奴和乌桓占据的东北和北方的草原，势力范围从鲜卑山向西一直到达今内蒙古和林格尔、凉城至山西大同一线。按照地区分布大致可以分为东部鲜卑、北部鲜卑和西部鲜卑，总人口数为二百余万。东部鲜卑后来发展成为慕容氏、段氏、宇文氏，北部鲜卑主要是指拓跋，西部鲜卑主要由河西秃发氏、陇右乞伏氏以及青、甘吐谷浑组成。

鲜卑部落由于有一个好态度，在建安年间获得了长足的发展，势力日益壮大。到了魏明帝曹叡时代，鲜卑发生了分裂，对于魏国也是时降时叛，成为魏国北部最大的隐患。其中，势力最大的两个部落是轲比能和步度根部。

怎么办，打吗？

曹叡发现他遇到了诸葛亮在面对司马懿时相同的困扰，曹魏集结大军而来时，轲比能的部落就一阵风似的逃到草原深处。反正游牧部落机动性强，又不存在粮草的问题。曹魏大军刚一撤，轲比能就率人前来骚扰，简直像苍蝇一样打不着，赶不走。新兴的轲比能部落已经成为曹魏东部的重大隐患，甚至曾经杀了并州的刺史。这就不属于骚扰了，基本上已经到了叛乱的程度。于是，曹叡下定决心要灭掉鲜卑嚣张的气焰。但是轲比能部这种"打了就跑"的战斗模式实在是让人抓狂，曹叡曾经派重兵前去剿灭轲比能，但是轲比能出色地发挥了草原民族的机动性，从来不与曹军主力硬碰硬。他们只是不断地用轻骑快马滋扰劫掠，见到大军就跑，见到小股部队就吃掉。打又打不着，躲又躲不掉，曹军十分头疼。

东汉末年曹魏与异族的战争有三十多次，大多数是以胜利告终，但有一平一败。而这一平一败全都是对鲜卑轲比能的战事,也就是说对于教训周边游牧民族相当有心得的曹魏军队,面对鲜卑人的时候确实办法不多。

面对这样的局面,既然明着解决不了问题,那就只能使阴招了。于是在熬死了诸葛亮,西南方向终于消停了的第二年,即青龙三年,腾出手的魏明帝曹叡授意幽州刺史王雄蓄养死士,命其接近轲比能,成功将其刺杀。由于游牧民族基本上是松散的军事同盟结构,没有明确的政治体制,因此失去一个领袖往往就是致命打击。被汉武帝赶到欧洲的北匈奴,虐遍欧洲无敌手,被欧洲人称为"上帝之鞭",就因为领袖阿提拉被罗马派人刺杀了,结果一下子就土崩瓦解,彻底崩溃了。最终,轲比能突然死亡,鲜卑人的部落联盟土崩瓦解,鲜卑部落重新回归到一盘散沙的局面,有一些甚至还归附了魏国。

羽檄从北来,厉马登高堤。

长驱蹈匈奴,左顾凌鲜卑。

这是曹植《白马篇》里的两句诗。用这句话来总结曹魏时期中原政权对于游牧民族的战绩,我觉得并不是言过其实。对比大汉的早期刘邦被匈奴堵在白登山,走夫人路线才捡回一条命;大唐盛世,吐蕃把长安城都打下来了,最后靠着混乱的血缘关系跟周边异族沾亲带故,才借着这些叔叔大爷们的力量将吐蕃赶走,确实挺丢人。

曹魏基本上每次都以少于对手的兵力主动出击,平乌桓,灭鲜卑。要知道曹魏的现实情况是它并不是一个像汉唐那样大一统的帝国,它只是半壁江山,西南的蜀汉和东南的东吴时刻虎视眈眈地要准备出击咬魏国一口,这是绝对意义上的四战之国。一个疏忽就会有亡国的危险,强烈的忧患意识,造成了魏军极强的战斗力。除了战斗力强悍之外,魏军组建了虎豹军这样装备精良打法彪悍的精悍步骑,用以在僵持阶段或者出奇之时取得胜利。不知道这算不算是最早的特种部队。作为中原政权,魏军不光有强悍的步兵,还从西域购买良马组建了强悍的骑兵兵团,在与游牧

139

民族大兵团的对攻中不落下风。不唯如此,魏军还装配了当时世界最先进的霹雳车,堪称世界上最早的大炮,以及仿效诸葛连弩而造的连弩炮,威力巨大。作风彪悍的骑兵军团以及装备先进武器的魏军,在当时的中国可以说是"神挡杀神,佛挡杀佛"。

青龙三年(公元235年),北方草原最大的鲜卑部落轲比能部由于其领袖的突然死亡,各部陷入混乱的纷争之中。距离草原民族出现下一个英雄,带领他们纵马驰骋中原还有将近三百年的时间。现在,曹魏帝国的北方边境总算安静了。这个时候司马懿正在辽阔的渭北平原上安营扎寨,刚刚把蜀汉统帅诸葛亮熬死,并且接受了魏明帝曹叡亲笔诏书加封的太尉之职,风头一时无两,他豪情万丈地望向洛阳巍峨的皇城。

虽然司马懿基本上没怎么参与在帝国北部灭匈奴、平鲜卑的战争,但是没关系,很快他就要再次成为帝国的最高统帅走上历史的舞台,开始他的表演了,因为这个时候,辽东正在酝酿一场大风暴。

第十一章

辽东风云录

　　此时的公孙度已然不是一个小小的辽东郡太守了,其实际的控制范围包括玄菟郡、辽东郡,以及朝鲜半岛西北部的乐浪郡,成为名副其实的东北亚王者。后来的史书用一句话来概括公孙度的赫赫战功:"东伐高句丽,西击乌丸,威行海外。"公孙度给自己控制的领土起了一个新名字:平州。于是平州牧公孙度诞生了。在公孙度的纵横捭阖之下,一个势力范围东达日本海、北抵黑龙江流域、南包朝鲜半岛、西接辽东属国乌桓诸部的割据政权形成了。

公孙度发迹

就在魏国东南的东吴和西南的蜀汉终于消停之际，曹叡又实施斩首行动，把北方的鲜卑收拾了。曹叡正准备过几天享受人生的好日子的时候，东北辽东公孙渊又出事了。

平定辽东，是司马懿作为军事统帅，在捉孟达、对抗蜀汉北伐之后所取得的又一为后人所称道的历史功绩，是我国军事史上著名的以少胜多的战役，为司马懿获得战神一般军事才能的评价奠定了基础。要想把司马懿平定辽东的事情说清楚，就有必要先把辽东这个独立王国的来龙去脉交代清楚。

这个事情得从一千多年前的商朝说起。商纣王的时候，大臣箕子觉得商纣王越来越荒淫无度，居然吃饭都用上象牙筷子了。虽然说象牙筷子搁现在某个普通大款也能用得起，并不是什么奢侈得要命的东西，但是箕子进行了严密的逻辑推理，他认为商纣王用象牙的筷子就必定不会甘于粗茶淡饭，然后就要穷奢极欲，压迫人民了；人民不堪重负就会起来造反，那么这个国家就会亡国。这里必须画一个重点，我们直到现在还在使用的一个成语——见微知著，其发明人就是箕子。

后来事实的发展不知道能不能算是验证了箕子老先生的担心，后来武王伐纣，商朝灭亡。至于商纣王覆灭的原因是不是穷奢极欲导致民不聊生这个有待商榷，前面说过，由于商纣王的卫队倒戈，武王伐纣三十天就取得了成功。究其原因是商纣王过于残暴，对臣民过于苛刻。而且武王揭竿而起天下反的原因是商纣王不断发起灭国战争，树敌太多。有了前车之鉴，周武王立国后将商朝移民专门划了个地方监视居住，这就是春秋时代的宋国。

作为商朝贵族的箕子不愿服从周武王的统治,率领五千商朝遗民远远地离开华夏中原之地,来到当时还是一片蛮荒的朝鲜半岛北部,其中包括了现在东北三省加上朝鲜大部分地区。箕子率领的代表着当时最先进文化的商朝移民就在那里建国了,史称箕氏侯国,也就是常说的箕子朝鲜。刚刚建立的周朝执政根基不太稳,周公花了好几年的时间专门用来维稳,也懒得搭理这个前朝遗民割据的小政权,于是箕子朝鲜就这样默默地存在了将近一千年。

平静被突然被打破的时候,已经是千年之后的西汉时代。

汉高祖刘邦一统天下之后就开始卸磨杀驴,清算异姓王,韩信、彭越、英布这些曾经的亲密战友都已经被处理。地处大汉帝国东北的燕王卢绾也是这个时候被刘邦收拾的,燕王的部将卫满害怕被一起收拾了,就逃出西汉的地界,往东北方向一出大汉的疆域面对的就是箕子朝鲜。这个时候的箕子朝鲜已经风平浪静地度过了将近一千年的时间。这时箕子朝鲜的君主是箕子的后人箕准。光阴在这里似乎是停滞的,阳光永恒普照大地。箕准收留了这些从华夏之地来的亡命之徒,并将卫满封在与汉接壤的西部边境的很小一块地方,意思是让他守卫边疆。

但卫满是一个不安分的人,他以封地为基地大肆招徕汉朝流民。195年,卫满大造谣言称西汉将要来攻,要求赴首都勤王。在水软风轻中生长起来的箕准不知有诈,准许了卫满的请求。卫满趁机下令攻击了这个几百年没经过战火洗礼的世外桃源。用了几个月时间,首都被攻破,马上就要建国一千年的箕子朝鲜灭国,与"千年古国"的称号失之交臂。箕准带领残兵败将继续往南流亡,在今天韩国的地方建立了马韩。历史翻开了新的一页,卫满自立为王,还称朝鲜,但是改了姓,叫卫满朝鲜。

仅仅过了87年,这时候是汉武帝时代。汉武帝刘彻可是逐匈奴于漠北的雄才大略的君主,岂能容忍心怀异志的卫满朝鲜的存在,跟玩儿似的发兵五万,灭了卫满朝鲜。汉武帝并没有占领朝鲜半岛全境,只是占了土地肥沃的北部朝鲜,并设立乐浪郡、玄菟郡、真番郡、临屯郡四郡以方便管理,从此辽东地区正式纳入汉朝的管辖范围。

后来到了王莽篡汉时期，汉朝战乱频仍，人口大减。到了东汉时期，国力已经大不如汉武帝时期，对于辽东四郡基本上是持一种放弃的态度。而此时，在东北地区上出现了一个相对来说比较强大的国家：高句丽。由于东汉这个时候式微，也就默许了高句丽的存在。由于东汉势力的退出，高句丽迅速占据了东汉留下的战略空间，并实现了急速扩张，不断蚕食辽东四郡的土地。作为边疆地区的辽东局势岌岌可危，辽东人民苦不堪言。

在这样的乱世中，一个叫作公孙度的年轻人成长起来，成为辽东地区的拯救者。

公孙度年少的时候在玄菟郡过得是相当滋润。这得益于他原来的名字：公孙豹。当时玄菟太守公孙琙的儿子刚刚暴毙而亡，名字就叫公孙豹。这个时候公孙琙见到了那时还叫公孙豹的公孙度。公孙琙越看眼前这个十几岁的少年越像自己的儿子，而且名字都一样。公孙琙认为这都是造化的安排，于是他把公孙度当作儿子一样，并且把对儿子所有的愧疚和爱都倾注在这个跟自己儿子名字一样，长得也有几分相似的少年身上，给他最好的生活环境，给他找最好的老师。莫名其妙享受了"官二代"待遇的公孙度成年后顺风顺水地当上了尚书郎，后来当上了冀州刺史。

青年时代的生活对于公孙度来说是美好的，他觉得生活就该这么美好，未来就理所当然一片光明。直到有一天，公孙琙遭遇政敌打击，先被免职，然后郁郁而终。造化其实是公平的，太容易得到的东西失去的时候就更加容易，公孙度发现一夜之间世界全都变了。先是干得好好的冀州刺史，莫名其妙地被免了职，一降到底成为庶民。还没有等公孙度来得及感慨命运难测的时候，很多原来一直巴结他的人见了他像躲瘟疫似的离得远远的，原来勾肩搭背、称兄道弟的人都对他视而不见。公孙度开始切身地体会到一种东西叫作世态炎凉，虽然他早就应该体会到。当一个人开始倒霉，他就会发现他自己越来越倒霉，世界好像都在与他为敌，这就是所谓的"马太效应"。公孙度的儿子竟然被襄平令公孙昭强行充军，做最低等的"炮灰"。又出现了一个姓"公孙"的，好像辽东人都姓"公孙"。平常那些所谓的朋友在你落难的时候不会来雪中送炭，他们只会来落井下石。

世道艰难,残酷的现实终于撕开了温情脉脉的幻象,公孙度看到了世界的残酷。他子然一身离开了从未离开过的玄菟郡,千里迢迢地来到长安,找他儿时的挚友徐荣。一个万念俱灰的失意之人不顾一切来找的那个人,一定是可以绝对信任的朋友,这样的朋友一生有一个就够了,有他在你就不会堕入地狱。

关山难越,谁悲失路之人。公孙度是幸运的。

此时正是董卓趁着大将军何进与宦官们争斗一举掌握东汉政权,成为东汉最为权势熏天之人的时候,风头一时无两。作为董卓最为倚重的大将,徐荣为了他的至交公孙度向董卓建议,希望朝廷能任命公孙度为辽东太守。徐荣是董卓最为仰仗的悍将,董卓二话不说当即下了命令。就这样,在公元189年,公孙度以辽东太守的身份再次回到辽东。

公孙度再次踏上了故乡的土地,原来那个对生活充满美好向往的公孙度死了,一个充满戾气、魔王一般的公孙度回来了。面对暗黑的世界,他只有拿出魔王般的利刃和地狱的怒火才能完成对自己的救赎。此时依然花天酒地的辽东郡官员们不知道,对于他们,世界也已经变了。

公孙度丝毫没有衣锦还乡的自得,他清楚地知道在辽东充满了内忧和外患。经过缜密的考虑和安排,公孙度定下了"攘外必先安内"的策略。

首先是大规模搜集证据,拘捕鱼肉百姓、贪赃枉法者,证据确凿者,依法论处,该打鞭子的打鞭子,该处死的处死。整顿法治,一切的奖惩只有一个标准,就是法度。公孙度要在东汉末年这个乱世中,在边陲的辽东建立一个法治清明、践踏法律者必须受到严惩的世外桃源。于是,曾经鱼肉百姓的豪门大族人头滚滚落地。被他如此诛灭的豪门有一百多家。公孙度将这些豪门的血作为祭品,将曾经黑暗的辽东大地清洗干净。

> 郡中名豪大姓田韶等宿遇无恩,皆以法诛,所夷灭百馀家,郡中震栗。
>
> 《三国志·魏书·公孙度传》

如果你以为公孙度在辽东整肃法度,就只是为了当一个合格的父母官,然后在这里安度晚年的话,那你就错了。北宋大儒张载曾经为儒者的胸襟总结过一句话,可谓掷地有声:"为天地立心,为生民立命,为往圣继绝学,为万世开太平。"

是的,公孙度在"攘外必先安内"之后要做的,就是要在辽东这个去国万里的基本已被朝廷抛弃的蛮荒之地,为万世开太平。

不知道公孙康是不是儒家,但彼时他心中所想的就是要为万世开太平。

"为万世开太平"这几个字说起来很热血澎湃,但是现实是残酷的,在辽东这个地方什么都可以有,就是太平不太容易有。公孙度来到辽东郡的时候,高句丽这个国家已经存在了两百多年。无论从国土面积还是人口来说,辽东郡与高句丽都不在一个档次上,基本上差了十倍。鉴于实力相差得实在是悬殊,以往辽东太守对于高句丽疲于应付,只能被动地防守。为了给予辽东人民以信心,公孙度整肃军备,重新开动战争机器,通过坚固城防和坚壁清野等有效的措施,几次挫败了高句丽的来犯。辽东民众信心大增,发现原来高句丽人也不是不可战胜的。公孙度在辽东赢得了民心。

在取得了良好的开局之后,公孙度立刻开始着手在辽东组建一支精锐的骑兵军团,秘密训练,用来以后对高句丽进行一招制敌的斩首行动。与此同时,公孙度严密监控高句丽国内的一举一动,像猎人在寻找猎物的破绽,寻找稍纵即逝的战机。没过多久,这样的机会就来了。

高句丽老王病故,几个儿子为了王位陷入内战。得知消息之后,公孙度集结已经准备了多时的精锐骑兵,直取高句丽首都。高句丽王城内正在为了王位打得不可开交的儿子们,做梦也想不到平常只有挨打的份儿的辽东郡居然敢主动出击。没等他们反应过来,公孙度的儿子公孙康已经带人以雷霆万钧之势率先破城,一把火烧了高句丽都城。一片大乱之中,高句丽的王孙贵族们匆忙北撤。

　所以,就出现了三国时代乃至中国历史上都称得上绝无仅有的现象:

高句丽作为一个几次挫败了东汉朝廷讨伐的国家,不向东汉称臣,却向一个东汉的地方官俯首称臣。

公孙度也因为这一战,奠定了辽东地区几十年的安宁,奠定了其三国时代与孙策、司马懿比肩的名气。不仅如此,公孙度在小部落林立的朝鲜半岛积极联系三韩南部部落一起攻打北部部落,以征服者的姿态积极对外扩张,其控制范围实际是进入了朝鲜半岛的。

从此以后,公孙度有了一个新的名字:辽东王。

就这样,辽东王公孙度在很短的时间里整肃军纪和民心,同时解决了外患和内忧。辽东郡治安平定,民众的获得感、安全感极大提高。这在烽火连天的三国时代,就无异是世外桃源了。这个时候的公孙度基本上是以上帝的视角在俯视东北亚这个局势错综复杂的地区。

不久,公孙度再次发动战争机器,枪口对准了一直与高句丽狼狈为奸蚕食汉郡的乌桓。按理说,乌桓属于游牧民族,常备十几万如狼似虎的骑兵,战力远超高句丽,应该是不好对付的。但结果依然是,乌桓大败,辽东再无隐忧。要说乌桓也真是倒霉,先是被公孙度打败,从辽东搬家到辽西,后来又被曹操胖揍一顿,连单于蹋顿都死于了非命。

东北亚之王

此时的公孙度已然不是一个小小的辽东郡太守了,其实际的控制范围包括玄菟郡、辽东郡,以及朝鲜半岛西北部的乐浪郡,成为名副其实的东北亚王者。

后来的史书用一句话来概括公孙度的赫赫战功:"东伐高句丽,西击乌丸,威行海外。"

董卓死后,中原陷入了前所未有的动荡之中。公孙度得知后,对部下

说,"现在汉室倾颓,我们应该图谋自立了"。

公孙度给自己控制的领土起了一个新名字:平州。于是平州牧公孙度诞生了。在公孙度的纵横捭阖之下,一个势力范围东达日本海、北抵黑龙江流域、南包朝鲜半岛、西接辽东属国乌桓诸部的割据政权形成了。

官渡之战时,考虑到辽东的公孙度势力已经发展成为整个中原地区不可忽视的一个割据势力,曹操为了防止自己与袁绍大战之时辽东不会成为自己的背后之敌,派出凉茂作为自己的特使出使辽东。在确认了公孙度不会在背后捅刀子之后,他才放心投入官渡之战。公元204年,拜公孙度所赐,曹操取得了官渡之战的胜利,顺利地取河北全境,挟汉献帝以令诸侯。

为了感谢公孙度没有趁官渡之战的时候在背后使坏,曹操以汉献帝的名义封公孙度为武威将军,拜永宁乡侯。面对着汉献帝派来的使节,公孙度不屑一顾地冷笑道:"我一个辽东王,何须你一个汉朝的大臣来封我一个区区的永宁乡侯。"然后,他命人将封印扔到了库房,拒绝接受封赏。

建安九年(公元204年),就在拒绝了汉献帝所表达的善意的同年,这个差一点儿就能与曹操论天下谁是英雄的枭雄公孙度病死了,走完了他惊心动魄、波澜壮阔的一生。他一生遭遇坎坷却最终能够纵横天下,在他身后留下一个足可以为国的割据政权。其子公孙康继位,成为第二代平州牧。

得知了公孙度蔑视汉献帝封赏的举动之后,曹操大为光火,几次威胁要远征辽东,但都由于要剿灭袁家残余势力,腾不开手来。继位之后的公孙康,为了缓和与汉朝的紧张关系,将永宁乡侯的爵位授予弟弟公孙恭,并向汉献帝纳贡称臣。其后,建安十二年(公元207年),曹操征讨收留袁尚、袁熙的乌桓,杀了单于蹋顿,屠柳城。丧家之犬般的袁尚、袁熙逃往辽东投奔公孙康。公孙康的做法是"悉斩,传送其首"。

把末路之中来投的袁家二兄弟首级送给曹操,这是明显的向曹操示好的行为。但是这样"装孙子"的政策始终没能让公孙康在活的时候得到曹操的封赏,他只是在死后被不痛不痒地封了一个大司马。看来态度好并不能赢得别人的尊重,最重要的还是要有让别人忌惮的实力。

虽然有点儿没面子,但是在与曹魏关系的处理上,辽东与曹魏最起码保持了相安无事的状态。

虽然公孙康向汉朝表示臣服,但平州的征服之路并没有停止。公孙康继承其父的遗志积极开疆拓土,继续敲打高句丽,逼得高句丽再次迁都。公孙康甚至组建了一支强大的海军,剿灭了朝鲜半岛上半数部落,于是朝鲜半岛的国家都臣服于公孙康。平州公孙康威名远播,日本诸岛的国王也纷纷来觐见,表示愿意臣服。

平州公孙氏的权势达到了顶点,成为东北亚真正的王者。

政变!

公孙康在位十七年,到了魏文帝曹丕执政的黄初二年(公元221年),辽东这个独立王国的第二代掌门人公孙康也撒手人寰,其势力范围地跨辽东地区以及远及朝鲜半岛北部和扶桑九州岛各部落。看一下地图,这个名义上的平州牧,实际上控制了现在所说的东北亚大部,是名副其实的东北亚王者。

辽东这时也遇到了每一个封建王朝都会遇到的更迭问题。有道是"富不过三代",这个权力的更迭处理不好就会导致政权的动荡,再强悍的政权都逃不出这个宿命的循环。这个时候公孙康的两个儿子公孙晃、公孙渊还未成年,公孙康的弟弟因此承继了大统,做了像春秋时期鲁国的鲁隐公那样的代理领导人。代理领导人公孙恭为了表明自己将会一如既往地秉承公孙康时期的国际路线,让曹操安心,不光态度谦卑地俯首称臣,甚至将公孙晃送到许昌做曹操的人质。

从接受哥哥公孙康的重托的那一天开始，公孙恭的作为可是说配得上他名字里这个"恭"字，勤勤恳恳不敢有一刻的松懈，尽到了过渡性君主的本分。公孙恭对年幼的公孙渊也尽到了一个长辈的责任，对他不但关爱有加，而且就是照着未来辽东地区主人翁的标准悉心培养。不出意外的话，公孙恭是肯定要传位给他的侄子的，因为公孙恭不知道是因为早年玩过了头还是因为天生的残疾，竟然没有生育能力，也就是说没有子嗣。也许公孙康就是看到他弟的这个特点才放心把辽东和两个儿子托付给他的。

但世上的事情永远是"树欲静而风不止"，因为没过多久，意外就发生了。而这个意外，简直就像是当年鲁隐公事件的翻版。

留在辽东唯一有继承权的公孙渊渐渐长大，眼看着就要到青少年的叛逆期了。叛逆少年公孙渊现在已经慢慢地没有耐心了，他认为这个没有生育能力的叔叔是趁着自己兄弟俩年纪小才夺走了辽东的大权。他甚至还有了一个颇有"阴谋论"意味的想法：老爸可能就是这个叔叔害死的。在自己臆想中杀父之仇和夺国之恨的撩拨之下，一团火在少年公孙渊的胸中燃烧，他已经压抑不住自己的怒火了。于是公孙渊积极联络父亲的亲信大臣，默默地蓄养自己的力量。在魏国曹叡登基的第二年，即太和二年（公元228年），他发动政变将公孙恭囚禁，正式宣布辽东的主人现在是自己了。

这个时候的司马懿已经不能再像魏文帝时期那样，"天下兴亡皆不问，一心只当老好人"了。面对辽东主少国疑的国际新局势，为了给英气逼人的新领导魏明帝曹叡一个好印象，司马懿有了想法。

"现在辽东公孙渊发动政变上台，这是藐视朝廷权威的大不敬的做法，不可听之任之。可以趁其主少国疑、根基不稳之时，讨伐辽东，一战可平辽东。"司马懿向魏明帝建言。

此时正是蜀汉诸葛亮趁着大司马曹真病故的机会发动第一次北伐的时候，魏国西北方向的压力陡增。执政初期的曹叡还算是雄才大略，为了确保西北不失,亲自坐镇长安,一上任就碰到这样的局面,为了稳定国内局势,对于公孙渊在辽东的藐视朝廷权威的行为表示默认,拒绝了司马懿的建议。

这个决定也算明智,此时曹魏自己跟辽东差不多,也算是主少国疑。所以曹叡的决定,是先把自己的事情处理好。

因此魏明帝曹叡不但默认了辽东的政权更迭,而且还给公孙渊加官晋爵,封辽东王,就算是代表曹魏朝廷承认了公孙渊政权的合法性。《三国演义》以及日本光荣公司的《三国志》系列游戏都把公孙渊刻画成一个愚蠢而且武力弱到不值一提的小人物。但是,从某种角度来说,三国时代到这个时候已经有了将要成为"四国演义"的趋势,这个时候的辽东已经彻头彻尾成了独立王国,成为另外三国不能不重视的一股势力。

魏明帝没有想法,并不能代表别人没有想法。看到辽东发生政变,曾经被公孙度和公孙康打得满地找牙的高句丽有了想法:高句丽王与朝鲜半岛的东濊、濊貊部落等国组成联军讨伐公孙渊。

插一句,这里说的东濊、濊貊依然是逃亡到朝鲜半岛的中原遗民,比箕子到朝鲜可能略晚一些,周朝时是周天子的属国。后来大约是在春秋时期,被第一个春秋盟主齐桓公攻灭,逃到朝鲜半岛的,从根本上来说依旧是华夏民族政治更迭的延伸。

现在说公孙渊面对的高句丽联军。这种联军看上去声势浩大,挺唬人,但是其实人越多越麻烦,参加联军的大部分都是抱着打秋风的目的的,再加上如果没有统一的组织协调,基本上就是一旦首战不利就兵败如山倒。刚刚成为辽东主宰的公孙渊也期望着凭此一战稳定国内对自己质疑的声音,为自己正名。

在保家卫国的正义感召下,公孙渊动员了辽东大军,一战打得高句丽联军溃散如沙。首战告捷,公孙渊甚至有了一种"谈笑间,樯橹灰飞烟灭"的错觉。

俗话说,人贵有自知之明。

但是少年得志的公孙渊的问题就是没有自知之明。生活得太过于顺利对于一个心气太盛的年轻人来说无异于一场灾难。自视过高的公孙渊在听着手下排山倒海的奉承话,对着地图指指点点的时候,竟然有了一种枭雄的感觉,似乎觉得在乱世中做英雄也并不那么难。

换句话说,公孙渊"膨胀"了。

同时惹毛了两个大国

现在的公孙渊已经不满足于仅仅对曹魏俯首称臣了,他认为自己在魏国和吴国之间已经拥有了举足轻重的地位,他想玩弄一下手段。于是,公孙渊积极派人和吴国孙权联系,向孙权称臣,在魏吴两国之间"玩暧昧",希望能有浑水摸鱼的机会。

这里介绍一下憋屈的孙权的情况。

孙权他老爸虽然死得早,他哥孙策也活得不算长,但他一直到229年的时候才得以登基称帝。这一年孙权四十八岁,在当时可以说已经是一个糟老头子了。对比一下魏蜀两国,在223年和226年的时候,魏国的曹叡和蜀国的刘禅已经分别登基为帝。也就是说,孙权这个东吴大帝当得比刘备的儿子和曹操的孙子还晚。当年因为关云长败走麦城被杀的事情,刘备不顾一切跟东吴撕破脸,江东一时之间有点儿风雨飘摇的意思,孙权被逼无奈向曹丕俯首称臣才对付过去。

作为与曹魏的曹操和蜀汉的刘备同时期的江东之主,虽然曹操曾经不无羡慕地感慨说"生子当如孙仲谋",但不可否认的是,孙权这个皇帝当得确实憋屈。

说到孙权,还得强力插播一段广告。

三国时代的东吴,虽然说在陆地上的战斗力一般,经常在岸上轮番被魏蜀两国虐,但是其在航海方面的技术在当时的世界来说绝对是一流水平。东吴拥有三国中最为强大的长江水军。当年,曹操率舰队与孙权会猎长江时,见东吴战舰排列如林,中间大船端坐着英姿勃发的孙权,众将披坚执锐拱卫两旁,颇有置天下于掌中之气概,发出了那句著名的赞叹:生子当如孙仲谋。

东吴全盛时期,不但拥有江防的水军,还拥有可以进行远海航行的楼船。东吴的海船上可以达到七帆。据《吴时外国传》记载,这种多帆的远洋海船能从南海乘风航行至东南亚。在多帆多桅船上,斜移的帆面各自迎风,后帆不会挡住前帆受风。据《南州异物志》记载,"斜张相取风气,而无高危之虑,故行不避迅风激波,所以能疾",即南海上的多帆海船利用调整帆面到一定的角度,从而能够充分利用风力,达到适应多种不同风向而使行进方向保持一致的目的。这种方法在现代的帆船上依旧使用,可见当时东吴在风帆航海技术上的绝对领先。

拥有了远洋舰队的东吴,曾经开辟了到达中国台湾、日本以及东南亚的海上航线。三国时代的吴国,不夸张地说开启了中国的大航海时代;如果按时间来说,比哥伦布的那个大航海时代早了一千多年。

吴国恢弘的远洋舰队能够远航出海,虽然没有后来哥伦布跑得远,但也经常穿梭在东海与南海之上。越南北部沿海地区就被吴国占领着,称为交州。以交州为起点出发,吴国垄断了海上的航路,与东南亚诸国甚至印度建立了广泛的贸易关系。

但是这都不是吴国做得最牛的事情。孙权做的最应该为后世中国人记住和称道的事情是,他的舰队发现了台湾岛。现在我们理直气壮地说台湾自古以来就是中国不可分割的一部分,说的就是从三国时代的吴国开始,中国人就形成了对于台湾的实际控制。我这可不是胡说,有正经的史书记载。《三国志·吴志》载:吴黄龙二年(公元230年)正月,吴大帝孙权遣将军卫温、诸葛直将甲士万人,浮海求夷洲及亶洲。这个"夷洲"就是台湾地区的古称。

所以说,维护祖国的领土完整的功劳簿里,应该有孙权浓墨重彩的一笔。

不过,公元232年的孙权依然是以一个倒霉蛋的面貌出现在三国时代的中华大地的。

所以,当公孙渊的使者带来礼物表示要友好往来的时候,孙权激动得老泪纵横。这么多年了,终于有人主动来给他东吴送礼了。孙权大喜过望,大手一挥给公孙渊回赠了大批的奇珍异宝、古玩字画。公孙渊这就算是赚到了,几匹马换回来了一堆的宝贝。首战告捷,公孙渊决定在玩火的路上再多走几步,因此开辟了江左到辽东的海上航路,于是,东北和南方的贸易繁荣,人民富足。

公孙渊与东吴不断地眉来眼去,甚至私下订立了攻守同盟,准备对曹魏下手。公孙渊越来越过分的越轨行为,终于让魏明帝曹叡觉得忍无可忍了,因为毕竟在名义上来说,公孙渊的辽东王是魏明帝封的。太和六年(公元232年),就是诸葛亮"星落五丈原"前两年,当蜀汉的北伐的形式已经越来越大于意义的时候,曹叡认为是时候叫醒这个梦中人了。魏明帝曹叡命当时曹魏帝国东北方向的最高统帅乌丸校尉田豫率军讨伐公孙渊。要说这个公孙渊也确实不是盖的,竟然把曹魏帝国的东北方面统帅打得找不着北。魏明帝曹叡本来想敲打一下公孙渊让他老实一点儿,没想到倒反过来被公孙渊给上了一课。

公孙渊已经被胜利冲昏了头脑,他错误地认为曹魏害怕自己和东吴联系。既然要玩,那就不妨玩得更大一点儿,正所谓"风险越大,收益就越大",公孙渊决定在两大巨头之间玩点儿悬的。公孙渊索性就直接与东吴"拜码头",认孙权作老大,一通拼命拍马屁。

倒霉蛋孙权简直感叹自己何德何能,在有生之年还能有人来俯首称臣,让自己过一把威服天下的瘾。孙权虽然叫"东吴大帝",但是没有魏国兵多将广,也没有蜀国根正苗红,总觉得比别人矮了半头。现在有人来称臣,他怎能不喜出望外。孙权于是立刻重重地赏赐公孙渊,并隆重地派出一万人的军队渡海册封公孙渊为燕王。

收到了东吴的金银财宝之后,特别是得知孙权准备封自己为燕王的时候,头脑发热的公孙渊忽然就冷静下来了。公孙渊本来是想摆个姿态,让曹魏看看自己的纵横捭阖之术,从而在两边讨好,造成所谓两头得好处的局面。但是现在孙权居然把"一夜情"当真爱,来玩真的了。所以,一个非常现实的问题摆在了他的面前。如果接受了吴国的封赏,那么就意味着跟曹魏彻底翻脸了。公孙渊的小算盘飞速地打了起来,如果这个时候曹魏发兵讨伐,自己通知东吴,然后东吴派人来救,从距离上来看,"黄花菜都凉了"那是肯定的了,再加上季风以及海上航行的不确定因素,就更没谱了。公孙渊为他之前的鲁莽行为后悔不已,既然只能得罪一个,那还是对海那边的孙权说声"对不起"好了。于是公孙渊在把孙权送来的金银财宝和武器辎重收下来之后,下令将东吴的一万大军分散到辽东各地,化整为零,最终分别包了饺子,还将东吴大臣的人头割了送到洛阳以示对曹魏忠心耿耿绝无二心,并且还表了很多感人肺腑的忠心。

孙权得到消息后,可是要气死了,紫颜色的胡子都能气成白颜色的了。孙权想:"我也算是见过大世面的,当年把刘备、曹操以及曹丕都玩得团团转,没想到玩了一辈子鹰最后被鹰啄了眼。关键这小子不按套路出牌啊!"但是气归气,确实没有太多办法,辽东远隔重洋,他只能打碎牙齿往肚子里咽,忍了。

虽然公孙渊表了忠心,但目光如炬的曹叡一早就看出来公孙渊是个两面三刀的家伙,向魏国表示臣服也不过是权宜之计。但公孙渊这个小子在辽东,实在是天高皇帝远,如果要再次兴兵讨伐,确实代价太大。而且这个时候,蜀国北伐还没有彻底消停,隔三岔五地来一趟,虽然没有太大的威胁,但是也需要拨出人手去对付,因此他确实没有精力跟公孙渊没完没了。只要公孙渊别在这个时候给他添乱也就可以了。所以,曹叡也就只能打碎牙齿往肚子里咽,假装什么事情也没有发生过,封公孙渊为大司马、乐浪公,算是送了个顺水的人情。

玩弄了孙权的感情,转回头又忽悠了曹魏,公孙渊就更加目空一切了,认为自己已经拥有了成为天下第四极的能力,自豪感十足。

公孙渊靠着东吴的赏赐赚得盆满钵满,曹魏这边也是封官晋爵。虽然看上去公孙渊是赢家,但是,后来的事实证明他输了,而且输得彻底。所谓"人无信则不立",现在吴国和魏国都知道公孙渊这人不是个东西。虽然信用这个东西看不见摸不着,虚无缥缈如梦幻泡影,但是当所有人都认识到你是一个没有信用的人的时候,你的末日也就不远了。

但是,这个时候似乎公孙渊是一个胜利者。

很久没有说到司马懿了。自从魏文帝曹丕撒手西去,魏明帝曹叡登基以来,司马懿励精图治,任劳任怨,常年作为一个救火队员奔波在曹魏帝国的边疆。

蜀汉的北伐结束了,蜀汉的诸葛亮时代也结束了。后诸葛亮时代的蜀汉帝国陷入一片争夺之中,已经没有精力和底气再发动像样的北伐战争了。司马懿也被加官晋爵,拜为魏国的太尉,从而作为军界的一把手重新回归到魏国政权的中央。

魏明帝曹叡长舒一口气,登基七年了,就没一天消停过,这个皇帝当得比劳模还辛苦。现在外部威胁终于解除了,曹叡迫不及待地开启了昏君模式,开始废寝忘食地造宫殿收宫女。与此同时,在千里之外的辽东,公孙渊却像一个励精图治的明君,积极整军备战,准备大干一场。然而一件偶然的事情的发生改变了这一切。似乎,很多偶然发生的事情都曾经改变了历史。

公元237年,魏明帝派到辽东去的使臣竟然被公孙渊骂了回来。

至于为什么公孙渊要对一个使臣大发脾气,史书中没说。可能是这个使者摆谱耍大牌,也可能是公孙渊故意表现了对曹叡的不敬。其实这不重要,重要的是这个使臣回来添油加醋一番,一下子点醒了梦中人。一个男人,而且还是一国之君,无论多么昏庸,都是要面子的。魏明帝七年里第一次觉得没有面子,忽然意识到问题的严重性了,曹家人枭雄的血液在他血管里沸腾起来。于是,魏明帝停止了修建楼堂馆所,也不再沉迷后宫,他每天脑子里只想一件事:如何能够找人灭了这个不把自己当回事的公孙渊。

这个时候一个同样热血沸腾的将领上了一封奏折:"陛下即位已来,没有什么可以称道的功业,吴国和蜀国靠着天险使得您对他们无计可施。现在又出来个辽东政权,我没有什么能耐,请让我去为您平定辽东这一方不愿臣服的势力吧。"

这个人就是接下来将要出场的幽州刺史——毌丘俭。

这奏折基本上就是在说魏明帝曹叡无能了。但是曹叡此刻心念的全都是如何将公孙渊这个藐视朝廷权威的大不敬之人拿下,因此一点儿不生气,心想"好了,就是你了"。

毌丘俭还跟魏明帝夸下海口,说不用朝廷调集一兵一卒,只用幽州本地的兵就能收拾了公孙渊。虽然魏明帝也清楚辽东自公孙度开始到今天已经第三代了,对外的扩张就没有停过,其国力和兵力不夸张地说不在蜀国和吴国之下。不动员魏国的全部兵力就能把公孙渊拿下,说实话,连魏明帝自己都觉得是个不可能完成的任务。但人就是有一种用最小的代价干成收益最大的事情的侥幸心理。魏明帝一定也是有这种侥幸心理的。魏明帝心想:"要动员朝廷军队就又得花钱,国家这两年南征北战现在已经是捉襟见肘了,最好是毌丘俭自己出钱出兵把事情给我办了,反正用的是他自己的幽州兵,那就试试吧,万一成功了呢?"

毌丘俭也不是莽夫,他也知道打仗不是请客吃饭,那是弄不好要死人的事情,所以毌丘俭领命之后一刻也没有耽搁,立刻就着手为即将到来的大战做准备。在毌丘俭的积极斡旋下,原来臣服公孙渊的辽东西部的鲜卑、乌桓部落改弦更张,与曹魏达成协议准备作为内应。于是毌丘俭率领着旌旗招展的魏军逶迤而来,气势比上一次田豫还要盛大。主导了这一切的公孙渊,早早地就探听到了魏军威风八面的行踪,在辽遂设下坚固的营盘,拦住了魏军的去路。

毌丘俭也不是无能之辈,他看出公孙渊就是要让自己去攻,然后防守反击。而且毌丘俭看出公孙渊率军远离都城,日久粮草难以为继,于是利用自己的兵力优势,下令魏军对公孙渊围而不打。就在两军僵持,公孙渊粮草难以为继的时候,东北的雨季到了。倾盆的暴雨,一下就是十几天。

这是公孙渊的秘密武器。

魏军为了扎营方便,沿辽河驻扎,但连日的大雨使辽河泛滥,魏军大营被淹。此时魏军在水中泡了半个月,很多士兵腿都泡烂了,雨还是在一直下,哀鸿遍野。不光是辽河两岸,四下都已经成为一片汪洋,辽隧城就像是大海中飘摇的一艘小船。就在曹魏军队苦苦坚持的时候,公孙渊站在辽隧城头一直在看着魏军的大营,像是一只鹰盘旋在猎物的头顶,等待将猎物一击致命的机会。

但是雨丝毫没有停的意思,将士们要求将军营搬到旁边高地上的请愿也一直没有停,毌丘俭终于忍受不了士兵们的哀嚎,下令移营。毌丘俭的想法很天真:到地势稍高的地方躲躲大水,就是挪一下窝,没有什么大不了的吧。

这是一个葬送了魏军的命令。这,就是公孙渊一直在等待的机会。

毌丘俭下达了命令之后,魏军卷着铺盖,拖着行李,疲惫不堪地朝高处进发。雨还在下,忽然一阵排山倒海的轰鸣从身后传来,大地在颤抖。毌丘俭回头一看,公孙渊率领的军队如潮水一般往他们的身后袭来,这个场景让人想想就恐怖。休养生息多日的公孙渊军队在身后猛攻毫无防备的正在搬家之中的魏军。结果毫无悬念,公孙渊在豪雨中纵横驰骋,指挥其军队对魏军进行屠杀。魏军纷纷倒毙在雨水中,血水和泥泞混杂成再也无法洗清的浊流,伴着雷声和惨叫声,流向远方。毌丘俭在这样的仓皇局面之下,虽无力回天但也沉着应对,率领一支精锐杀出重围,显示了一个名将的素养。但败了就是败了,毌丘俭基本上全军覆没。

此战,魏军损失惨重,讨伐公孙渊的行动再一次遭到惨败。

此时,公孙渊已经达到了他人生的顶点。忽悠了东吴的孙权,让公孙渊觉得有一种在智商上的优越感。而现在接连两次挫败曹魏的进攻,让公孙渊又觉得自己就是傲世天下的战神。也许令公孙渊变得如此骄傲的原因是此时的曹魏正值其国力巅峰,将吴蜀两国逼进角落,使两国靠着天险苟延残喘。现在的公孙渊已经有一点儿"拔剑四顾心茫然"了,经过此战,不光原来反水的乌桓又再次臣服,就连原来投靠曹魏的北方民族也来投奔了。

王座之上的公孙渊,思潮迭起。

辽东这个化外之地,先是虐得高句丽不停地迁都以避兵锋,然后骗得东吴团团转还一点儿脾气没有,最后又两次挫败北方王者魏国的进攻,公孙渊的赫赫战功已经登峰造极。在 3 世纪的东北亚大地上,公孙渊扮演的绝对是成功逆袭的角色。当公孙渊把周围的邻居都虐了一遍的时候,他也成为天下人的敌人。可能公孙渊自己还不知道,周围已经全部是一心想把他弄死的对手,他不能战败只能战胜,任何一个闪失都会让自己坠入万劫不复的深渊,就像一个满身穿金戴银的人站在悬崖边上。

无上的荣光和万劫不复,只有一步之远。

如果,公孙渊在两次击败曹魏之后,能够收敛锋芒,语气谦卑地向魏明帝表示臣服,也许曹魏会因为现实的原因选择睁一只眼闭一只眼,再次默许这个独立王国的存在。其实并没有谁一定要吃掉谁,在实力相当的时候大家需要的不过是相互给个面子。东吴杀了关羽,最后蜀汉也不得不和孙权握手言和。

但少年得志的公孙渊,在政治上显得非常不成熟,其所作所为堪称狂妄,甚至弄得魏明帝下不来台。

第十二章

平辽东

　　曹魏帝国建立后面对着蜀、吴、辽东、上庸三郡等敌国或地方割据势力，同时也面临庞大的内政财物开销。在这些问题的解决上，司马懿几乎全部都参与了。后来，他离开曹魏朝廷，成为一方军事统帅出镇南方及西方，分别铲除孟达集团及阻挡诸葛亮的北伐攻势，并以六十多岁的年纪主持兴兵远征辽东，铲除了号称曹魏帝国"百年之寇"的辽东割据势力。后来他还多次击退东吴大军。孙权曾有"用兵如神，所向无敌"这样的溢美之词盛赞司马懿。曹魏能一直维持其强国优势，司马懿厥功至伟。

四国演义？

　　击败了毌丘俭,让当时中国地界上最为强悍的曹魏也拿自己没有办法,公孙渊觉得自己就是新世界的王,他觉得乐浪公这个名头太委屈自己了。于是挟战胜之余威,公孙渊把孙权送给他的那套行头又拿了出来,自立为燕王,甚至还大张旗鼓地分封诸侯和单于,俨然是要与魏、蜀、吴平起平坐,弄成"四国演义"的架势。

　　魏明帝曹叡彻底被这个妄人激怒了。

　　前面说过,曹叡就像是他父亲曹丕和爷爷曹操的结合体,身体里既有父亲曹丕贪图享乐、沉湎声色的基因,也有爷爷曹操雄图大略和吞食天地的雄心。这个时候,曹叡骨子里源自曹操的血液开始沸腾,他决定用一场彻底的胜利来捍卫曹家的尊严,不惜一切代价。

　　他决定让司马懿顶上。

　　这个时候的司马懿,刚刚在五丈原萧瑟的秋风中耗死了三国时代神一般的诸葛丞相,来不及修整就被十万火急地召回洛阳面见曹叡。曹叡吸取了上次毌丘俭大军太过于招摇,大军还未到战场,公孙渊就已经得知了消息从而可以从容应对的教训,命司马懿就带他的四万精锐,千里奔袭。他还下令,所过州郡,不计成本给司马懿之军提供后勤补给,要以全国之力拔下公孙渊这个钉子。

　　这场战争已经不是一般意义上的讨伐不臣的战争了,在魏国作为中央帝国连续两次主动的兴兵讨伐都以失败告终之后,这次讨伐辽东战争是为曹魏正名的战争,更是维护帝国权威性的决定性一战。所以说,这一战,只能取胜不能失败。

　　在大军集结出发前,曹叡心事重重地对司马懿说:"本来这件事情不值得您亲自去征讨，但是公孙渊这个小子太嚣张，一次次地蔑视我曹魏帝国的权威。所以还是得麻烦您亲自跑一趟。您觉得这个公孙渊要怎么样应对呢？"

司马懿淡淡地说道："如果老夫站在公孙渊的角度替他考虑，最好和最明智的选择就是弃城出逃，远远地离开辽东之地，或许还有从头再来的可能。他的中策，是离开首都在辽东的边界屯兵设防，这样尚且有一点儿战略的纵深可以利用。如果他选择困守其首都襄平，则是下策。"

曹叡现在心里一定很绝望：两次大败魏军的公孙渊，你竟然说他最好的出路就是逃走，这不会又是一个只会吹牛的吧？曹叡强压住心中的狐疑，继续问："那么，您觉得公孙渊会做什么选择呢？"

司马懿在辽东发生篡位的时候，就开始研究公孙渊这个人，再加上对两次讨伐辽东失败的经验总结，司马懿自认为已经找到了对付公孙渊的方法。此人最大的问题就是狂妄，而将其制服的最重要的手段就是要放大他这种狂妄，一击致命。司马懿迎着曹叡的目光看过去，眼神很坚定。

"公孙渊几次在魏吴两国之间信口雌黄，在两次挫败我国讨伐行动后，他必定认为这一次的讨伐我们还是会像前两次一样无功而返。因此老夫觉得公孙渊会认为我劳师以袭远无法持久，必定选择在襄平城中负隅顽抗。"

"那么请问太尉，走这一趟大概需要几年？"

"老夫带着对蜀作战的四万人，从洛阳到辽东三个月，灭公孙渊三个月，回到洛阳三个月，用不了一年的时间。"

这里，需要再熟悉一下此时公孙渊的情况。此时的辽东独立王国，经历三代的经营，不断地开疆拓土，地跨中国的东北三省大部与朝鲜半岛北部，人口五十多万，而且扶余、高句丽等地区性大国都作为公孙氏的手下败将而受其控制。其疆域和人口大概与同时期的蜀国相当，而且挟两次挫败魏军的战胜之威，加之路途偏远，绝对是一个"硬钉子"。对如此强悍势力，司马懿却显得淡定自若，不得不令人为他捏一把汗。

三国后期,继司马懿与诸葛亮的对决之后,第二场高手之间史诗一般的对决即将拉开帷幕。如果说司马懿对诸葛亮是表现了其稳如泰山、坚如磐石的防守能力,那么司马懿面对公孙渊的千里奔袭就表现出其雷霆万钧的进攻能力。

《晋书》中记载,大军出征之时,为了表现国家对此战有着极高的重视,魏明帝曹叡亲自把司马懿送出西明门,并且下令其弟弟司马孚和儿子司马师把皇帝御赐的酒肉送到他温县的老家,还准许司马懿将士宴饮数日。司马懿也是在宴会上开怀畅饮,并且趁着酒性赋诗一首。遍查各种史书,很少有司马懿吟诗作赋的记录。这首是司马懿唯一流传下来的诗:

> 天地开辟,日月重光。
>
> 遭逢际会,奉辞遐方。
>
> 将扫逋秽,还过故乡。
>
> 肃清万里,总齐八荒。
>
> 告成归老,待罪舞阳。

《晋书·宣帝纪》

语言很朴实,没有华丽的辞藻,基本上就是东汉时代的打油诗。意思是:我司马懿何德何能,能够得到国家如此恩典,无非是值此国难之时,才能有机会为国尽忠。我不敢有非分之想,待平灭辽东之后我就只想解甲归田,在家安心养老。这完全是一首彻彻底底地表忠心,让领导放心的作品。就像当年秦王发动灭楚之战,将全国的兵权都交到大将王翦手里时,王翦一路上不断地向秦王要地要封赏,表现得就像一个满脑子只想给儿孙多留点儿产业的田舍翁那样。魏明帝把军队交到司马懿手中,就成了手无寸铁的孤家寡人,所以司马懿只有表现得尽可能庸俗,尽可能让人觉得下作,才能让曹叡放心,从而给自己全力的支持。

诗,确实是好诗,但是字里行间总是摆脱不了枭雄气。不知曹叡看到这样的诗,是该放心还是该担心呢?

164　　但是无论如何,司马懿率领着曹魏帝国精锐中的精锐,向着辽东的方向绝尘而去。

公孙渊听说带兵来打他的是魏国的太尉司马懿,知道这次曹叡是玩儿真的了,发倾国之兵而来,他心里也不禁发毛,便急忙向东吴孙权求救。

要说公孙渊的脸皮厚,在三国时代恐怕无人能够出其右了。前边贪了东吴的金银财宝,而且灭了东吴的一万人马不说,后来把派来给他封赏的大臣都给杀了,现在还有脸来向东吴求救。孙权当时就被气得浑身哆嗦:你这是把我当傻子啊! 当时他就要下令命人将公孙渊的使者推出去杀了。

这时大臣羊衜赶紧上前劝孙权道:"杀了使者不过是泄私愤的报复行为,不是成霸业者的作为。倒不如我们答应出兵帮助公孙渊,但是屯兵边界相机而动。如果公孙渊得胜,我们出兵也是有信用之举;如果公孙渊失败,趁机捞一票也算没白跑一趟。"

在使坏算计人方面,羊衜绝对脑子够用,孙权也不愧是兵圣孙武之后,小霸王孙策他弟,冷静下来想了想,在泄私愤和当霸王的选择题中选了后者。于是,孙权重赏了公孙渊的使者,并且对曹魏帝国悍然对辽东发动军事行动表示了愤慨。他当即表示:"我们威武的东吴大军马上就到,请燕王再多坚持几天。"

运动战,将被动变为主动

公元 238 年,景初二年六月,用了不到三个月的时间,司马懿的大军奔袭千里,抵达了辽东。讨辽大军以司马懿为总指挥,汇集了毌丘俭的幽州兵和乌桓骑兵,兵分三路向公孙渊碾压过来。

公孙渊这边,由于得到了孙权来援助的口头承诺,选择了司马懿所说的下策:自己镇守襄平城。他派大将卑衍沿辽河一线排开,作为第一道防线,目的是拖住魏军,为孙权的援军争取时间。所以当司马懿率领的大军来到辽河的时候,面对的战局就是被辽河与河对岸卑衍的七十里连营挡住了去路。

现在的这个情景简直与当年诸葛亮走出祁山时面对的情景一模一样。那时诸葛亮准备渡过渭河进攻关中,声东击西地把魏军调离开大营,然后渡河;但是又犹豫不决,被郭淮看出其意图,在渭河和秦岭之间设伏堵住其行军的路线。无奈之下,蜀军只能又回到五丈原继续僵持。那个时候蜀汉的所有动作都被司马懿猜透,他看着诸葛亮在他面前做着徒劳的表演。三个方向都已经被魏军掐死,师老兵疲的蜀汉军团,即使主帅诸葛亮不死,也就只剩撤军,从汉中回蜀地的选择。

因为一般来说,守易攻难。只要能够坚守,待入侵者兵疲师老,自然就会退却。此时再趁势追杀,就可以取得全胜。司马懿当年在陈仓对付北伐的蜀汉军就是用的这一招,但是现在攻守之势异也。可真正的狠角色不光善于从对手身上学习长处,而且更能借鉴短处。在很大程度上来说,能够做到后者更加重要。

司马懿毫无疑问就是这样的狠角色,他不但可以学习诸葛亮的善守,更能敏锐地发现诸葛亮在指挥进攻时所犯下的兵家大忌。司马懿抵达辽河岸边,经过一番观察地形,心中已有胜算。

司马懿手下的诸将牛金、胡遵之辈纷纷请战,想要强渡辽河与卑衍决战。司马懿微微一笑,说道:"卑衍军连营七十里就是等着我们来攻,用坚固的营垒拖住我军,时间一长,我军必然陷入师老兵疲的境地。而且在离国千里之外的地方作战,一旦战事不顺必然粮草难以为继。"司马懿拒绝了部下强渡辽河与卑衍决战的建议。他在详细地勘察了地形之后,已经跳出眼前的辽河防线,他的心中有一盘更大的棋局。司马懿命人虚张声势,假装要从下游渡河,实际上把精锐的大部队集结到上游,从上游渡河。卑衍果然受到蒙蔽,将防守的重心放在下游,结果魏军顺利渡过辽河,绕到了卑衍军的身后,对其形成包围之势,卡住了卑衍军与襄平城之间的必经之路。

面对以逸待劳的守军,其实司马懿和诸葛亮的选择是一样的。但区别是,司马懿就这么密不透风地渡过辽河,而诸葛亮却几次三番犹豫不决,一会儿想从五丈原渡河,一会儿又要从积石过河,结果绝密的军事行动弄得人尽皆知。

选择固然重要,但是诸葛亮的处处求稳,不敢放手一搏,却是犯了为将帅者的大忌——犹豫。

牛金、胡遵一看,太尉果然用兵如神。既然已经绕到敌军后方了,那就赶紧发动偷袭吧!但司马懿又一次拒绝了手下将领的要求。这就是帅才和将才之间的区别。

司马懿根本不着急进攻,就这么围着,而且他似乎根本不害怕暴露自己的踪迹。但是,就这么围着,既不攻打辽水岸边驻扎的燕军主力,也不攻打燕国的首都襄平。急行千里却围而不打,是司马懿在贻误战机吗?司马懿走的每一步都有其目的,而且是走一步看两步,甚至是三四步。

那么,这里先来分析一下此时战场的形势。

中国古代冷兵器时代军事统帅的排兵布阵,极其讲究"奇正"二字,即以奇胜,以正合。奇,就是出奇兵取得胜利,所谓"出奇制胜";而所谓"正",就是用军队正面的冲杀,横扫敌军。两军对垒,弱势的一方往往寻求出奇兵,而强势的一方则用正面交锋的方法击溃对方,摧毁敌方意志。

辽东人口在五十万上下,可以动员的作战人数在十万左右,此时部署在辽水的有五万人左右,占据天时地利。辽东军依托辽河天险,坐等魏军来攻,可以说掌握了战局的主动,如果魏军渡河来攻势必师老兵疲。四万魏军虽然从人数上来说不占优势,但是这四万魏军都是常年征战的虎狼之师,以骑兵为主,战斗力远在辽军之上。卑衍的想法虽然不错,但是意图太明显,只要智商在正常水平之上的将领都不会选择直接渡河。现在司马懿略施小计,不光让魏军主力顺利过了河,驻扎在辽河岸边以卑衍为帅的辽东主力和其首都襄平之间,使卑衍的地利瞬间被消解,他还掌握了战局的主动。此时,作为强势一方的魏军追求的是以正兵扫荡辽东惶惶的卑衍军。司马懿当然可以选择现在就攻击卑衍大营,但是这样会付出很大的代价。此时辽东主力未经一战，没有损耗，再加上坚固的营垒，虽然魏军有可能取胜，但肯定代价不小。当然，甩开卑衍，直接攻打襄平，虽然也是一个选择，但这个选择有个致命的缺陷：魏军如果在攻城之时遭到卑衍的进攻，势必腹背受敌，下场会更惨。所以，现在司马懿的意图就是，把卑衍的主力调动出防御工事，各个击破，消灭其有生力量。

但是如何能让躲在工事后面的敌军毫无保留地走出来，这是一个问题。当年诸葛丞相北伐之时就曾面临这样的问题，意欲调动魏军走出大营一战而不得，甚至使出破口大骂和送女人衣服这样下三滥的手段都无济于事，最后反而把自己累死，落得一个"星落五丈原"的结局。那么，现在看一下我们的司马懿面临同样一道题时的解题思路。

"大帅，现在我们好不容易过了河，既不攻打驻扎在辽隧的辽军主力，也不攻打襄平城，这是要作何？"众将对渡河之后既不展开与辽军主力的决战，也不攻打襄平城，只是安营扎寨表示不解。

司马懿对满头雾水的手下将领解释道："兵书有云，敌人虽然有坚固的城池和高高的营垒作为屏障，却不得不走出来与我们交战，其原因是我们攻击了他们必须救援的地方。现在辽东军的主力都在辽隧，辽隧城防坚固，贸然进攻必然损伤巨大。我们如果兵指襄平，那就是攻其必救，一旦我们将其调动出辽隧，在半路设伏击之，必然会取得大胜。"

"现在传我的命令，制造准备攻打襄平城的消息，并且在各关卡设伏。"司马懿向手下的将领们阐述了自己的作战意图之后，立刻着手进行打伏击战的安排。

于是，司马懿先放出舆论，假称准备全军压上攻打襄平，然后在路上设伏。卑衍听说之后，根本没过脑子，大喜过望，当即下令，拔营回援襄平，准备跟襄平守军一起把司马懿包饺子。事实证明，天上不会掉馅饼，欢天喜地的卑衍大军刚走了一半，就被刀剑雪亮的魏军拦住了去路。卑衍心中一定充满了委屈：你不是说你要去攻打襄平吗？为什么说话不算数！

现实就是这么残酷，司马懿微笑着给单纯得像个孩子的卑衍上了一课。当然,是最后一课。

在群山之间的平原上,这是重甲骑兵最适宜的绞杀场所。骑着高头大马、武装得跟刺猬似的魏军骑兵向胆战心惊的辽东军碾压过去,势不可挡。这是一场屠杀,横扫千军如卷席残云般的屠杀。结局你可以想象,辽东主力基本上全部覆灭,卑衍战死。司马懿留了几个老弱病残逃回襄平城,让他们去告诉公孙渊发生了什么。自公孙度开始,辽东这个独立王国三代人历经几十年辛苦经营积累的家底,在这一战灰飞烟灭。

这一战,也许从一开始就毫无悬念。

卑衍屯兵辽河之时,司马懿从下游渡河,卑衍以为司马懿从上游渡河于是重兵防守上游。司马懿过河之后声称要攻打襄平,卑衍被调动出来,被司马懿牵着鼻子走,最后命丧沙场。善良单纯的辽东大将卑衍,就这么掉进了司马懿给他预设的思维陷阱中,越陷越深,直到搭上辽东五万将士的性命。

司马懿从接到曹叡的命令千里急行开始,到消灭了辽东主力,仅仅用了三十天。三十天之前,公孙渊还在叫嚷要让司马懿有来无回;三十天之后,公孙渊已经将其三代人积累的家底败得差不多了。现在,司马懿给公孙渊剩下的不过是一座襄平城和瑟瑟发抖的守军而已。

惨烈的襄平围城战

来到了襄平城下,司马懿并没有下达立刻攻城的命令,而是慢条斯理地部署魏军把襄平城全部围起来。这更像是围猎的行为,再一次引起了摩拳擦掌准备大干一场的手下的不解。牛金等人要求发起进攻,又被司马懿拒绝了。在完成了对襄平城的合围之后,征服者司马懿趾高气昂地来到襄平城下。

随军司马陈珪终于忍不住了,说道:"大帅您原来平孟达的那一次,率军七天就到达上庸,并且立刻开始攻城,只用了五天就破城擒杀了叛贼孟达。那是何等的雷霆万钧。但如今,您率军奔袭千里到了襄平城下却忽然慢条斯理起来,对此,属下实在是不理解。"

司马懿微微笑了笑回答道:"当年打上庸,上庸城中粮多兵少,存粮足够守军吃一年。但是我军数量比孟达军多四倍,而粮草仅够支持一个月的用度。用仅有一个月口粮的部队去攻打有一年存粮的守军,当然要全力攻城,争取速战速决。即使损失惨重,也是值得的,因为如果陷入苦战的僵持,对于我军就更加不利。"

司马懿指了一下襄平城头,继续说:"现在的情况不一样。如今的形势是敌众我寡,而且公孙渊将大部分的粮草辎重囤积在辽隧,而城中相对空虚。如果我们急于攻击,反而会激起守军的士气,使得进攻遭受更大的阻力,这是不明智的。现在我们要做的并不是急着攻城,而是用足够的耐心,让城内的情况变得更糟一点儿,让他们自己陷入恐慌。

"而且我在出征以来最为担心的一件事就是公孙渊会弃城逃跑。现在城中已经陷入饥荒,如果公孙渊具备对于局势的正确分析,城中守军不战而逃的可能性正在变得越来越大。把他们聚在一起容易,要是他们突围而出再想要把他们抓住可就难了。所以,当务之急不是攻城,而是尽快完成对襄平的合围。"

"那么前日您下令,禁止掠夺其散落城外的牛马,又是为何?"

"我军现在尚未完成完全合围,如果去抢掠牛马和粮草,就无异于驱赶守军逃走。所谓'兵者诡道',就是要根据实际的战机因势利导。公孙渊仗着自己的兵多,就有着死扛到底的侥幸心理,虽然粮草将尽也不远逃走。所以,我们要做的就是尽量示弱。'小不忍则乱大谋',在合围之前把公孙渊惊走,就前功尽弃了。"

"大帅深谋远虑,在下佩服,佩服!"听完了司马懿的整体作战思路,陈珪等人恍然大悟,对于领导的高瞻远瞩彻底心服口服了。

于是,再也没有人抱怨为什么还不开始打仗,都开始紧锣密鼓地进行部署合围,积极地准备着即将到来的一场恶战。几天之后,魏军终于完成了合围,虎狼一般的魏军将襄平城围得像铁桶一般。在一片旌旗招展之中,司马懿像是征服者一般,骑着高头大马来到城下。

　　讨逆大军的统帅司马懿以魏明帝曹叡的名义,坐在高头大马上义正词严地宣读了讨逆诏书,命公孙渊限期出城投降,否则格杀勿论。一句话,司马懿已经没有耐心再陪公孙渊玩了,下了最后通牒,限期投降,否则就要祭出大杀器——屠城。

　　后来成吉思汗之孙拔都西征时也有过相似的做法。拔都为统帅,贵由、蒙哥等率蒙古大军纵横在公国林立的俄罗斯草原之时,下令各国限期投降,否则城破之日便是屠城之时。一开始还有人抵抗,在后来连屠几城之后,所过之处的公国纷纷投降。与其说这是蒙古人的军威造成的,不如说是无声恐惧的蔓延让他们不得不投降。现在的司马懿,就如后来的蒙古大汗拔都。

　　公孙渊显然不甘心就这样失败,不甘心将公孙家族三代人苦苦经营的辽东拱手让人。公孙渊曾经两次击退魏国组织的进攻,其中第二次也是这样兵临城下。公孙渊自认为是有作为一个枭雄纵横天下的实力的。于是,公孙渊将全城百姓与将士的性命捆绑在一起,赌上全部的身家性命,等待一个翻盘的机会,等待那个秘密的武器。

　　要说老天爷对公孙渊确实也不错,这个机会没有让他等太久。

　　是的,东北平原的暴雨季节再一次来临了,就像当年毌丘俭遇到的那场大雨,暴雨如注。在公孙渊最绝望的时候,天谴一般的暴雨如期而至。这是一场名副其实的及时雨,这是公孙渊扭转战局、改变命运的最后的机会。

　　　秋,七月,大霖雨,辽水暴涨,运船自辽口径至城下。雨月馀不
　　止,平地水数尺。

　　　　　　　　　　　　　　　　　　　　　　　《晋书·宣帝纪》

　　那场让毌丘俭最终倒在胜利前夜的大雨,也不过是下了十余天,而司马懿面对的这场雨更大,且一个多月不停。魏军每天看到豪雨如注,四下

171

一片汪洋，似乎大雨是天地间的永恒，看不到开始，也看不到结束，恐惧在军中不断蔓延。襄平城下已经看不到一寸地面了，大营中的水已经没过了腰，大批的将士腿已经泡烂了。将士们不断向司马懿请求驻扎到地势高一点儿的地方去。

司马懿终于明白了是什么让一直势如破竹的毌丘俭率领的幽州军团突然之间溃不成军的，这场漫天倾注而下的豪雨，成为征伐辽东魏军所面对的最为凶险的敌人。

毌丘俭就是在同样的情势之下，受不了手下人的软磨硬泡和哀求，下令移营，结果在移营过程中被公孙渊截杀，使得数万魏军将士在大雨中葬身他乡。公孙渊像秃鹰一般站在襄平的城头，等待着机会，只要魏军有任何异动，辽东军就会夺门而出，让历史重演。

司马懿自己也泡在水里，他用狼一般的凶光扫过哀嚎的众将，咬着牙说："有敢再言移营的，斩！"

大营之中是死一般的寂静，只有大帐外大雨从天而降的声音。众将默默退出大帐，因为他们知道司马懿从来就是说一不二的，杀一儆百的事情他做得出来。因为这样的情景曾经在对抗蜀汉北伐时出现过，那时的司马懿是方面军的统帅，根基不牢。当时曹操时代的老将张郃请战，司马懿无奈只能向曹叡请命，曹叡下令不许出战才稳住军心。后来蜀汉撤军后，司马懿命张郃追击，借诸葛亮之手杀了挑战其权威的老将张郃。从那一刻开始，魏国将军们知道，对于司马懿来说，个把将帅的命比起他自己的权威来说不值一提。

但是，依然有不长眼的。

又过了几天，似乎为了验证司马懿所立的命令的权威性，都督令张静忍不住再次请求移营。司马懿头也不抬，淡淡地说道："受不了可以不受，我送你一程。来人，拉出去斩首！"从此，哪怕天上下刀子，哪怕死在一片汪洋中，也再没有人敢说"移营"两个字。

就像司马懿想的那样，公孙渊正在城头密切关注着魏军的动向。他在等待魏军移营。一旦这样的机会出现，他就可以像当年屠杀毌丘俭的军队一样,将司马懿率领的魏军杀得片甲不留。但是魏军就是在暴雨之中岿然不动,像一座大山。《孙子兵法》中有云:"其疾如风,其徐如林,侵掠如火,不动如山,难知如阴,动如雷震。"司马懿之为统帅,在围襄平的这一战中,教科书般地向我们展示了什么叫作"不动如山"和"难知如阴",不愧为一代战神。

确实不能说公孙渊不行,因为他遇到的是司马懿,三国后期神一般的存在。

一个多月后,这场豪雨终于停了。公孙渊也许知道了,属于他的时代结束了。

这一天,雨过天晴,艳阳高照。魏军主帅司马懿发出总攻的命令。魏军终于开始攻城。魏军像是打了鸡血,疯了一样地挖地道、攻城,后面的将士像蚂蚁一样踩着前面死去的将士的尸体向上攀爬,只为离襄平城头再近一寸。当了一个月的落汤鸡,魏军将士都憋着一肚子火,他们要把这一腔怒火和委屈全都喷洒在襄平的城头。

很快,襄平城中弹尽粮绝,公孙渊终于到了走投无路的境地。其实,就在魏军在大雨中拼死坚持的时候,公孙渊的日子也不好过。襄平城中早已断粮,人们吃完了粮食吃树皮,吃完了树皮就只能吃人了。吃完了尸体,吃活人。史书的记载是:易子而食。

这是人间的炼狱。

屠城!

八月,公孙渊派使臣到司马懿大营,表示请停止攻城,暂且后退,自己将亲自出城投降。司马懿一点儿也不傻,一眼就看出这是公孙渊最后的困兽之斗,当即就杀了使臣,还派人给公孙渊回话:"您派出的这两个老家伙老糊涂了，竟然忽悠我们让我军后撤，这个一定不是您的意思。为了替您严明军纪，我们已经将其斩首。如果您真有诚意，请自己来谈投降的事宜。"于是，公孙渊再派使臣，称愿意把自己的儿子送出去做人质请降。

"两军对垒大决战之时，能战就一战决出胜负，不能战就防守，防守也守不住就逃走，以保存实力，除此之外就只有投降和死了。既然你不愿意自受捆绑跪在我面前求我宽恕，那就是只求一死，不必送什么人质了。"看到公孙渊依然保有侥幸的心理，司马懿决心叫醒这个还在做梦的人，败军之将，唯有一死而已，哪里还有什么机会。

此时的司马懿，已经没有耐心玩什么仁义之师的把戏了，他要屠灭整个襄平城以泄愤。司马懿拿出全部的攻击手段，在攻城器械的配合下，箭飞如雨，攻势迅猛，一刻不停。在连续一个多月的高强度的军事打击之下，守军的心理防线渐渐崩溃。终于辽将献城，魏军攻入襄平。

直到城破之时，公孙渊才想起来要弃城而逃。公孙渊抛弃全城将士，带上儿子弃城逃跑。已经杀红了眼的魏军立刻组织起围猎，像是一群猎狗在追逐一只慌不择路的兔子，将其在辽水边抓住，立斩。一代枭雄公孙度历经种种艰辛，在一片困苦中建立的辽东政权，经历了五十年三代人的经营，在这一天，随着公孙渊的人头落地，一切归零。

司马懿骑着高头大马，毫无表情地进入白骨遍地、残垣断壁的襄平城，用其标志性的冷酷表情下达命令。

屠城！

在司马懿的命令下，如狼似虎的魏军将城中公孙渊治下所有的王公大臣斩首，城中所有十五岁以上的男子斩首，共计超过七千人被斩首。这些人都是人吃人的惨剧中的胜出者，最后也死在魏军的刀下，怎一个"惨"字了得！最后，这么多颗脑袋被堆积在一起，成了一座山，这座山的名字，叫作京观。

堆积如山的脑袋和尸体见证了一代战神司马懿的赫赫功绩，也宣告了辽东公孙氏彻底族灭。

一将功成万骨枯。

司马懿趁胜扩大战果，辽东、带方、乐浪、玄菟四郡皆平，魏国的版图扩张至辽东乃至朝鲜半岛和东北亚地区的大部。公孙度政权割据辽东五十多年，终于也灰飞烟灭。真可谓，眼见他起高楼，眼见他宴宾客，眼见他楼塌了，就像是做了一场梦，春梦了无痕。

　　司马懿同时下令将流落在辽东的汉人悉数迁回中原，内迁的人口达三十万之多。辽东地区本来就是多民族聚居的区域，汉人的离开，导致周边的游牧民族立刻填补汉人留下的地区。当时东北地区的少数民族，如鲜卑、匈奴等部趁机进入辽东，使辽东地区的主人由汉人换成胡人。这样最终的结果是东北千年无汉人。这个局面在几十年后的晋国时期导致了一个严重的后果。辽东本来可以作为中原的屏障，结果却在西晋末期的五胡十六国时代成为游牧民族入侵中原的基地，最终导致北方的沦陷。

　　当然，司马懿并没有看到这个场面。司马懿种下的因，在其后世司马氏的身上结出了恶果。

　　也许是为了给予运气不太好的毌丘俭一次机会，也许是为了保持政治上的平衡，魏明帝曹叡在辽东已经平定了以后，派曹爽一系的将领毌丘俭作为守边大将镇守辽东。司马懿先是屠城，然后将辽东百姓大量内迁。这两个连续的动作，很难说不是为了让辽东没有可供御敌之兵，削弱毌丘俭的力量，从而达到借异族的力量置其于死地的目的。

　　这一年司马懿六十一岁，浸淫官场多年，城府越来越深，在打击异己方面痛下杀手，毫不留情，而且不露痕迹。

　　果然，司马懿的大军刚走，高句丽就开始试探性地进犯辽东。正始三年(公元 242 年)，高句丽进犯辽东郡西安平。

　　毌丘俭只有步骑万人可用。但为了一雪前耻，同时也是为了报答魏明帝的知遇之恩，毌丘俭率军主动迎敌，将号称有两万人的高句丽军团歼灭。为了巩固战果，正始六年(公元 245 年)毌丘俭再次以摧枯拉朽之势攻打高句丽，甚至把东汉初年被放弃的临屯郡再次纳入版图。高句丽只好举国东逃。其国主在逃亡中抑郁死去。

田丘俭的故事还没有结束。嘉平六年(公元254年)，司马懿死后，其子司马师将曹魏最后一个皇帝曹芳废掉，曹魏帝国灭亡。田丘俭感念昔日魏明帝之恩，为曹魏政权做拼死一搏，于正元二年(公元255年)发动兵变，也就是后来所谓"淮南三叛"中的第二叛。可惜因为准备不足，田丘俭的人马被司马师镇压，兵败身死。

"淮南三叛"是"高平陵之变"之后，司马懿终于扳倒曹魏权臣曹爽抵达权势的顶点之后，所引发的淮南地区的一系列反抗事件。淮南的一叛是司马懿一生最后一次军事行动，平定了王凌之叛。其他两次叛乱因司马懿已经故去，是在其儿子的主导下被镇压的。由于本书主要介绍司马懿的生平，故王凌的叛乱在后面会有详细的描述，其他两次叛乱从略。

从公孙度于东汉中平六年(公元189年)被董卓任命为辽东太守开始，其后传位长子公孙康、次子公孙恭，到最后孙公孙渊被杀，辽东政权在五十年风雷激荡的岁月里伐高句丽，击乌桓，成为东北亚地区的霸主。如今，这个东北亚的霸主被曹魏消灭了。尽管曹魏对于辽东的态度基本上是准备放弃的，但其影响力确实已经达到了东北亚大部。

得知了辽东地区翻天覆地的变化之后，中日两国外交史上开天辟地的一件大事出现了，即日本前来俯首称臣。

外邦来朝

我们把目光暂时离开伏尸千里的辽东平原，继续往东，看看我们一衣带水的这一片岛屿。

这个时候的日本诸岛，尚处在原始部落的时代，在人类历史发展阶段的断代上比当时的魏国要落后两个时代。只要是学过中学历史的人就知道,华夏民族在周代就已经摆脱了奴隶社会,进入了封建社会的阶段。而此时的日本,还是处于相当原始的状态,没有统一的国家,只有很多的部落散落在四岛之上,甚至很可能还处在旧石器时代的母系氏族时代。因为当时日本众多的原始部落基本上听命于一个名叫邪马台的部落,这个邪马台部落的领主是一个叫作卑弥呼的女巫,所以,日本诸岛虽然没有形成完全意义上的大一统的政权,但是由于这些部落都自愿听命于女巫卑弥呼的命令,也就实现了形式上的统一。

但是,有一个以叫作狗古智卑狗的人为首领的部落并没有听命于卑弥呼,这个部落的名字是狗奴部。日本在开始向唐朝全面学习之前,到处都是这种奇形怪状的名字。从这个奇怪的名字,我们大概能看出来这个狗奴部原来可能是邪马台的部下,后来自己拉了一帮人出来单干了。狗奴部和邪马台的战争旷日持久,而且渐渐有了占据上风的趋势。

我们前面提过,当公孙度在辽东搞得风生水起,赶走高句丽,剑锋直指朝鲜半岛全境的时候,邪马台女王害怕这个公孙大王会看上日本诸岛,曾经主动派出使者来交好。现在眼睁睁着魏国孤注一掷,倾举国之精锐来讨伐公孙渊,呈风卷残云之势,卑弥呼充分利用了其职业的优势,掐指一算,觉得公孙渊这回可能要悬了。为了不给司马懿在灭了公孙渊以后顺便收拾自己的借口,而且为了借魏国之手将来帮自己灭掉狗奴部,卑弥呼主动投怀送抱,派出使团向魏明帝俯首称臣。

对于日本女王的俯首称臣,魏明帝其实并没有太大的感觉。华夏民族自古有非常强烈的中原民族心态,给四周的异族起了各种歧视性的外号,例如南蛮、北狄、西戎之类。魏明帝曹叡当然也是这种心态。对于他来说,日本女王的俯首称臣可能还不如东吴一个封疆大吏来降让他更为高兴。曹叡当时就找人刻了个"亲魏倭国"的印让人给卑弥呼带回去,算是打发了。其中有几个出使魏国的使者被魏国花花世界所倾倒,不愿意再回到不开化的日本,直接就留在魏国了。

这可能就是中华对日本最早的文化输出了。

177

后来，卑弥呼死了，邪马台国发生内乱，结果要由魏廷裁决谁能继承王位。可见魏国的影响力之大。

在《三国志·魏书》中，乌桓、朝鲜和倭人是在同一个传里的。对于曹魏来说，日本跟鲜卑、乌桓和朝鲜人都一样是自己的仆从国，不同的是，其他几个都是被打服的，只有日本是主动来臣服的。

不过既然认下了这个小弟，有了事情大哥就要管了。

魏国多次派出使团和军队，强势介入邪马台和狗奴部的纷争。说是军队，其实也就是让临近的州郡派点儿当地民兵武装。处于石器时代的日本，其战争烈度充其量也就是拿着木棒扔扔石块了。在当时世界第一强国——魏国的支持下，卑弥呼女王着实过了几年的舒坦日子。

当然，这个好日子结束在几年后。

魏国忙着政权交接，搞内斗，对日本这个遥远东方的化外之地已经没有心思再去管了。没有了魏国这条大腿可以抱，邪马台的日子一天不如一天，最终还是被狗奴部灭了。狗奴部灭掉邪马台之后真正实现了日本的统一，后来觉得自己确实不太开化，便积极向当时的发达国家魏国学习，全盘魏化，建立了名为“大和国”的国家。日本进入大和民族时代，抛弃了原始社会制度，改为领袖父子相承，正式进入奴隶社会。

这些都是几年以后发生的事情。我们还是把目光拉回到司马懿平灭辽东后的第二年，即景初三年(公元239年)。

这一年，魏明帝曹叡还很年轻，三十六岁。在他登基之后短短的十多年的执政岁月里，蜀汉的擎天柱——诸葛亮在五丈原塌了，东吴孙权消停了，鲜卑领袖轲比能也死了，势力远及东北亚的公孙渊灰飞烟灭了，现在最东方的日本也来俯首称臣，可以说，在当时中国人的认知范围内，已经没有了敢于和曹魏叫板的势力。魏明帝曹叡统治之下的曹魏帝国，已经达到了其威势的巅峰，他已经能够告慰其祖父曹操和其父曹丕的在天之灵了。

在另一个方面，我们的主人公司马懿，到今天可以说依然没有动过一丝想要谋权篡位的想法，他所想的依然是尽自己所能建功立业，为两个儿子积累人脉和政治资源,为家族的壮大尽一个族长的力量。这一年,司马懿六十一岁,按现在的标准是已经可以退休在家抱孙子的年纪了,而他的顶头上司曹叡才三十六岁,还不到不惑之年。不论从哪个角度来说,司马懿在曹叡面前都不会翻起什么浪,曹叡怎么会走在司马懿前面?

但"造化"这个蹩脚的"编剧"确实是这么写的。

第十三章

曹爽夺权

　　真实的司马懿是个城府极深、思虑极远的人。在奇才辈出的三国时代，他能击败众多对手，为晋朝奠定基础的原因也在此。曹魏帝国的第三代领导人政权交接的意外变故，使得本来已经无法进入核心领导圈的司马懿莫名其妙地再次成为顾命大臣。虽然后来曹爽专权，但是司马懿不断地隐忍，用最小的成本换取了最大的利益。为了达成这个目的，他可以忍受常人不能忍受的痛苦和屈辱，这就是司马懿最终成功的要素。

曹叡托孤

　　总而言之,辽东之乱彻底被平定了,魏明帝曹叡龙颜大悦,派了使者到军队的驻地给司马懿带来了各种封赏。这本来是高兴的事情,一切都沿着君臣皆大欢喜的剧情在向前发展。但是得胜归来途中的司马懿却做了一个奇怪的梦,使得一切都显得诡异而凶险无比。

　　在梦中,司马懿发现自己坐在皇宫的地上,四周的氛围显得空旷而阴森。曹叡仰面躺在地上,似乎极其虚弱,他头枕着司马懿的膝盖。曹叡用一种很诡异的语调对他说:"看我的脸。"司马懿循声望去。曹叡表现得极度惊恐,这是他从来没有见过的表情。他的脸也迅速变形、塌陷下去,整个身体慢慢地融化。

　　司马懿大叫一声,从梦中惊醒。原来是一场噩梦。但是司马懿有了一种不太好的预感:会不会是洛阳城发生了什么大事?

　　让我们回到此刻风云诡谲的曹魏首都洛阳。就像司马懿的那个诡异的噩梦所昭示的,此刻,一场惊天的变故正在酝酿之中。

　　景初三年(公元239年),魏明帝曹叡在曹魏帝国一路开疆拓土、形势一片大好之时突发重病。也许是因为经年的放浪形骸掏空了身体,曹叡的这场病来得非常突然,而且毫无征兆,在辽东作战的司马懿一点儿消息都没有得到。其实,无论是对曹魏帝国的群臣来说,还是对曹魏帝国的领导人曹叡来说,都没有做好现在就进行政权交接的准备。毕竟,一个三十多岁的年轻人,怎么说死就死了呢? 这搁谁也觉得有点儿太奇怪了。

　　但这就是造化,因为这个无法预想的变故,巨无霸一样似乎无法战胜的曹魏帝国很快开始走向内斗不断的下坡路。

三十六岁的曹叡,有过一段花天酒地的放荡生活,总觉得明天一定会更美,玩得比曹丕还要猛,虽有几个子嗣,但全都早夭。再加上国事繁杂,蜀汉北伐、鲜卑人闹腾,后来又有公孙渊叫板,基本上没有一天消停过,多年来一直忙于曹魏帝国的开疆拓土的工作,经常加班到深夜,所以没有生下一个儿子。在突然病来如山倒的时候,继承人的问题就成为整个曹魏帝国必须尽快解决的头等大事。没有亲生的,就只能从宗室的后代里选,所以曹叡选择曹芳做自己的接班人。

曹芳他爹,曹楷,可能知道的人不多,但说到他爷爷,那可是鼎鼎大名。曹芳的爷爷,曹彰,可谓曹氏宗族中武力最强的猛将,曾经徒手打死过老虎。在跟随曹操以少胜多征讨乌桓的时候,曹彰虽然身中数十箭,仍拼死坚持,最终取得大战的胜利。曹操亲昵地称他为黄须儿。他是曹操最为倚重的曹家第二代武将。

唐朝诗人王维《老将行》中有这么四句:

少年十五二十时,步行夺得胡马骑。

射杀中山白额虎,肯数邺下黄须儿!

说的就是曹彰的典故。

虽然曹彰此人功勋卓著,为曹魏帝国的强大立下了汗马功劳,但此人对权力、对当皇帝没有一点儿兴趣,是典型的技术官僚,其一生最大的愿望就是南征北战,为国建立功勋。但即使是这样,小心眼儿曹丕还是容不下这个弟弟。曹操死的时候,曹彰想要吊唁父亲,从远方赶回洛阳。曹丕害怕握有兵权且也具有继承权的弟弟会威胁自己的地位,便禁止其入城。后来曹丕登基后,在发动对于曹家人的清算运动中,还千方百计折腾这个弟弟。有记载说曹彰是被曹丕毒死的,还有记载说他是被曹丕免了官郁闷而死,反正就是被曹丕用非正常的手段弄死了。

曹叡从记事起就看着这个叔叔不停地南征北战,后来又看到他被自己的父亲逼死。也许出于替父亲赎罪的初衷,他选择让曹彰的孙子曹芳做自己的继承人,以告慰被冤死的叔叔的在天之灵。

想法是很好的,但是曹芳时年才八岁,搁现在就是刚刚上小学的小朋友,就算以后再英明神武,现在也只是个小孩,生活尚且不能自理。一个八岁的小朋友要想把满朝身经百战、阅人无数的武将文臣镇住,基本上是不可能的,于是就需要考虑辅政大臣的事情。一般而言,老皇帝需要选择几个根正苗红靠得住的辅政大臣来接受顾命,用这些辅政大臣的威望来把群臣压制住,也给小皇帝一个学习和成长的过程。所以,选择辅政大臣就显得极端重要了。一旦选择不好,就是一件非常凶险的事。

曹叡选择的第一辅政大臣是曹宇。关于这个曹宇的事情可能知道的人不太多,但他的哥哥基本上没有人不知道。曹宇的胞兄是三国时代响当当的神童曹冲。"曹冲称象"的故事都学过吧?主人公就是这个曹冲。曹冲是神童,一奶同胞的他弟弟应该不会差多少吧?

为了稳妥起见,曹叡还相中了四个至亲作为曹宇的帮手。这四位分别是:中央禁军总监夏侯献、武卫将军曹爽、屯骑校尉曹肇、骁骑将军秦朗。

夏侯献怎么也是曹叡的亲戚呢?这就要从曹操他爹那一代的事情说起了。曹操原姓夏侯,但他爹因为认了太监曹腾为干爹所以改姓曹,所以夏侯家就是曹家自己人。而秦朗的母亲杜夫人是曹操在下邳之战时从袁绍那里抢来的,而且曹操为了杜夫人还和关羽闹得很不愉快。这么算起来,秦朗算是曹操的干儿子。由于曹操娶杜夫人为妻之时,秦朗已经成年,就没有改姓曹。

剩下两个姓曹的也都是曹家人。但是这个曹爽,还有就是前面说的司马懿的前上司曹真,其实不是曹操的儿子,但也是与曹家有过命的交情。这四个辅政大臣,都是曹家的嫡系,按说作为外姓人的司马懿,应该没有一点儿机会能够染指权力才对。

但造化就是这般弄人。

曹家人并不是没有一点儿政治斗争的敏感性,作为首席辅政大臣,曹宇对于司马懿这个手握天下军马的太尉是相当戒备的,最主要的是他不姓曹。曹宇在接受了顾命之后下达的第一个命令就是:得胜之后的司马懿立刻返回西北驻防,并禁止其回洛阳述职。

无论从哪个角度来说,这个命令都堪称诡异。

平辽东,无论从战争的规模和对于区域局势造成的影响,以及皇帝曹叡的重视程度上来说,都不是一个小胜利。就算皇帝觉得平辽东可有可无,也不会禁止司马懿进京述职。翻一下地图就可以看到,在东北地区和西北陇西地区之间连一条线,洛阳就是这条线上的一点,也就是说司马懿返回陇西是一定要过洛阳的。从门口过你都不让人进门坐坐,这正常吗?按一个正常人的基本待人接物的礼仪判断,这样的命令都显得那么的不同寻常,更别说一国的军国大事了。

前几天还热情洋溢地封赏劳军,现在就如此冰冷,态度的亲疏竟然有如此之大的变化。司马懿当时就意识到,京城洛阳肯定是出事了。司马懿当即下令大部队稍后按照正常速度返回西北,而自己轻车简从火速回洛阳。

京城里,电光火石之间,这场惊天的变故也没有按照既定的剧本展开,事情正在沿着脱轨的方向一路狂奔。

这一切要先从两个看似无足轻重的人说起。说来也怪,似乎历史上的很多进程都是被这种莫名其妙的人和事改变了。

孙资和刘放,这两个人从曹操的时代就开始在领导身边当"秘书"了,干些跑跑腿、吹吹牛之类的事情,但是由于眼里有活,腿脚麻利,深得曹操赏识,到了曹丕的时候,依然是曹丕仰仗的自己人。后来在魏明帝曹叡的时代,他俩更是被擢升为中书令和中书监。他们虽然说可能没有国家大政方针的决策权,但是有着上情下达以及发布政令的权力,这种权力也确实挺要命的。两个老狐狸浸淫官场几十年,靠着善于揣摩上意,历经三朝不倒,而且平步青云,可见其为官处事、见风使舵之能力不小。

但是,做"秘书"的职业特点,就是注定会得罪一些权贵。站在皇帝的角度出谋划策,势必会侵害到一些当朝勋贵的利益,招人烦那是肯定的。"秘书"不是封疆大吏,没有政治资本,其全部的底气都在于抱领导大腿,一旦领导倒了,便什么都不是了。孙资和刘放两人虽然在曹叡眼里是绝对的自己人,但是在辅政五人组眼里他们什么都不是。

"早看你们不顺眼了,还占着茅坑不拉屎,你们两个算老几?"这肯定是辅政五人组内心真实的想法。

辅政大臣的事情基本上敲定了之后,有一次,五人组里的两个人,夏侯献和曹肇,在皇宫内院正在商量曹魏帝国以后的走向问题,看见孙资和刘放两个人过来。夏侯献不知道哪根筋不对了,忽然对着公鸡栖息的树指桑骂槐地说:这只老鸡霸占这棵树太久了,看它还能霸占几天。

孙资和刘放大抵平常与这五位的关系也不是很融洽,现在面临曹叡即将离世的关口,本来就惶惶不可终日,听到这样的冷嘲热讽,对他们来说无疑是下了战书。

所以说,千万不能得罪小人。

就是这句可有可无的刻薄嘲讽,成为孙资和刘放发动进攻的导火索。你马上就要大权在握了,到时候你痛下杀手,想怎么折腾就怎么折腾,但现在还在公示期呢,你就不能低调点儿吗?

典型的小不忍,乱了大谋。

听到夏侯献阴阳怪气的话之后,孙资和刘放立刻感到事态的严重性已经让他们不能再等了。两人没有耽搁一分钟,甚至就在曹爽还在皇帝身边说事的时候闯入,跪在病榻前,对着曹叡明知故问道:"皇上您如果有一天不在了,国政大事应该如何安排啊?"病榻之上的曹叡也是一头雾水,不是已经安排过了吗,曹宇和其他四人一起顾命。

两人就开始编了起来:"皇上难道您忘了先皇定下的规矩,藩王不得辅政吗? 而且现在曹宇命人在大殿前把守,禁止大臣进入大殿,这是要做赵高啊!"

一生英明神武的曹叡在弥留之际也是失去了判断力的,对于曹宇的行为表示极为愤慨。没想到这个老家伙这么着急抓权! 然后,他像是抓住了最后的救命稻草,转过头问二人:那么何人可托呢?

孙资等的就是这句话,看了一眼在旁边一脸懵的曹爽,然后斩钉截铁地回答道:"以老臣所见,只有司马懿和曹爽老成持重,忠心为国,堪当此等大任。"

司马懿真的是撞了大运了,造化弄人,把他这本来是铁定要被排挤到权力中央之外的人,弄成了辅政大臣。这或许是因为平日里司马懿跟此二人关系处得不错,所谓融洽的人际关系看不见摸不着,但关键时候这就派上用场了。至于曹爽,孙资本来真是不想说此人好话的,但是人家就在现场,如果不先稳住的话说不定当时就被他拿下了。

曹爽也被这突如其来的变故吓得目瞪口呆。

曹叡看看呆若木鸡的曹爽,将信将疑地问:"武卫将军,你意下如何?"孙资和刘放赶紧暗示曹爽。曹爽这才缓过神儿来,咬牙切齿地回答道:"曹宇不堪大任,臣必肝脑涂地尽心辅佐幼主。"孙资害怕再出变故,立即写下罢免除曹爽之外其他四人,以及拜司马懿和曹爽为新一届顾命班底的诏书,然后跳上床,抓着已经奄奄一息的曹叡的手,强行按下了手印。

曹魏帝国最后一位堪称雄才大略的君主,就这样被人连哄带骗地按下了手印,将曹魏的锦绣河山拱手让出了。

事已至此,无法挽回。由于病来如山倒,爆发得太突然,魏明帝曹叡原来还算差强人意的安排,经过两个小人的一番闹腾,选择了对于曹魏来说最为不利的选项。司马懿就不说了,曹爽从血统意义上根本不是曹家人。曹叡千挑万选,把曹魏的江山托付给了两个外人,真是可悲可叹。

也许,曹叡选择司马懿是想让司马懿当诸葛丞相。但诸葛亮只有一个。曹叡押上的这个赌注,在不久的将来要用很多血来买单。曹家宗族血流成河。

于是,在孙资和刘放的操纵下,很快,另一封跟前面截然不同的诏书摆在了司马懿的面前。这封诏书命司马懿把军队交给部将,自己火速赶回洛阳。过了一天,又有一封诏书到了,这一封诏书更加诡异:"到了洛阳之后,不要禀告,进入皇宫,直接来见我。"

司马懿终于明白了,原来前几天做的那个奇怪的噩梦是曹叡在给自己托梦。曹叡在梦中说的"看我的脸",其实意思就是赶快来和他见面。

此时司马懿在离洛阳四百里的地方坐上了追锋车拼了命地赶路。《晋书》里记载的追锋车是古代的一种轻便的驿车,因车行疾速而得名,常指朝廷用以征召的疾驰之车,估计是三国时代的顶级马车了,载着司马懿一夜之间就赶到了洛阳。

但是无论如何,要不是由于曹叡发病突然,司马懿根本没有想到自己能够一步登天。不管是由于孙资和刘放担心自己小命不保做的拼死一搏,还是曹宇等人政治上的不成熟导致的大翻盘,总之,在这场曹魏帝国内部的政治风波中,司马懿成为最大的受益者,而这个受益者将会彻底改变曹魏帝国的走向。

终于在咽气儿之前见到司马懿了,曹叡显得特别激动,仿佛心中最大的块垒终于被削平了。曹叡拉着司马懿的手,说道:"太尉终于回来了!本来死了也就死了,但我一直挺着不死,就是在等你平定辽东回来。现在你平辽东终于归来,我将国事相托于你,就再也没有什么可遗憾的了。你是我曹魏帝国的三代老臣。现在曹芳还小,东吴和蜀汉还尚未平定,而且以后更是主少国疑,希望你今后尽力辅佐,则魏国幸甚。"

就这样,司马懿从带兵打仗的统帅摇身一变成为帝国的二号人物,终于进入了曹魏帝国的核心领导层。不久,曹叡带着已经安顿好一切的臆想,撒手西去了,死的时候只有三十六岁,比曹丕还要短命。原来排名第三的曹爽成为首席顾命大臣,其他的顾命大臣们全部下课,不但顾命大臣当不成,原来的官职也被一抹到底。后来在孙资的亲自"关怀"下,曹宇被罗织罪名下狱,最后死在狱中。

这就是权力场中的马太效应:"凡是少的,就连他所有的,也要夺过来。凡是多的,还要给他,叫他多多益善。"

曹芳继位,成为曹魏帝国第四代国家领导人。太阳照常升起,似乎一切都风平浪静。

沉不住气的曹爽

曹芳顺利继位，从表面上看似乎一切都风平浪静。群臣和睦，而且两个顾命大臣也是通力合作，朝堂之上依然是一派祥和。但是，从曹芳开始，曹魏正式结束了从曹操开始的皇权一家独大的时代，进入了皇权与相权不断角力的二元时代。而在这个过程中，皇权不断地被削弱，直到最后，曹魏末代皇帝曹奂想要杀掉权臣司马师，却发现京城之内竟然全都是司马家的人，只有几个身边的小太监能够听自己的命令。

不过现在，还没有那么刀光剑影。前面我们知道，由于曹叡突然身染重病，顾命大臣的虎皮被披在了司马懿的身上了，那司马懿就准备张开权臣的血盆大口了吗？并没有。除了因为司马懿现在依然在试探之外，还有一个重要的原因，那就是曹爽其实做得相当不错。曹爽在曹芳登基的初年勤于政务，在为人处世、调解君臣关系方面做得无懈可击。而且对于司马懿，他就像是少壮派对待曾经提拔自己的老领导那样，姿态低得甚至有点儿卑微，让司马懿没有一点儿毛病可挑。

甚至可以说，曹爽是把司马懿当爹那样供起来的，每次有什么事情，都要先征求司马懿的意见，从来不搞"一言堂"。这种行为就叫作示弱。可能对大多数人来说，对这么示弱的人都会首先放弃警惕吧，但是司马懿不是大多数人中的一个。他心中对人的看法首先是阴谋论的，一般他都会看两步想三步。你对我这么客气？没道理啊！你这里肯定有问题！你这不是准备好了要害我吧？

所以，面对曹爽的示弱，司马懿的反应不是觉得曹爽没什么本事，反而是大吃一惊。司马懿在曹芳执政的初期，感觉曹爽是另一个厉害的对手，始终没有敢在权臣的路上往前多走半步。就是这种对于对方的忌惮，使得朝廷处在一种动态的平衡之中,倒也相安无事。

司马懿的担忧不是完全没有道理的。首先,曹叡留下的两个顾命大臣,是有主次的。曹爽是首席辅政大臣,司马懿是第二辅政大臣,也就是说,曹爽是司马懿的上级领导,是没有必要凡事都要请司马懿批示的。就像一个处长老是赔着笑脸,事事都要请示一个副处长,让副处长做决定,这正常吗?

后来事态的发展也印证了司马懿的担心。曹爽很快开始有所动作了。

这件事情不知道能不能算是因为交友不慎造成的。曹爽有四个损友,即邓飏、李胜、何晏、丁谧。就像曹丕当年的"四友",曹爽对他的这四个损友也是绝对信任的。这四个人在历史上有个专属的称谓,叫作"浮华党"。"浮华"的意思不是说这帮人生活奢靡,而是说这些人夸夸其谈,喜欢指点江山、激扬文字,属于看了本《三国演义》就觉得自己能纵横捭阖、君临天下的主。就是在这些损友的不断撺掇和冷嘲热讽之下,曹爽很快开始他的所谓"布局"。

他要让司马懿走人。

曹爽下令:由于司马懿战功卓著、劳苦功高,擢升司马懿为太傅,并且拥有三项特权——入殿不趋,赞拜不名,剑履上殿。这就让司马懿享受到了当年刘邦给予丞相萧何的待遇。并且,他还给司马懿的子侄辈封官晋爵。懂得一点儿政治手腕的人都明白,这一招叫作"明升暗降",司马懿能看不出来?

魏明帝曹叡的景初年还没有过完,魏少帝的正始年号还没有开始。在度过了执政的适应期之后,曹爽就急不可耐地开始进行顺昌逆亡的人事调整。司马懿一点儿也不感到意外,甚至有一种成竹在胸的成就感。执政初期曹爽的谦恭礼让就是在扮猪吃虎。可惜的是,道行太浅,没装几天就憋不住了。于是,司马懿用他特有的面瘫表情来极力压抑波澜壮阔的心理活动,淡淡地说:"算了,我的子弟没有给国家做过太大的贡献,不应该有这样的封赏。至于什么入殿不趋,我也没有到能够拥有这么大权力的程度,老朽愧不敢当。"他推掉了对于其子侄的所有封赏和所谓的特权,心平气和地去做一个吉祥物。表面上看来,司马懿已经是一个失败者了,已经黯然退出了曹魏核心权力的中央。司马懿作为三代老臣,为曹魏帝国南征北战几十年,在并没有什么明显过失的情况下被突然拿掉实权,只给了个太傅的虚职,虽然没有引起什么大的波折,但是朝廷上下对于他的遭遇,还是颇感同情的。

与此同时,曹爽通过一系列的人事调动,将自己的亲信和曹家人安插进来担任朝廷要臣以及京城守将领,将司马懿的支持者和老部下纷纷排挤出要害部门,在小皇帝曹芳周围安排下盘根错节的势力。

司马懿这么痛快就接受了明升暗降的安排,没有一点儿不满意的表现的这一点,并没有引起曹爽的警觉。曹爽不但没有感到意外,反而为自己雷厉风行的做法沾沾自喜。然而他犯了新手常犯的错误:把对手想得过于弱小,同时对自己估计过高。

这个错误的代价,是高平陵之变纵横的血痕和曹魏帝国起起伏伏的锦绣河山。

但是现在,信心满满的曹爽依然醉心于自己的翻手为云、覆手为雨之中。为了安插自己的亲信,他进行了一系列堪称"大清洗"的人事调整。其中意义最为重大的,或者说最为愚蠢的是这么三个:

第一,罢免了曹操时代就开始效忠魏国的老臣卢毓。卢毓此人为人正直,再加上历经曹魏三代君主,门生故吏遍布朝野。罢免卢毓的事情,引起了曹魏官场震动,廷议纷纷,官愤很大。曹爽不得已给了他一个廷尉官衔,但最后还是给免官了事。重要的是,卢毓并不算是司马懿的人,本来是一股可以争取的非常重要的政治力量。曹爽的这种做法把三朝老臣卢毓和他的门生故吏都得罪完了。而几年后的高平陵之变中,这个他曾经看不上的糟老头子的推波助澜,让曹爽一党输得连底裤都没了。

第二,将曹魏的绝对忠臣孙礼外调。孙礼是魏明帝曹叡作为绝对可以托付和信任的家族班底留给曹芳的,曹爽因其总是有点儿不太服自己,而且在很多大政方针的制订上总是跟自己不是一条心,就将孙礼调任扬州刺史,眼不见心不烦。这种做法虽然不能说是把曹魏阵营的自己人推到了司马懿这一边,但起码使得本来可以依靠的势力成为中间派,堪称"亲者痛,仇者快"的神来之笔。

第三个,将劝说曹爽远离"浮华党"、重用仁臣的傅嘏罢免。这就是赤裸裸的打击报复了,让本来就事论事的中间派也寒了心。

就这样,在"浮华党"一番上蹿下跳的撺掇之下,曹爽进行了一系列不成熟的动作。这些动作不但把德高望重的老臣们得罪了一个遍,而且让一些本来应该是自己人的人变成了中间派,同时又把中间派推到了司马懿的阵营。司马懿虽然名义上成为位高但权不重的太傅,退出了权力中枢,但是一直没有停止政治布局和对代理人的培养。就在曹爽为了安插自己人、把魏明帝留下的还算稳固的政治格局搅成一盆"洗脚水"的时候,司马懿向这些政治斗争的失意者张开了温暖的怀抱。

与此同时,曹爽一系列安插亲信行为所引起的官场地震与所激起的不满议论甚至廷议纷纷,不出意料,这背后也有司马家族若隐若现的影子。

政治上的纵横捭阖,从来不是铁板一块,只要你愿意妥协,总是有机会的。战神司马懿不但善于用兵,在政坛上也无往不利,而且善于审时度势,在形势不利的时候能够适时低调,并且秉承"走一步,看两步,走三步"的人生信条,积极地进行布局。他对被曹爽集团打击排挤的力量积极拉拢,争取一切可以争取的势力,统一战线工作做得相当到位。对于卢毓这类资历很老的人,他们经常见面聊天,追忆过去的激情燃烧的岁月和现在不幸的遭遇,在争取同情的同时并对先帝所托非人表示痛心。对于可以争取的、资历稍浅一些的少壮派或者中间派,他会制造机会用官位或者直接贿赂的方式大加拉拢,发展其中能够发展的,使这些人成为自己的心腹。而对于绝对从属于自己阵营且能力突出的少壮派则重点培养,并制造一切机会把他们安插到要害的部门。

所谓政治的纵横捭阖,远不止在台上的那些争斗;台下涌动着的暗流可能拥有更加强大的势能。不到最后一刻,谁也无法轻易认为自己就是胜利者。

曹爽在自认为把朝廷之上以及京城周边的人事调整到位之后，于正始二年（公元 241 年），开始将手伸向司马懿势力的最为倚重的根基——军队系统。司马懿出身武将系统，从曹操时代担任军司马，到灭孟达，再到临危受命对付蜀汉的北伐，乃至后来平辽东，在曹魏的军队中积累了相当深厚的人脉。无论后来司马懿如何浮沉，军队都是司马家的禁脔之地，军权都是牢牢掌握在自己人手中的。

　　这次，曹爽下令任命夏侯玄为西北军统帅，作为交换，司马懿的儿子司马师补了夏侯玄留下的空缺，即中护军。司马懿虽然觉得曹爽现在已经越来越触碰到自己底线了，但在现在这个情况之下，他也只能选择继续隐忍。而且，这个事情也不能说是完全的坏事。毕竟，司马家的势力从这一天开始，渗透进入京城禁军的力量，而且就是这桩曹爽认为稳赚不赔的交换，后来证明是要了他的命的。曹爽也不是没有一点儿防备的。在京城中的司马师能量不大，手下不过千人，而且上面还有曹爽安插的自己的心腹，司马师无法轻举妄动。但就是这个安排，就是这个掀不起什么风浪的司马师，却在后来的高平陵之变中，在那个风和日丽的午后，给了曹爽集团致命的一击，使得曹爽最终赔上了曹魏几代人辛苦经营的锦绣河山。

　　不过现在，曹爽每天站在小皇帝曹芳旁边，志得意满地看着下面山呼"万岁"的群臣，觉得自己就是这个帝国的主宰。

　　得意忘形的曹爽忘了，在暗处，司马懿的运筹帷幄一刻也没有停止。而且，司马懿虽然不是首辅，虽然离开了权力的中枢，但还是太傅，而且手中还紧握曹魏帝国军队的指挥权。只要能够通过自己的权力牢牢地控制住军队，他就有翻盘的希望。"枪杆子里面出政权"的道理，司马懿在一千多年前就懂了。

声望日隆

就在司马懿思考着如何能够在军方再多争取一些支持者的时候,他的老朋友孙权给他送来了一份大礼。

正始二年(公元 241 年),孙权想趁着魏国小皇帝继位之初来抢一把。跟以前一样,孙权的作战方针依然是"抢一把就跑",不与魏军做正面冲突。一方面,因为孙权没有蜀汉领导层那样厚重的兴复汉室的思想包袱。另一方面,东吴建国是孙权与江东几大豪门采用一种类似联邦的政治体制构建的,军队都是几大豪门的私兵。如果伤亡太大,赔的是豪门的家底。所以旷日持久的苦战不光孙权不同意,几大家族也坚决不答应。

所以战前的时候,吴国零陵太守殷礼进言:"合肥打了这么多次了,基本上败多胜少。此番出战,一定要精心部署,抱着一战夺取胜利的决心,同时要大军将士用命,方可一战。万不可再像以前那样,畏首畏尾,浅尝辄止,还没开始打就考虑败了以后怎么跑得快。如果这样的话,战事往往陷入胶着,最终又会像从前那样,再一次铩羽而归了。"

话说得都不错,道理也都对,但是孙权依然不答应,说到底就是两个字:利益。

于是孙权开始部署。朱然率一路大军作为疑兵取樊城和柤中,另一路由诸葛恪率大军作为主力进攻淮南和六安。如果看一下地图,你就会发现,东吴的主力依然是在合肥周边转悠。要算起来,这已经是吴魏两国围绕着合肥进行的第五场拉锯战了。

合肥,绝对称得上是孙权心中永远的痛。

此时,为魏国守护东大门的是征东将军王凌。其实说起来王凌也不算是外人,他就是当年大汉朝义薄云天的司徒王允的亲侄子。当年王允眼见董卓篡汉自立,四方谋划,收买了安人吕布刺杀了董卓,后来董卓部将李傕、郭汜攻陷长安城之后满门被杀。王凌趁乱逃出长安城,投奔了曹操,被曹操招为部将,跟随曹操征战南北,成为曹魏帝国忠勇过人的猛将。后来在曹休中了反间计冒进石亭之时,就是他拼死相救,才救了曹休一命。

正始元年(公元 240 年),王凌被任命为征东将军,第二年就赶上了以诸葛恪为主将的前来打秋风的东吴军队。作为主攻方向的东吴军队在芍陂附近不是发动主动进攻,而是先去破坏了一些堤坝和城防基础设施,大概是想用代价最小的水攻。可惜水淹七军这样的好事,在整个三国时代也就关羽赶上了。然后王凌率领的曹魏军队果断出城迎击,在芍陂与诸葛恪大战,经过一番激战,作为三国时代著名"软柿子"的诸葛恪兵败退走,合肥之战的主战场的战斗结束。东线的战事结束,但是作为疑兵牵制曹魏军力的西线战事还在继续。

西线,朱然困于樊城之下,战事陷入胶着。如果按照常理,主战场的战事已经结束,作为牵制作用的西线战事不会坚持太久,假以时日,西线的东吴军队就会撤去。

但是此时,老谋深算的司马懿敏锐地看到了将对吴战争的优势转化为自己争取人心的机会,屡次上书,坚决要求亲率大军前去救援樊城。

这确实是要命的一着。

如果同意司马懿,让他带兵前去救援樊城,司马懿就会进一步在军中树立权威。一旦取胜,其声望无疑又会再次加分,而且这种可能性非常大。但如果曹爽率兵前去救援,作为太傅的司马懿当然就成了京城的最高权力决策者,刚刚被挤出权力核心的司马懿就会将手再次伸入朝廷。如果不同意出兵呢?司马懿对从军事上讲是否有出兵必要避而不谈,只是冠冕堂皇地谈臣子的责任,实在是正确得让人无法辩驳。

司马懿的义正词严让曹爽无话可说,斟酌再三,他只好同意。

至于结果,对于司马懿这种"无利不起早"的官场"老油条"来说,已经不可能有什么悬念。司马懿率领着曹魏大军以游山玩水的速度进军,刚

195

到樊城，东吴大军就已经闻风撤军。司马懿的声望再次得到提升，在其授意之下，司马家族的宣传工具火力全开，不遗余力地开始鼓与呼，什么战神，什么国之栋梁，什么临危请命都不在话下。

有了这一次解围樊城的经验之后，司马懿很快就开始走了第二步。

司马懿命邓艾在淮南兴修水利，将黄河水系和淮河水系打通，使得魏国的水军能够从黄河直接进入长江，对于驻守皖城的诸葛恪造成威胁。第二年，趁着淮河涨水，司马懿再次率军进驻舒城，威逼皖城，造成一种随时准备兵临城下夺取皖城的假象。结果，每天晚上都要被噩梦惊醒的诸葛恪终于受不了这种被人恐吓的日子，在坚持了一年之后，他一把火烧了皖城，逃回江南去了。

惨败的伐蜀之战

司马懿又成功了，虽然这一次没有实际上的斩获，但是他不战而屈人之兵，将东吴军队彻底逼回了江南。为了嘉奖司马懿屡次为国家立下的不朽的战功，皇帝曹芳让司马懿持节，并且作为三军"总司令"与自己一起检阅了曹魏军队。

司马懿的每一次利用战功成功地收买人心和培植自己的势力都在刺激着曹爽脆弱的心灵。一方面，曹爽看着司马懿不动声色地取得胜利，实在有点气不过；另一方面，一直以来，认为自己掌控全局的曹爽忽然觉得自己竟然慢慢地被边缘化了，原来那个吉祥物似的太傅司马懿竟然还有两下子。他觉得是时候做点儿什么了。曹爽的幕僚们也看到司马懿毫发无损地取得了两次胜利，纷纷建议曹爽带兵建立战功。

但是打谁呢，这似乎不是一个问题。

东吴虽然攻城不行，但防守反击几乎没有失手过。而且东吴的水军天下无敌,再加上长江天险的加持,使得打东吴难度太大。另外一个最重要的原因是,经过正始初年司马懿的几番运筹帷幄,东南方向的魏军已经是板上钉钉的司马懿的势力了。如果打东吴,就算取胜,也是让司马懿锦上添花,白白给司马懿加分,倒不如往西南方向打出一片天。西南方向那就是蜀国了。再看一下现在蜀国的情况,自从蜀国诸葛丞相过劳死牺牲在工作岗位上以后,老臣魏延也因为党派争斗被冤杀,朝廷一片混乱。硕果仅存的荆州势力姜维也因为与宦官黄皓关系很僵,而刘禅又宠幸黄皓,所以被逼到陇西去了。而且后主刘禅怎么看都像是个昏君,蜀汉应该是一个软柿子,曹爽和他的团队就这么愉快地决定了:打蜀国。

当然,打蜀国还有一个冠冕堂皇的理由,就是要完成父亲当年未完成的事业。当年曹爽他爸曹真就是在其主导的伐蜀之战中赶上连绵的暴雨,造成大规模的非战斗减员,最后只能撤军。后来曹真还是郁郁而死,让司马懿捡了个便宜上位补了曹真的缺。所以,曹爽要完成其父未竟的事业,用痛打蜀国来告慰其父的在天之灵。

于是,正始五年,即公元244年,在一个风和日丽的秋日午后,曹爽脱去官服,红旗招展,人山人海。伐蜀之战开始。

曹爽选择走傥骆道入川。

三国时期从关中入川的道路一共有四条,陈仓道、傥骆道、褒斜道和子午道,其中最近的就是这条傥骆道,从周至入茫茫秦岭,过骆水走骆道,到汉中,距离六百余里。曹爽选择最短的傥骆道,就是要以迅雷不及掩耳之势,迅速穿过群山,兵临汉中城下,打开入川的大门。文人统兵的最大的问题是将打仗想得太简单,往往自视过高,而且总是对"谈笑间,樯橹灰飞烟灭"式的儒将做派有一种狂热的向往,忘了战争的残酷和不确定性。曹爽似乎忘了蜀道难的问题,而且在空有一腔热血之余他也忘了想一想:为什么诸葛亮六次北伐没有一次选择这条看上去进兵效率最高的傥骆道?

还有一个要命的问题,曹爽伐蜀的大军竟然只有一路,没有分兵。这可是兵家的大忌。也就是说,如果没有多路进攻,蜀汉就完全可以全力防御几个关卡,而不用考虑兵力被牵制的问题。而且在茫茫的大山中,一旦大军在雄关之下无法突破,撤又撤不了,根本不用打,僵持个十天半个月,十万魏军都要饿死在群山之中。这种最愚蠢的错误,竟然没有人指出来,可见曹爽的幕僚都是什么水平。或者是有人说了,曹爽没听,可能在曹爽心中,潇洒走一回比万无一失地打一场胜仗更重要,谁知道呢?

还有一点,曹爽伐蜀的先锋是郭淮。这个任命的无可救药之处,就在于郭淮是司马懿的人。所以郭淮在此次伐蜀之战中的最重要的任务不是做先锋攻城略地,而是要把这事情搞砸。至于为什么曹爽要任命郭淮为先锋,是他不知道郭淮跟司马懿的这层关系吗?现在已经不得而知了。

所谓人的问题是最大的问题,魏国上层的相互掣肘成为此次伐蜀之役成功的最大障碍。听说曹爽伐蜀,其老对手司马懿当然不愿看到他建功立业,第一时间就站出来公开反对。反对的理由也很充分,什么主少国疑不可发动大规模讨伐战争,什么蜀道艰险此去胜算不足。但曹爽以其首辅的身份断然拒绝,不予理睬。曹爽伐蜀,已经是箭在弦上了。现在这种魏军内部互相使绊子下黑手的情况,与多年以后邓艾伐蜀时魏军上下齐心、东西并进、一举灭蜀的情况不可同日而语。还没有开始打仗,内耗就开始了。

我们还是来看一下蜀国现在的情况吧。

曹爽伐蜀的公元244年,距离诸葛丞相星落五丈原、蜀汉北伐梦碎已经过去了十年。这十年里,蜀汉消停了,魏国顶住了东吴的压力,度过了其最为艰难的岁月。而这个时候,魏国幅员辽阔、人口众多的优势就表现出来了,最直接的体现就是其造血机制非常强悍,国力迅速从与吴蜀两国旷日持久的消耗中恢复过来。而蜀国就没有这么幸运了。蜀国在其实际的领导人诸葛丞相率领下近十年劳民伤财的北伐,掏空了家底,在陇西方面已经渐渐无法抵挡魏国的压力。其导致的后果就是,为了保证西北不能有事,蜀汉只能调动已经捉襟见肘的防守汉中的兵力,去支援姜维驻守的西北防线。也就是说,在曹爽伐蜀的时候,蜀汉的汉中防线守卫空虚。如果曹爽能够合理地进行排兵布阵的话,伐蜀之役还是有相当大的胜算的。

虽然有胜算，但这种胜算基本上也只是理论上的。虽然说现在汉中守卫空虚，但是拜魏延经营汉中防务七年所赐，汉中的防务基本上可以说是稳如磐石。

汉中作为蜀地的北部屏障，也是进一步进取中原的跳板，防务问题至关重要。当年刘备打下汉中的时候，蜀国舆论皆推举张飞镇守汉中，然而诸葛亮却力排众议破格提拔了魏延。曾经向诸葛亮提出过子午谷奇谋的魏延，不仅富有进攻精神，同时也算得上是一位防御大师。他的防御战略就是以重兵把守汉中外围的险要据点，将入侵的敌军阻挡在汉中平原之外。由于山势险峻，尽管秦岭茫茫几千里，但翻越秦岭的道路基本上只有为数不多的几条。只要成功封锁进攻方的进军通道，使其难以迂回，又拿雄关没有办法，就只能退军。而且人多在这种茫茫大山中是没有优势的，来的人越多越麻烦，人多吃得就多，粮草难以为继，如果不能快速攻克雄关快速通过，只能被堵在路上，不撤军就只能等着饿死。

这基本上算是曹魏大军第一次走蜀道征伐蜀地，以前都是蜀汉出汉中北伐。听说曹魏大军来犯，蜀将都非常恐惧，打算固守汉中。方寸大乱的蜀将的反应也属于正常，对未知的恐惧有时候比现实的恐惧更加让人毛骨悚然。但是蜀国汉中郡太守王平是个明白人，他敏锐地看出汉中离蜀汉腹地太远，哪怕是最近的涪县也有上千里，如果在汉中城坚守，一旦阳平关(关城)有失，汉中城破则蜀地门户大开，就大势已去。所以他力排众议，一方面向成都求援，另一方面分兵驻守兴势山(现在的洋县)，扎住傥骆道的西南出口。并且在汉中到阳平关之间漫山遍野插上旗帜，延绵百里，让人远看似乎在大山之中埋伏了雄兵百万。后主刘禅接到汉中告急的消息，命诸葛亮的接班人、蜀汉军队的最高统帅费祎亲率大军前去救援。事实证明，王平的这个部署非常正确，而且以后蜀人面对邓艾伐蜀的时候也是这个路数。如果不是邓艾不要命地使出奇兵，在这里依然是无法有所突破的。

听说蜀汉已经在兴势山死死扎住傥骆道的出口，曹魏军就知道消息已经走漏，想趁蜀汉不备迅速拿下汉中的计划基本上不可能完成了。曹魏军的前线指挥中枢陷入了激烈的争吵，曹爽的幕僚向其分析了目前的战斗形势，向其悲哀地指出：赶紧撤，再不撤就要被憋死在大山中了。一种对于前途的悲哀迅速在曹魏的军队中蔓延开来；或许，这里面也有司马懿的功劳吧。

此时不嫌事儿大的司马懿不失时机地添油加醋，措辞激烈地给伐蜀的主将夏侯玄写信说："当年以魏武大帝的英明神武，亲征汉中，也曾攻势受阻，几乎导致大败。如今蜀汉已经抢先占据了险峻的兴势山，堵住了进攻的道路。如果短时间无法取得突破，那等到退路被掐断时，一定会导致全军覆没，让十万魏国将士埋骨深山。您作为主将，将要负什么责任，请自己考虑清楚。"

这封信寥寥数语，让人透过纸背似乎看到森森的凶光，司马懿放出了狠毒的最后通牒。

这已经不是在劝夏侯玄撤军了，已经是责成甚至威胁其尽快撤军了。如果曹爽不撤军，最后战败，曹爽就是魏国之国贼，那么他司马懿就要在后方发动政变，向曹爽问罪！司马懿的这个最后通牒对于曹爽的打击比兵败更甚。要知道，现在曹爽在前线带兵，司马懿坐镇朝廷，他就是这个帝国的主宰。一旦司马懿下令政变，曹爽将陷入万劫不复的境地。夏侯玄不敢迟疑，赶紧通报了曹爽。

祸不单行。

就在曹爽跟夏侯玄焦躁不安地讨论着司马懿的最后通牒的时候，又有一个消息传来：曹魏的先锋郭淮已经率军撤了。史书上的记载是"辄拔军出"，就是说先锋郭淮在走到兴势山谷的时候，听到费祎的援军已经到达汉中，而且山口有蜀军驻守，他根本没有与蜀汉接战，直接掉头就走。也就是说，作为伐蜀的先锋，郭淮根本没有征求主帅曹爽的同意，就率军撤走了。而这，也隐隐约约能看到司马懿在其中上下其手的影子。

事已至此，曹爽只能下令撤军。被人连哄带吓唬地退兵，还不如他爸曹真当年因为天气原因无可奈何地撤军。"官二代"曹爽，光看见别人得胜归来的风光,却对败军之将的狼狈没有准备。本来信誓旦旦要完成其父未竟的事业,最后狼狈撤军,成为天下的笑柄。

面对落荒而逃的魏国军队,如果不痛打落水狗实在是有点儿不好意思。费祎率军追击,在傥骆道口设伏阻截魏军,使得魏军损失惨重,多数参与伐蜀之战的魏军将士埋骨在茫茫的大山之中,只有一部分死里逃生。

乱哄哄的曹爽伐蜀,最终以失败告终,像一场闹剧一样。这场倾全国之力发动的伐蜀战争,不但任何目的都没有达到,反而耗散巨大的国力。由于为了提供大军过处的粮草和辎重的资源,长安到洛阳一路的经济民生被曹爽大军搞得一塌糊涂,朝廷中也是怨声载道。经过了这样一场乱哄哄的伐蜀之战,原来支持曹爽的世家大族也因为对其出离愤怒,转而支持看上去人畜无害的司马懿。这也导致了后来在高平陵之变中同情曹爽者寥寥无几。

第十四章

一步之遥的深渊

可以这么说,高平陵事件是有其偶然性的,但是曹爽的正始改制的终将失败则是必然事件。哪怕没有司马懿最后的拼死一搏,也会有别的士族领袖出来给曹爽致命的一击;因为曹爽侵犯了所有士族豪门的利益,简直太招人恨了。作为中国古代屈指可数的高段数政客,司马懿的高深莫测在于,在无法保证一招制敌的时候,他永远能够"装孙子",说得好听点儿那叫隐忍。司马懿在从政的四十年的时间里,把"扮猪吃虎"的套路玩得风生水起,而且年纪越大玩得越纯熟。正所谓"人生如戏,全靠演技"。现在,司马懿已经开始了他影帝级的表演。

朝堂上的一场斗争

剑拔弩张。

死者长已矣，活下来的人还得接着死磕。伐蜀之役的秋后算账在朝堂之上正式开始。

一番激烈的争辩之后，曹爽败下阵来。说到底，毕竟你曹爽败了，而且败得很窝囊，魏国建国以来从未有过的窝囊。气急败坏的曹爽要把伐蜀之战失败的责任算在郭淮头上："你郭淮作为先锋，未经一战居然不进行请示就擅自撤军，极大动摇了军心，导致魏军陷入被动。你必须为此次战败负主要责任！"

在打击曹爽方面，司马懿是不会浪费任何机会的，所以他毫不犹豫地进行反击。他表情凝重地正色道："大将军您此言差矣，我当初就说过伐蜀时间不成熟，再三劝说要三思而后行，是大将军你一意孤行。先锋将郭淮审时度势，保全了最为精锐的虎豹骑。如果跟着你一起，不也就被人'包了饺子'，全军覆灭了吗？你看看最后你带回来的有哪个不是被打得丢盔卸甲？我堂堂大魏国何曾有过这样的败绩？老夫认为，郭淮将军非但不应为作战失败担责，而且有大功于社稷，必须嘉奖。"

就这样，郭淮从一个本应承担战败责任的败军之将，摇身一变成了伐蜀之役中唯一因战败而得到嘉奖的战将。曹爽虽然极度不情愿，但也似乎拿不出太好的说辞来反驳司马懿，明明吃了亏，却还要给别人背锅，有苦说不出。

经过伐蜀之战，曹爽因为自视过高导致的失败，使他的威望和民心都降到了最低点。他承担了巨大的压力，这些压力不光有来自司马懿阵营的，也有自己阵营的，甚至还有一股他自己也说不清是什么样的势力。这种压力如此集中,破坏力如此巨大,其中一定有司马懿的功劳。

曹爽看着司马懿不怀好意的笑,觉得自已像是白痴一样被人算计了。转眼之间,全世界都在与自己为敌,满朝文武的交头接耳似乎投来的都是嘲弄嬉笑。

曹爽已经彻底被激怒了。

其实,曹爽原来对司马懿还是很敬重的,毕竟司马懿此时已经六十多岁高龄了,是跟他爸曹真一个时代的曹魏元老。但是这些年来,尤其是这次伐蜀之役中,司马懿不断地下黑手制造事端,让他已经出离愤怒了。

你资格老怎么了? 说一千道一万,我还是首辅,有我曹爽在,你司马懿也只能当"千年老二"。

于是,以曹爽伐蜀为标志,曹魏帝国最为泾渭分明的两大阵营彻底撕破脸,进入了一种不共戴天的零和博弈,再也没有妥协的可能。一个人如果没有了顾忌,常常会迸发出令人恐怖的能量。自从与司马懿彻底闹翻以后,曹爽利用自己首辅大臣的身份,加紧了在朝廷各大要害位置安插自己的亲信,而且愈发明目张胆。

既然已经决定要彻底对抗,那就把见不得光的上下其手都拿到台面上。电光火石之间,一场政治上的博弈即将成为血流成河的正面冲突。

伐蜀之战失利以后,曹爽下达的第一个政令是:太后移宫。曹爽下令,让郭太后搬出皇宫,理由是皇太后跟小皇帝曹芳天天待在一起,有干预朝政的隐患。这理由,确实是有点儿不要脸了;嫌当妈的跟儿子关系太好,这也算是古今头一个了。

但为什么郭太后就这么不招曹爽待见呢? 怎么说皇太后是皇帝的妈,也算是曹魏的实权派了,曹爽冒着得罪皇族的危险这么干是疯了吗? 但这世界上没有无缘无故的爱,也没有无缘无故的恨。先将一将郭太后跟司马家的渊源,你就知道为什么曹爽要干这么蠢的事情了。

说来,曹家的事情挺有意思,曹丕因为宠幸郭皇后而疏远了甄夫人,也就是曹叡的生母,后来曹叡登基后给了母亲甄皇后应有的待遇并且恢复了名誉,但曹叡后来也有一个姓郭的皇后。这位郭太后此时虽然资历很老,但年纪不是很大,毕竟魏明帝曹叡死的时候也就三十六岁。虽然说曹叡在运筹帷幄上还算是颇有明君之风,但在荒淫无度上他与曹丕却是不分伯仲,亲生子女也接连早夭。郭太后非常喜爱自己的两个侄子郭德、郭建,一直把他们当亲生儿子养大。而此二人分别娶了司马师和司马昭之女为妻。这么论起,此二人算是司马懿的孙女婿了,郭太后就很自然地与司马懿沾亲带故了。有了这层关系,司马懿积极地拉拢郭太后,就可以利用郭太后影响小皇帝曹芳。虽然说曹芳是曹叡弥留之际抱来的,郭太后并不是曹芳的生母,但是曹芳当时八岁登基,郭太后就天然拥有对曹芳的照顾的权利,毕竟从法理上来说她还是曹芳的母后。曹爽早就对郭太后这个司马家在皇族安插的代言人不满了,原来矛盾没有表面化的时候还有所顾忌,现在既然闹翻了就没什么好担心的了。于是,正始七年(公元 246 年),曹爽以皇帝已成年为理由(此年曹芳十五岁),让太后搬回自己的宿舍永宁宫,少管闲事。

说是移宫,其实就是将郭太后软禁了起来,因为从这一天开始,郭太后基本上就没有离开过永宁宫。这种监视居住的状态一直维持到高平陵之变之后。郭太后在曹爽派人监督下,与还是个孩子的曹芳分离,相对而泣。

司马懿虽然不爽,但是无可奈何。谁让人家是首辅,官大一级压死人。

紧接着,曹爽的第二张牌就打出来了。

曹爽下令,本属于中护军管辖的中垒营和中坚营划归中领军曹羲统领。中护军的统帅就是前面我们交代过的司马懿的儿子司马师。这招明目张胆的釜底抽薪让司马师基本上成了光杆司令。而且,据《三国志》的记载,统领中领军的这两个营的将领正是郭太后的两个侄子郭德和郭建。对于曹爽来讲,这确实是一个一举两得的妙招,既削弱了司马师的势力,又让郭德、郭建这两个郭太后的嫡系被自己的亲信牢牢地控制起来。

曹爽这两招连续的组合拳,确实在某一瞬间打得司马懿找不到北了。

所谓"拳怕少壮",这两件事,是曹爽伐蜀败北归来后地位受威胁的一种反击,也是曹爽集团与司马懿集团矛盾激化的标志。接连不断地挟私报复,让司马懿也抑制不住了,他表示了最严正的抗议。

但是作为首辅,曹爽手里有官员的任免大权,反对无效。

司马懿的老谋深算在这里得到了完美的诠释。在对手咄咄逼人的攻势面前,他没有选择轰烈燃烧,玉石俱焚,而是选择以退为进,表示接受现状。官场几十年生涯,司马懿见过太多"小不忍则乱大谋"的惨败,同时也见过"无数无可奈何花落去"的悲哀,权力斗争就是这样的零和博弈,在绝对的胜算出现之前,千万不要过早地露出自己的牙齿。把自己的锋芒全都隐藏起来,不给对手任何可以抓住和利用的机会,活下来最重要。虽然曹爽的作为摆明了就是一种打击报复,但司马懿仍平和地接受了这一切,因为几十年的斗争经验教会了他,若想夺取政治斗争的最终胜利,绝不可莽撞,凭意气行事,必须找到最合适的机会一招将对手置于死地。

此时,司马懿的原配夫人张春华病逝。司马懿立刻表现出无法自已的悲伤,并且因为过度的悲伤大病一场,无法参与正常的政治生活。很快,司马懿以哀悼亡妻以及个人健康不佳为由,请求辞职。曹爽接到司马懿的辞职信之后,认为理由无懈可击,谁能拒绝一个风烛残年的老人要给老伴料理后事的请求呢?

终于,司马懿利用这个借口,完美地实现了全身而退,而且让对手没有一点儿可以指摘和利用的地方。多年的官场和疆场的沉浮,让司马懿的以退为进的手腕玩得越来越纯熟。

司马懿退休

曹爽一定是如释重负地批准了司马懿的辞呈,并心想:"这个老家伙终于斗不过我要走人了。"当张牙舞爪的曹爽报着你死我活心理准备冲到擂台中央的时候,他竟意外地发现,对手是那么不堪一击。而且,曹爽对于自己最近的这些党同伐异的做法可能感觉有些愧疚,毕竟作为一个皇室宗亲,他从小接受的教育会告诉他做人要有底线。司马懿此时已经年近七十了,他毕竟是一个跟自己父亲一个时代,甚至比父亲还要年长的人。他的那些招数很难让人觉得光明正大。既然做都做了,多少有一些过意不去,甚至是自责,也没有办法,一切都过去了。他能做的,就是欢送吧。

于是,曹爽代表曹魏帝国的领导核心,感谢司马懿多年来为魏国的"革命事业"做出的卓著的、不可磨灭的贡献,欢送司马懿从太尉的位置上光荣退休,并且享受相应的待遇。

正始八年(公元247年),当司马懿从曹魏的朝廷黯然离场的时候,他已经是六十九岁的老人了。

这个风烛残年的老人,黯然退出了权力斗争的旋涡,向外界宣告自己全面的失败,彻底退出了政界与军界,丧失了苦心经营了四十年的一切。曾经自认为混得风生水起、门生故吏满天下的司马懿,在离成功只有一步之远的时候,回到了一无所有的起点。仅仅是起点吗？与当年相比,他还虚度了四十年的光阴。

作为中国古代屈指可数的神鬼莫测的政客,司马懿的高深之处在于,在无法保证一招制敌的时候永远能够"装孙子",说得好听点儿那叫隐忍。司马懿在从政的四十年的时间里,把"扮猪吃虎"的套路玩得风生水起,而且年纪越大玩得越纯熟。正所谓"人生如戏,全靠演技"。现在,司马懿已经开始了他影帝级的表演。

在满朝的或唏嘘或幸灾乐祸的议论中,司马懿做出一副悲痛欲绝的模样,在前来吊唁的群臣面前,表现出一个好男人对于亡妻的不舍和生无可恋。之后不久,这个悲痛欲绝的老人被晚年丧妻的悲伤击垮了,他生病了,而且一病就是两年。

这两年里,司马懿彻底离开了曹魏的朝堂,一切归零。

司马懿在曹魏朝堂之上浸淫了四十年,从曹操到曹丕再到曹叡,一直到现在的小皇帝曹芳,可以说是四朝元老,门生故吏布满朝堂。但作为一个外姓人,他知道,其实他什么也没有,因为他不姓曹。一个并没有多少根基的曹爽,因为姓曹,就能把自己打压得毫无还手之力。没关系,只要能忍,只要有足够的耐心,只要能活,机会总是会有的。但是现在,司马懿能做的,只是不断地示弱,示弱,再示弱,不让对方找到理由把自己掐死。

司马懿像一只发动攻击前的猎豹,慢慢地潜伏在草丛之中。老夫且冷眼旁观,看你横行到几时。

正如司马懿预料的那样,曹爽自从老对手退休之后,顿觉神清气爽,感觉自己就是一个被耽误的政界奇才。没有了司马老头的碍手碍脚,他准备放开手脚大干一场了。所谓"新官上任三把火",曹爽立刻昭告天下,自己要开始大刀阔斧地推行新政了。就是这个看上去很美的新政,让曹爽集团很快陷入朝议纷纷的旋涡之中,并导致了最终的人心离散。

曹爽推行了一系列旨在打击士族大家势力、巩固曹家皇族势力的政策,这就是后来在史书中所记载的"正始改制"。由于正始改制从一开始就有着非常明确的指向性,因而有越来越多的士族的利益受到了损害,使得曹魏朝堂之上倒向司马懿一方的人越来越多。虽然这种力量到目前为止还是暗流涌动,但是这种力量积蓄的时间越久,其爆发时所蕴含的力量就会越大。

要知道曹爽的正始改制到底侵犯了多少人的既得利益,为什么越来越多的人开始加入反对曹爽的阵营,我们可以先来看一下正始改制的内容。概括而言,曹爽的正始改制主要分三个方面:一是废除九品官人法,恢复曹操当年的"唯才是举"制度,大幅削减地方中正官的权力;二是推进地方行政机构简化,将州郡县三级官府简化为州县两级,减去郡一级;三是简化官场繁文缛礼。按照"古法"以为礼度,禁除奢侈之风。

可以说,这三项改革全都动了世族利益集团的奶酪。

在当时的权力中枢,曹爽集团控制着尚书台和吏部,而司马懿集团则以老一代名士为主体，在地方上以及军队中的势力和影响较大，因此，废除九品官人法就是要抑制地方官僚体系中中正官的权限，加大吏部的权力，使得曹爽集团得以更加严密地控制整个官僚体系。同样，简化地方行政机构，精简"公务员"编制，也有利于抑制地方势力，加强中央的权威。这些想法都没有问题，但问题是他操之过急了。郡是行政机构郡，不但是行政区划，在汉末更是士族认同的重要基础，即所谓"郡望"。撤郡，对士族认同来讲，无异于釜底抽薪，是要从文化上消灭对于士族的认同感。撤郡以后，一直到唐宋时期，郡望仍流行于士族，可见汉末以来基于旧郡的认同感之顽固。而简化繁文缛礼和官场排场，可以看作是要消除士族文化根基儒家的影响。经史传家的士族强调儒家礼制，常常在礼仪上花费巨大的成本。曹爽集团推崇清静无为的道家学说，宣扬简约朴素的复古倾向，以玄学理论作为对抗旧士族儒家礼学的工具，这也导致了西晋时期的狂生文化大行其道。

如果我们看清了正始改制的三个政策的内容，其实就能明白，曹爽其实就只忙活了一件事：通过改革限制特权阶层的膨胀。而这三个政策中最为关键的，就是废除九品中正制，恢复"唯才是举"的人事制度。

在三国纷争、内外不宁的形势下，曹爽集团进行大规模的改制，受到了太多的非议。因为，既得利益者永远不会主动放弃既得利益，改革即意味着阻力巨大。曹操的时代，大力推行"唯才是举"的政策，是因为在当时汉末乱世中，东汉以来固化的利益集团的根基基本已被打断，并不存在规模庞大的既得利益集团，因此改革阻力不大。而正始年间，虽然说天下尚未归于一统，但是各国都已经形成了由国家草创者所结成的利益集团。曹爽可能不知道，他的对手不仅仅是一个司马懿，而是在天下星罗棋布的地方豪门世家大族。

可以这么说，高平陵事件是有其偶然性的，但是曹爽的正始改制的终将失败却是必然事件。哪怕没有司马懿最后的拼死一搏，也会有别的士族领袖出来给曹爽致命一击；因为曹爽侵犯了所有士族豪门的利益，简直太招人恨了。

废除九品中正制,推行"唯才是举"这项政策在建安年间曹操主导下曾经发生过,似乎没有什么问题,但是在正始年间却是引发了塌天的大祸。与《三国演义》里多疑的奸雄形象不同,曹操当年为了尽快能够在群雄纷争的乱世立足,招揽天下英雄,不论出身贵贱,只要能为他所用,他都给予重用与绝对的信任。不管你是颍川阵营、兖州阵营,还是董卓、刘备的故将,哪怕是乌桓人,他都能委以重任。这使得曹操很快成长为北方最大的势力。但是,一代枭雄曹操终其一生也未能实现其另起炉灶、自立为王的企图,原因很简单:群臣反对。

但他没什么出息的儿子曹丕上位没几年,因为推出九品官人法,群臣众口一词,请曹丕自立为王。于是曹丕接受献帝的禅位,魏国建国。

分析一下原因。曹操帐下的这些猛将谋士,虽然在世时可以呼风唤雨,但一旦自己离世,没有什么能留给后代。因为用人靠的是本事和能力,老子有能耐并不能保证儿子也能力强,于是,群臣始终处于一种朝不保夕的恐慌中。而曹丕在其幕僚的建议下,很快就抓住了问题的所在,推出了九品官人法,并且以此为政治基础。简单地说,就是官位可以世袭,或者说官员子弟拥有优先入仕的权力。这就导致后来的上品无寒门、下品无士族的状况。对于曹操自立为王的坚决反对,和对于曹丕逼汉献帝禅位的坚决拥护,其实原因都是一样的。

有些事情,少谈主义,多看利益,你更能看得清楚。

同样的原因,你就能够预料到,曹爽大刀阔斧推行的这个新政,将要引起怎样的轩然大波了。在群臣,尤其是那些靠着家族或者父辈功绩走上领导岗位的官员看来,这就是在开历史的倒车,必须旗帜鲜明地反对。

而现在的曹爽,自认为挤走了朝廷上的顽固势力司马懿,可以肆意妄为了,矛盾自然就急速尖锐起来。在朝臣汹涌的议论中,不光是朝廷中的中立派和原来司马懿集团的人开始激烈反弹,连曹爽阵营也开始分化了。曹爽的智囊阮籍,看到曹爽毫无章法地瞎折腾,迟早会下不了台,急忙不问政事,隐居山林,成为两晋时代著名的"竹林七贤"之一。朝中的老臣为

了表达对于新政的不满,纷纷学着司马懿光荣退休。

曹爽一点儿不觉得有什么不妥,巴不得这些"老不死的"赶紧交权走人,于是大笔一挥,统统同意。

此时的司马懿通过眼线得知了朝堂上的风云变幻,简直不能再开心了。他对这些老战友嘘寒问暖、施以恩惠,并不失时机地招到自己的麾下。司马懿通过回忆峥嵘岁月、珍惜"革命"友情的方法,影响了这些老臣,并通过这些老臣的门生故吏大造对曹爽不利的舆论。一时之间,曹爽小人得志、混乱朝纲的议论甚嚣尘上。

影帝的巅峰之作

而此时,对于朝廷中的风云变幻,曹爽不可避免地联想到了退休在家的司马懿。他对于司马懿并没有完全放心。在司马懿称病的两年时间里,曹爽一直在严密监控司马懿的一举一动。虽然说一直没有亲自登门拜访,但是对于司马懿家待人接物或者人情往来的情况,曹爽都尽在掌握。但是了解归了解,曹爽一直也没有彻底放心。于是,曹爽派其党羽李胜借口将要出仕荆州刺史登门探望。为了能够达到刺探司马懿到底是不是在装病的目的,又不会让人觉得目的性太过明确,对于人选的选择,曹爽是费了一番思量的。当年司马懿驻防宛城的时候,李胜是司马懿的军中行事,司马懿算是李胜的老上级了,后来辗转投靠了曹爽。派李胜前来,算是司马家和曹家都能接受的最好人选了。

接下来,我们将见证司马懿一生中最高水准的演技。尽管"演员"司马懿表演生涯经历丰富,但这一次的表演才堪称"影帝"。各种不同的史书对于这一段都有所记载,但为了能够淋漓地表达出司马懿"惊天地,泣鬼神"的演技,这里将不拘泥于引经据典。

其实这个时候的司马懿也是带着"风萧萧兮易水寒"的悲壮开始这段表演的,因为他知道,让曹爽彻底对自己放心还是痛下杀手,成败在此一举,不容有失。

带着一探虚实政治任务的李胜来到司马懿面前的时候,司马懿是一副老态龙钟的样子,看上去似乎说话都非常吃力。他用手指着嘴示意侍女,意思是想吃东西。侍女上前伺候司马懿喝粥,粥沿着嘴角流下,流得胸前衣服上到处都是。司马懿俨然一个生活不能自理的半身不遂的老人。侍女则习以为常似的放下碗收拾。

看到这个曾经叱咤风云的帝国军神,曾经阴险彪悍的政客,此刻竟然如此苍老不堪,甚至连生活都无法自理,李胜心中油然升起一种英雄末路的悲凉。他已经忘了此次前来的目的,被眼前的场景震撼得说不出话,禁不住潸然泪下。

"现在皇帝还小,还要仰仗您的辅佐,万万没有想到您竟然病重到了如此的地步。"

李胜带着哭腔哽咽着说完这句话,心中一定没有把司马懿当作政敌。在他满带悲悯的眼中,这不过是一个行将就木的老人。从这个角度来看,李胜或者曹爽,都是性情中人,不是冷血动物。在他们看来,与司马懿的纷争仅仅是立场或者政治看法的不同,属于统治阶层内部的矛盾,并没有将司马懿集团赶尽杀绝的想法。

但是,在丛林的世界中,悲悯就是错误。

司马懿忽然咳得上气不接下气,过了很久才慢慢平静下来,上气不接下气地说道:"老朽年纪大了,身体大不如前了,再加上哮喘的老毛病又犯了,怕是快要不行了。感谢您前来探望。您此去并州作刺史,那里胡人很猖獗,请您一定小心,咱们以后怕是再也难见一面了。哎,人这一辈子,可叹啊!"

像是在说李胜,又像是在说自己。

李胜赶紧回答:"太傅,我是去荆州,不是并州。"

司马懿继续装糊涂:"您去并州,一定要好好干,不要辜负了皇帝的托付啊。"

李胜只能再次大声说自己是去荆州，不是并州。

司马懿露出了一丝不易察觉的笑意，颤抖着手向李胜摆了一摆，示意自己终于听明白是去荆州。

"哦，您是要去荆州啊，我还一直以为是并州。荆州是好地方啊，那您是高升了。老夫老了，不中用了，怕是也坚持不了几天了。您这一走，咱们可能这辈子就再也见不上了。我老朽了没有什么可以挂恋的，只是我的两个儿子司马师和司马昭资历尚浅，以后还请大人多多栽培。两个儿子老夫就托付给大人了。老夫这辈子没有求过您什么事情，这是老夫最后拜托您的事情，请您万万不要推辞。"

言辞中，情深意切，司马懿一时之间老泪纵横。

李胜已经完全卸下了对政敌的戒备和察言观色。在他眼里，这个曾经阴险可怖的敌人已经脆弱到不堪一击，像一根在风中摇曳的蜡烛，也许下一秒就会人走灯灭了。李胜禁不住有一种物伤其类的伤感，不禁悲从心中来，长叹一声，向司马懿拱手作别。

李胜离开司马懿府邸后心情沉重地向曹爽作了汇报。

李胜将他见到司马懿的情景一五一十地告诉了曹爽，最后还有些动情地说道：老太傅的病情很重，看起来怕是已经无力回天了。听了李胜的话，曹爽长舒了一口气，紧绷的神经终于松懈下来。但似乎，对司马懿的命不久长，他又有一些心情复杂。毕竟是一个跟自己父亲同辈的老臣，人之将死其言也善，他不禁有一些伤感。

但不论如何，这个最大的心病终于不会再对自己有什么威胁了，快过年了，终于能轻轻松松过个节了吧。曹爽一定是这么想的。

司马懿的这一段表演，演技之高超，入戏之深，堪称影帝级水平。但是我们从另外一个角度来看司马懿的对手，曹爽阵营的人，你说他政治上不成熟也好，你说他功亏一篑、痛失好局也罢，但你不能否认的是，曹爽们做事有底线，念旧情，做不出来赶尽杀绝的事情。或者，他们从来也没有把司马懿当作是你死我活的敌手，而是认为他们之间的矛盾只是政见不同而已。在司马懿已经不再构成威胁之后，曹爽想到的不是再踏上一只脚让他永世不得翻身,而是有些愧疚地觉得自己的手段不够光明正大。平心而论,曹爽施政风格鲜明,为改变从曹丕以来皇族势单力孤的现状,确实想要做些实事,除了交了几个损友之外,并没有太多可以指摘的地方。如果他政治上能再成熟一点儿,也许司马懿也就止步于太傅了。

但是,不会有"如果"。

森森的史书,我看见力透纸背的两个字:吃人。

对司马懿们来说,活下来,比做个有底线的人更加重要。

非常想向曹爽表达一下惋惜,虽然他不是一个成功者,虽然他可能也不算是好人,但起码还算是一个有底线的人,所以,他只能为他自己的有底线付出代价。不过现在,曹爽并没有感觉到风雨欲来的恐怖,他只是觉得曹魏江山最大的威胁已经日薄西山了,终于可以过几天云淡风轻的太平日子了。

就在曹爽集团为了突然来临的胜利弹冠相庆的时候,司马懿却没有一刻停止在暗中的筹划。在司马懿的授意下,在首都洛阳做中护军的儿子司马师一直在积极地为将来的政变做着准备。司马师虽然已经被剥夺了大部分的禁军管辖权,手下仅有千人的禁军可供其调遣,但是他广散家财、紧锣密鼓地准备,还豢养了三千名只听命于他的死士。这从另外一个角度也说明了曹爽确实没有准备将司马阵营赶尽杀绝,否则的话,他怎么会在首都洛阳放一个司马懿的儿子做中护军的领军?

但就是这区区三千人的暗杀部队却给了曹魏帝国致命的一击。

第十五章

高平陵之变

在三国时代流行给某些方面比较超群的人起绰号，比如"凤雏""卧龙"，而司马懿的绰号是"冢虎"，即旷野中的老虎。

高平陵政变前，司马懿被任命为太傅，从此丧失实权，在朝中处处受到曹爽的排挤，逐步被架空。面对如此情形，老年司马懿展现了一个政治家的老辣，面对曹爽故意忍让，面对身边人的抱怨，则是劝他们忍让，不断耐心等候，终于等到了机会。嘉平元年（公元 249 年），曹爽放松了警惕，曹爽兄弟全部陪同魏帝前往高平陵。司马懿抓住机会一举翻盘，发动了史称"高平陵之变"的政变，使曹爽最终身死名裂。

风暴来临

曹爽一定度过了一个欢乐祥和的春节。他已经很久没能这么放松了，他甚至已经意识不到笼罩在整个洛阳城上怪异的氛围。公元 249 年春，皇帝下令去为埋在高平陵的干爹曹叡扫墓，基本上所有的朝廷重臣和皇亲国戚，当然也包括曹爽，都得陪着皇帝出城。

出行的队伍声势浩大，大家的心情很好。司马懿活不了几天了，已经彻底认输了，帝国从未像今天这样坚如磐石。曹爽一定是带着春游般轻松惬意的心情参加这次扫墓活动的。憋屈了这么多年，也该歇歇了。

就在曹爽决定趁着春光好出去走一走的时候，一直通过儿子司马师在关注着洛阳城里一举一动的司马懿也决定动手了。司马懿一扫往日老态龙钟、行将就木的旧态，一身戎装意气风发，等待那个蓄势待发的机会。就像在三国时代诸葛亮有着"卧龙先生"的雅号一样，司马懿也有一个绰号，但是不似"卧龙先生"那般飘逸俊美，他的绰号是"冢虎"。冢虎者，意指盘伏在石冢之中的猛虎。此刻，司马懿像是潜伏已久的猛虎，终于捕捉到一个难得的机会，正在蹑手蹑脚地走向猎物。

就在踏青的队伍渐渐远去，从视线中消失，甚至人群激起的烟尘也渐渐平复之时，春光中，一队人马急速从丹阳门进入洛阳城。骑着高头大马走在队伍中间的是头戴金盔、披坚执锐的司马懿。城中，三千名听命于司马家的死士正在等待。

通往皇宫司马门的南坊大道上，一辆辆战车和高头大马的骑兵，犹如一头头猛兽向前疾驰而过，急骤的马蹄声和士兵整齐的步伐声震动了全城。当怀着必死之心的司马懿进入洛阳城之后，各个城门守卫突然接到郭太后的懿旨：关闭所有城门。

是的，就是那个因为与司马懿沾亲带故、平日里两人往来密切，而被曹爽认为是司马懿一党的郭太后。可以肯定的是，关闭城门的命令是司马懿集团的人以郭太后的命令为名的，或者甚至就是司马懿假传的懿旨。不过，郭太后对于曹爽将自己弃之如敝屣的做法必然是怒火中烧，她是有这样做的动机和可能的。

　　当然，这幕后必然也有司马懿积极运作的身影。

　　一场蓄谋已久的兵变正在不可逆转地发生。

　　司马懿在司马师和三千死士的簇拥之下，按照既定的计划，直奔帝国武库而去。从司马门到武库必须经过曹爽的府邸。虽然曹爽带走了大部分的武装，但看家护院的官署司马鲁芝、典军校尉严世、侍卫统领孙谦等人发现了京城之内的巨变，而且据说行将就木的太傅司马懿赫然出现在兵变的队伍中。众人急忙率领曹府上的家丁，拦住了去路。

　　“太后有令，命太傅大人前往皇宫，有重要国事商议，尔等退下，否则拦阻者杀无赦！”司马师勒马上前，厉声呵斥道。

　　官署司马鲁芝觉得事发突然，一定没有那么简单。“请转告太傅大人，万事等大将军拜谒高平陵归来后再作定夺。”

　　“放肆！太傅大人要见太后，难道还需要曹爽批准吗！你们几个赶紧让开！”石苞从人群中冲出，大声喝道。典军校尉严世抬手拉弓，当胸瞄准司马师。一时之间，两边人马剑拔弩张，一场火并就要爆发。

　　相持不下之际，孙谦从一旁过来打圆场，他推开了严世的劲弩，转身对鲁芝劝说道：“太傅进宫欲与太后共商国是，我等怎可妄加阻截？您还是三思啊！”曹府的守卫这边也觉得公然阻拦三朝元老似有不妥，又听了孙谦这么说，纷纷放下武器，真的就给司马懿一队人马让开了一条路。司马懿在司马师和死士卫兵们的护送之下，安然无恙地从曹爽府邸门前威风八面地闯了过去。

　　鲁芝见状，知道事情已经无法挽回了，长叹一声转身跳上一匹坐骑，夺路仓皇而逃。

　　司马懿一行人进入皇宫，面见郭太后。现在的郭太后自从伐蜀之役

219

之后就被曹爽限制居住,基本上就等同软禁了,对于造成自己悲惨际遇的曹爽自然是恨之入骨。现在司马懿以太傅的身份要与自己联手扳倒曹爽,那简直是正瞌睡就有人送来了枕头,郭太后自然是有求必应。于是,在司马懿的授意之下,郭太后颁布诏书,历数了曹爽担任顾命大臣以来种种大逆不道的行为,宣布罢黜曹爽的大将军之职,并且授权司马懿代表自己讨伐曹爽。有了当朝太后的懿旨,司马懿的行动就具有了正义性,就不再是兵变,而是清君侧。当然,此刻司马懿最为担心的是争夺武库的大战的结果。如果能够顺利拿下武库,用帝国最为精锐的武器武装起来的三千死士将势不可挡。于是,郭太后再次下令,命武库守军放弃抵抗。

和司马懿担心的一样,真正的大战爆发在对于西坊武库的争夺。

石苞率领着三千死士前去攻打武库。负责守备武库的是丁谧和曹绥,面对突然来临的三千死士的猛烈攻击,守军渐渐支撑不住,且战且退,但凭借着地利也算遏制住了对方的攻势。正当双方难解难分之时,远处传来大队兵马行进的马蹄声和脚步声。丁谧、曹绥以为是自己的援军到了,但是等这队人马走近了,才发现是卫尉郭芝、大鸿胪何曾率着一批驻京外军杀进京城。

"接太后懿旨,着将洛阳武库移交石苞、何曾接管,不得有误,敢违者格杀勿论!"郭芝拍马上前,手里拿着诏书,大喝道。

突然的变故,让守军一下子失去了抵抗的底气,丁谧和曹绥只得下令缴械投降。

司马懿辅佐曹氏四代帝王,四朝之元老,更兼有太傅之尊,不怒自威。兵不血刃之下,司马懿凭借三千死士拿下了王城。司马懿在阙下,面对着列阵排开的三千死士,用尽最后的气力嘶吼出来:"生死与共,国士报之。今日老夫与诸位共襄盛举,誓为圣上铲除叛逆宵小之臣,廓清宇内。若成济大事,老夫必以救命之恩厚报诸君。"

"起事!"一声虎啸般的怒吼之后,名动千古的高平陵之变正式拉开帷幕。

在下达了郭太后废黜曹爽的命令之后,司马懿立刻任命司徒高柔接替曹爽大将军一职,统领曹爽名下的所有武装,并兼有调度天下兵马的权力。在宣布了任命之后,司马懿拉着高柔的手,亲切地说:"君而今是我大魏帝国的周勃了,请为天下苍生廓清宇内。"司徒高柔,也是曹操时期的三代老臣了,跟司马懿一样也是位高权不重的典型代表。为了争取最广泛的统一战线,司马懿极力拉拢曹魏朝廷里的当权派,可谓志在必得。于是半推半就之下,高柔从一个位高权不重的司徒,摇身一变,成了保全曹魏江山的大将军。这可是要留名青史的啊!虽然说高柔也算见过世面的,但是听到司马懿的任命之后,依然抑制不住地激动颤抖。建功立业,在司马懿麾下又有何不可?就这样,大将军高柔持节,收编了洛阳城内以及周边禁卫军的军营,同时,司马师亲自出马占领中领军军营。事情来得太突然,留在洛阳城内的曹爽的党人根本没有时间做出应对,只得逃出城投奔曹爽。

　　其中就包括曹爽的智囊大司农桓范。司马懿听说桓范跑去投奔曹爽,非常担心,毕竟桓范是大司农,手里握有天下粮草的调配大权。但蒋济不以为然地对司马懿说:"太傅多虑了,桓范虽然足智多谋而且老成持重,但是曹爽目光短浅且胸无大志,必定患得患失,断断不会重用桓范的建议。"司马懿这才放心下来。后来的事实果然证明,曹爽一心认为司马懿不至于要置其于死地,拒绝了与司马懿进行殊死决斗的建议。

　　完全取得了洛阳城内的控制权之后,司马懿与太尉蒋济带军出城驻守洛河桥,阻止曹爽回城,并派人给曹爽送去了郭太后的懿旨。

　　正在游山玩水的曹爽看了诏书,犹如晴空霹雳一般,明媚的春光也瞬间黯淡了下来。

　　这叫什么事儿啊,不是说司马懿已经快死了吗?这怎么又活蹦乱跳地来弹劾我了?李胜这个孙子可真是蠢到家了呀!曹爽现在一定连把远在荆州当刺史的李胜吃了的心都有了。城里的军队被司马懿收编了不说,自己带的兵也不太多,打回去也没有必胜的把握。

221

曹爽把诏书翻过来覆过去看了好几遍，也不敢呈交给曹芳看。

　　眼看着天一点点黑了下来，还是先露宿吧，明天再想辙。于是曹爽安排着满朝文武和皇亲国戚们露宿在伊水之南。初春的夜晚，很冷，当然比冷更让人难熬的是未卜的明天，露宿的人们都处在一种强烈的焦虑之中。

　　这注定是一个难眠的夜晚。

　　第二天清早，一夜辗转难眠的曹爽终于想出一个对策：还是派几个人去跟司马懿聊聊吧，看看他到底要什么，只要不你死我活，或许还有的谈。事到如今，曹爽还对这个老同事留有一些幻想。

　　曹爽派出的谈判小组得到了司马懿热情的接待，并且带回了好消息。据说司马懿宣称，只要曹爽回来自首，只是免官而已。蒋济为了让曹爽放心，甚至还以自己的名誉为担保，说这场风波只是由于政治观点的不同，只限于政治斗争，必不会危及曹爽的性命。

　　"官二代"曹爽显然对政治斗争的残酷性没有清醒的认识，还没有做好做你死我活的斗争的心理准备。听了谈判小组带回来的消息，他对敌我形势一再误判，觉得似乎司马懿并没有赶尽杀绝的意思，于是陷入了患得患失的犹豫。司马懿这一虚晃一枪的缓兵之计在其一生中被屡次使用；每次他都是手到擒来，因而越来越有心得。

　　看着曹爽犹豫不决，这时候从洛阳城里跑出的曹爽的智囊大司农桓范急了，拼命劝谏曹爽千万不可走上自投罗网的死路，并且给曹爽分析了现在的斗争形势。

　　一、前往高平陵踏青的人群基本上包括了朝廷所有要害部门的长官，也就是说，要是在洛阳之外组建政府也是轻而易举的事情。而且曹爽手里有正牌的曹魏皇帝曹芳，洛阳城里的司马懿一党充其量算是乱臣贼子，首先在道德的高度上是不能比的。

　　二、就算现在兵力不足以攻克洛阳城，但是除了皇城之外哪一个城镇不是敞开大门欢迎他们的？比如进驻曹魏的龙兴之地许昌，然后号召全国兵马勤王，根本没有不成功的可能。

　　三、还有，别忘了他桓范是何官职：大司农。这是掌管天下粮草的最高长官,如果打起来,首先勤王兵马的粮草供应就根本不是问题。根本不用打,围城三个月,司马懿一党粮草断绝无以为继,自然溃败。

就这三条哪一条如果曹爽占了,都够司马懿喝一壶的。但凡有点儿脑子的人都知道应该怎么选。有的时候真的是要感叹,脑子是个好东西,可有的人还真的是没有。选择困难户曹爽在苦思冥想反复斟酌了一晚上之后,终于做了一个艰难的选择。

《魏氏春秋》记载:曹爽决定交出兵权回洛阳自首,并且自我感觉良好地说道:做不了权臣,做个大富翁也是极好的呀!桓范闻讯,知道大势已去,仰天长叹:曹真是多么英雄的人杰,怎么生了这么个猪一样的儿子。我们将要因为这个蠢货而被灭族了。

患得患失,看来蒋济对曹爽的看法真是一针见血。

不知道大权在握的曹爽为什么经过一番深思熟虑之后会做出这样的选择,而且这里的大权在握还包括如假包换的皇帝也在他掌控之中。这实在是让人在千年之后也想不明白。也许是他觉得司马懿这个老家伙蹦跶不了几天了,犯不上跟他死磕;也许是曹爽厌倦了政治的刀光剑影和阳奉阴违,他想退出这个让他太辛苦的博弈场歇歇了。但是,有人的地方就有恩怨,有恩怨就有江湖,人心就是江湖,你如何退出?不知道他有没有想起秦国丞相李斯为了自保,选择与赵高沆瀣一气,最终被杀的命运。在行刑之时,李斯对他的儿子说道:"吾欲与若复牵黄犬俱出上蔡东门逐狡兔,岂可得乎!"遂父子相哭,而夷三族。

天地不仁,以万物为刍狗。政治这场零和博弈就是这样将无数失败者不断碾碎,令他们尸骨无存,轰隆隆地前行,只在身后留下一条淡淡的血痕。

曹爽的墨菲定律

当曹爽要将大将军印交出的时候，他身边的人都不无痛心地说：你手里有皇帝，有兵权，却要把这些东西交出去，这是要在东市问斩的。

一心想做大富翁的曹爽可能不知道的是，一千多年后，有一个非常有名的定律叫作"墨菲定律"，该定律认为：如果有两种选择，其中一种会导致灾难，那么必然有人会做出这种选择。曹爽做出的这个选择，其实已经深深地掉入了墨菲定律的旋涡之中。而跟他一起落入万劫不复的，还有曹魏的千里锦绣河山。

思维定式这种东西真的很有意思。

曹爽此时就陷入这样一种思维定式之中无法自拔。他的逻辑可能是这样的：当初我大权在握之时都没有想到要杀你，也就是打压你司马懿而已；只要你不和我争权就行了，你还想怎样？我现在不想玩了，我选择退出了，你去当你的天下第一，我去当大富翁富甲一方，怎么样，够意思吧？这就是推己及人，用自己的想法去推演别人的想法。这种想法在大多数的情况下是幼稚的。人与人的差距，可能是天与地的差距。

已经下定决心做个大富翁、退隐江湖的曹爽，真的是八匹马都拉不回来了。甚至还为了在司马懿面前争取一个好印象，大家好说好散，派出谈判小组代表自己向司马懿认错。同时，为了维护一团和气的局面，免于见面时的尴尬，曹爽主动要求小皇帝曹芳免去自己的所有职务，并亲自护送曹芳回到洛阳城。

似乎一切都在朝着和平解决政治危机的方向发展。

满面春风的司马懿热情地迎接了悬崖勒马的曹爽一党，然后立刻下令，将前首辅曹爽送入府邸，并命令自己的儿子司马师率众兵为其看家护院。说得好听一点儿，是加强安保，实际上就是监视居住。就这样，司马懿没有耗费一兵一卒，将曹爽拿下了。

而此时，曹爽觉得自己的判断是正确的，他认为司马懿完全没有对自己怎样的理由，他还在梦想着幸福美满的生活就此开始了。

但是，仅仅过了四天，司马懿就迫不及待地叫醒了这个梦中人。

四天后，司马懿得到举报，曹爽联合何晏、邓飏、丁谧以及荆州刺史李胜等，阴谋叛变，准备在三月中旬发动。绝对的欲加其罪何患无辞，而且捎带把曹爽的大智囊桓范也当作了同党。

谋反是大罪，须经过朝廷廷议。于是，满朝拍手党一致通过曹爽叛国集团谋反之罪成立，灭三族。

作为有功之臣站在大殿之中的蒋济，对于当初自己担保曹爽不会有事心有愧疚，对司马懿建议说："当年曹真为魏国立下了汗马功劳，怎能让曹真没有扫墓的人呢？"

司马懿甚至都没有看一眼蒋济就说："国法岂能儿戏？"

断然拒绝。

这里需要多说几句。政治上的博弈，从来就不是简单的站队问题，不是地摊小说的狗血情节，也不是非黑即白的是非题，曹爽主政时期的曹魏政治局势就更是错综复杂。从蒋济先是积极地为司马懿出谋划策，后来又为曹爽求情之言来看，蒋济并不是跟司马家一条心的，起码不是司马懿坚定的支持者。

在当时曹魏朝廷的政治格局中，并不是除了曹爽一党就是司马懿一党的两极格局，而是中间有着大量的摇摆分子或者说中间力量。在司马懿面对曹爽咄咄逼人的攻势而采取以退为进的策略暂时退出权力中枢的时候，曹爽放开手脚开始按照自己的想法大行新政，通过军事行动和行政改革不断从老臣手中夺取利益和地位，再加上后来弄得满朝议论纷纷的正始改制，开始大肆侵夺士族的利益，就更是雪上加霜。老子的利益你夺了也就算了，连儿子的好处你也不想放过，这就过分了。大刀阔斧的新政虽然在相当程度上增加了中央政府以及曹魏皇室的权力，同时也在中低层官吏中取得了声望,但确实损害了一部分元老勋贵的既得利益,使得很多中间派倒向了司马懿。这其中就包括劝说曹爽放弃抵抗,主动投降,争取宽大处理的蒋济。

甚至可以说,高平陵之变中,司马师用区区三千人就完成了一场兵变,其真相可能是曹魏帝国朝廷中一个能量巨大的集团对于曹爽一党的最后摊牌。这个集团对于曹爽非常不满,而他们的最佳代理人就是与曹爽有着同样辅政大臣身份,且与曹爽有着明确矛盾的司马懿。也就是说,司马懿只是这个庞大利益集团所选中的代理人;即使没有司马懿,也会有别人充当这个代理人,出来和曹爽进行斗争。

蒋济劝曹爽投降的意图是借司马懿的力量,用最小的代价将曹爽拉下马,阻止其改革进程,仅此而已,不希望将斗争扩大化和残酷化。因此,在司马懿明确表示曹爽必须死的时候,蒋济意识到司马懿玩得太过火了,就快要控制不住了,所以他才冒天下之大不韪站出来为曹爽求情。

但司马懿不是曹爽,他不会跟你玩什么游戏规则,在他的字典里,不是你死就是我活。现在的司马懿已经不是五十年前那个被世家纨绔子弟追着满山跑的莽撞少年,也不是跟诸葛亮死磕时一心只想用打败蜀汉为自己多积攒军功的少壮派将领,甚至也不是平辽东时那个下令屠城的残酷战神。现在的司马懿是戎马一生后,竟然被子侄辈的曹爽逼得黯然退休的糟老头子,要靠装病才能获得苟延残喘。现在的司马懿是在官场这个大酱缸里浸淫五十年的老油条,他明白自己是一个外姓人,要在曹魏的朝堂之上不被人侮辱和伤害,就得让曹家人要么死要么滚,就这么简单。

蒋济的初衷本来想拿司马懿当枪使,借着司马懿与曹爽的矛盾搞掉曹爽。只要曹爽下台,没必要让他死,更没必要改朝换代,拿回以前失去的利益就好。统治阶级内部的矛盾,没必要搞得你死我活,但没想到司马懿玩得太过火,将打击面扩大化,直接把曹爽的同党全部灭三族。蒋济又羞又愧,再加上被人耍了的懊恼,结果没过几天竟然一命呜呼了。

这就是政治的玄妙,你在利用别人的同时,可能自己也在被别人利用。你中有我,我中有你。

在后来,激烈地反对司马家改朝换代的魏臣中就包括同样参加过说服曹爽投降的许允和尹大目,使得一直到司马炎之时才完成禅位,建立晋朝。从这个角度看,在高平陵之变中支持司马懿的也未必不是魏国忠臣,这也反映了当时曹魏政治格局的复杂性。

不过现在,司马懿借着给曹爽罗织谋反的罪名,基本上将其党羽一网打尽了。

高平陵之变时期的司马懿已经到达一生中狠辣无情的顶点。他怀着彻骨的复仇心理,要么不做,要做就雷霆万钧,斩草除根,绝对不会拖泥带水。他把曹爽的党羽,以及曹氏宗亲子弟全部扣押起来,只要能跟曹爽或者莫须有的谋反案扯上关系,司马懿的态度都是一个字:杀。甚至连嫁出去的姑娘都要追回来正法。司马懿对于曹爽的清算已经远远没有当年曹爽对他打压时的那种克制。这世界上只有死人才能让司马懿彻底放心。这也是司马懿浸淫官场几十年的彻骨经验。

在司马懿的授意或者说是逼迫之下,郭太后以谋逆之罪将曹爽灭三族,处死其党羽,使其永不得翻身。

秋风扫落叶一般的残酷无情。对曹爽一党的残酷的株连和杀戮持续了八天。

八天后,司马懿认为该杀的人都已经杀得差不多了,为了避免帝国朝廷的人人自危,他开始大赦天下,收买人心。毕竟无论如何,大魏帝国这部庞大的机器还是要靠这帮大臣来运转的。

首先,对于虽然是曹爽一党,但实在跟所谓谋反案牵连不上的人采取的政策是不一棒子打死,而是授予他们实权,给出路。他将曹爽当年安插在军界的西北军政长官夏侯玄召回来,将其从领导岗位上拿下,给了个大鸿胪的虚职。虚职就虚职吧,活下来比较重要,夏侯玄也没有半句怨言。

其次,对于有可能会同情曹爽的中间派采取了极力拉拢的措施。比如,淮南太守王凌,将其擢升为太尉。当然后来以王凌为首的淮南势力借机造反,司马懿镇压淮南叛乱,成为其最后的谢幕表演。不过现在,中间

派因此成为既得利益者。

似乎大家看上去都很满意。捡了一条命的曹爽余党和升官发财的中间派,大家热热闹闹的都很高兴。

此时,魏国名义上的皇帝还是少帝曹芳,但是一切权力都归于司马氏手中。一个月以后,在司马懿的喉舌运作下,小皇帝曹芳诏命司马懿为丞相。但司马懿固辞不受。同年,再次诏命加九锡之礼,司马懿依然固辞不受,但是对于封地的奖赏和对于司马家子侄们的加官晋爵却是来者不拒,几个儿子全都被封为侯爵。

从这里可以很清晰地看出,以高平陵之变为分界点,司马懿前后心态的变化。在高平陵之变以前,司马懿对于封赏的态度是就虚不就实,以免引起猜疑。而在高平陵之后,就变成了就实不就虚,什么丞相、首辅之类的高帽子一概不要,要来就来实的。对于子侄们的加官晋爵和封地的赏赐他们是照单全收,毕竟揣到兜里的才是自己的。

这是什么? 这是在步步为营地为自己巩固实力。这最终是一个要靠实力说话的世界。司马懿正在为"三马食一槽"的预言做着努力,而他认为,这一天似乎也并不是那么遥不可及的。

曹魏遗风

没过多久,作为这个帝国实际掌权者的司马懿再一次因为身体的原因退居二线。可能司马懿觉得虽然大权在握,但是毕竟杀了那么多曹家人和权贵,不可能不招人嫉恨,还是家里比较安全。这已经是司马懿第二次退休了,但是这一次却远比上一次退休要风光得多。史书上记载,后来百官有事情已经不去朝廷了,而是都跑到司马懿府上请示汇报,等司马懿点头了才去向皇帝汇报。司马府上俨然就是一个朝廷,魏国的重大军政决策皆出于此间。而小皇帝曹芳每天面对着门可罗雀的朝廷，也是无可奈何。不仅如此，曹芳还要不时地给司马懿下诏殷勤问候，诏书中言辞恳切，像是晚辈问候长辈那样让司马懿保重身体。

从司马懿第二次告病回家的这一天开始，这个人就已经达到了他一生荣耀的巅峰。虽然他还没有踏出那最终的一步，但是那一步对他来说已经没有太大的意义了。对于司马懿到底是忠还是不忠的问题，现在有一种为他翻案的说法是：终司马懿一生，他都没有篡位称帝，后来的改朝换代，实在是因为曹家人不行，因此他还是魏国之忠臣。虽然本书以司马懿的一生荣辱得失为主线，免不了有些关于司马懿的溢美之词，但不可否认的是，从这个人第二次退休的那一天开始，他就已经不再是心思单纯的臣子了。在司马懿的眼中，皇帝曹芳就是一个任他拿捏的傀儡，这一点可以说毫无争议。

公元254年，在司马懿授权之下，大将军司马师废黜了曹芳。

曹芳以后，就到了曹魏三少帝的第二个小皇帝，即高贵乡公曹髦了。曹髦可谓是中国历史上最为悲壮的皇帝，虽然已经日薄西山，断然没有回天的可能，他却依然不愿只做司马家的傀儡，并留下了"司马昭之心，路人所知也"的名言。在没有任何取胜之把握的情况下，他讨伐司马昭，被刺杀身亡。后来，在选择曹魏最后一任继承人的时候，司马家颇有些阴谋论地选择了一个叫作曹奂的旁支的子弟。意思可能就是：曹奂啊曹奂，让你上来过过瘾就可以了，该换换人了。

司马懿作为一个打小在儒家经典"天地君亲师"思想里浸淫的世家子弟，肯定是有要为吾主净边尘的初心的。而且他也用他的行动证明了这一点，从反击蜀汉北伐到平定辽东，一辈子基本上没过过几天舒坦的日子。经过几十年为曹魏帝国南征北战，他功劳不小，平心而论也是任劳任怨，可以说是心无旁骛。甚至在跟曹爽并肩站在小皇帝曹芳身边的时候，他心里想的也是要把小皇帝扶上马送一程，绝不辜负魏明帝临终之重托。那么，究竟是什么时候开始，司马懿决定开始践行要把皇帝拉下马的人生终极目标了呢?也许是从与曹爽的矛盾公开化,而且在其打击下司马家势力已经被排挤得无路可走,自己也被迫告老还乡,几十年苦苦经营的家族即将轰然倒塌的时候。我们换位思考一下,如果有一天你辛苦工作三十年的公司要把你开除,没有补偿没有退休金,还要求你赔偿公司损失并且二十四小时内收拾东西走人,你会怎么样?你还会加班,还会恪尽职守吗?你还会为了实现公司核心价值观努力工作吗?人性的复杂和残酷在司马懿的身上表现得淋漓尽致。

不谈对错,只谈利益。

尤其是在汉末三国这个时代,从汉武帝独尊儒术开始,汉王朝苦心孤诣打造的儒家思想体系宣告倒塌,礼崩乐坏。名士们在家国利益之间痛苦挣扎,他们从小所受的公而忘私、以天下为己任的教育,与现实发生了激烈的冲突。世风日下,人心不古,越来越多的人将处世的哲学从理想主义转变为现实主义。曹魏帝国的奠基人曹操,乱世之中挟天子以令诸侯,最后统御四方。曹魏帝国的建立就是踏着汉家王朝淋漓的鲜血一步步走到现在的。可以说,司马懿的所作所为根本不新鲜,他不过是忠实地践行了那种曹魏遗风。当司马懿站在其一生荣耀的顶点的时候,就是他彻底成为毫无底线可言的政客之时。我们无法否认的是,他所代表的,是人性中最阴暗的一面。

当然,我们也不能将曹魏的倒台完全归罪于司马家族。事实上,从东汉宦官专权以来,每一个没有坚持忠孝和公平正义的人都对此负有责任。如果我们一定要为司马懿的作为找一些借口的话,那就是:生活太艰难了,世道太险恶了,现实一点儿才能活下去。

有时候,真的不能拿好人还是坏人这样的标准来判断历史人物,因为你不知道他曾经面对怎样的煎熬和不甘。那么就让我们套用一下《双城记》那段被人无数次引用的经典至极的名言,缅怀那个精彩纷呈而又悲凉入骨的时代:

这是一个最好的时代,这是一个最坏的时代;旧的世界正在崩塌,新的秩序正在矗立;这是一个智慧的年代,这是一个愚蠢的年代;帝王将相终成粪土,名师良将璨如繁星;这是一个光明的季节,这是一个黑暗的季节;这是希望之春,这也是失望之冬;人们应有尽有,人们一无所有;人们正踏上天堂之路,人们正走上地狱之门。

第十六章

最后的远征

截至发生高平陵之变的嘉平元年，曹魏作为一个帝国不过只有三十年的历史，开创帝国的元老和功臣们还都在，对于曹魏帝国存有同情的势力还是很强的。淮南一叛之时，司马懿为了给后人留下一个安静的执政环境，在七十二岁高龄再次披挂上马，兵不血刃地拿下了王凌。司马懿死后，在淮南地区又接连爆发了两次叛乱，但都在司马师和司马昭的镇压下被平定了。司马家族在残酷镇压的同时，也实现了军政两界的大换血，彻底拔除了曹魏帝国的执政根基。司马昭死后不久，其子司马炎即篡魏称帝，建立西晋，曹魏灭亡。

淮南叛乱

好了，没有了曹爽的世界，真安静。这一年，是正始十年(公元249年)。在曹爽以及其所代表的曹家人被清洗殆尽的这一年，司马懿下令，改年号为嘉平。用曹家人的血洗刷的正始十年(公元249年)结束了。

改年号，就是要与过去告别。曹魏帝国这本大厚书，翻开了新的一页。

人之将死，其言也善。司马懿这一年七十一岁，风烛残年的岁数。这个在风雨飘摇的三国时代浸淫于沙场和朝堂之上四十年之久，多智近妖、无法撼动的存在，终于到了没有对手的境地。

只是，没有人知道，无敌，是多么寂寞。

虽然天下无敌的司马懿收起了锋芒，目光慈祥地发布与民休息的政令，但是"树欲静而风不止"。蜀汉这个时候再次兴兵进攻曹魏。如果用四个字来形容此时的蜀汉，那只能是：穷兵黩武。

虽然现在蜀汉没有了诸葛丞相，但诸葛丞相生前最为看重的继承人姜维现在是蜀汉的第二号人物，而且姜维一直将继承诸葛丞相北伐遗愿作为此生唯一的人生目标。虽然这位二号人物不太靠谱，但是所幸一号人物是明白人。这个一号人物就是诸葛亮在临死前定下的第三代丞相接班人——费祎。他对于姜维的瞎折腾一向是持否定态度的。费祎对于北伐的态度是：我们比诸葛丞相的能耐差远了，诸葛丞相尚且无法北伐成功，何况你姜维，倒不如休养生息，等以后有了厉害的人，再打出去也不迟。

平心而论，费祎的态度是最现实的，也是蜀汉应该采取的国策，毕竟打仗打的是经济基础。

于是,费祎对于姜维的北伐请求是一概打压。被逼得急了,也就给上五千一万的人马,让他去玩一下吧。嘉平年的这一次,军队人数多一点儿,但也基本上是挠痒痒级别的,担任先锋的是廖化。有一句俗语,"蜀中无大将,廖化作先锋",说的就是现在这个情景。魏国根本就没有动用中央军队,邓艾、郭淮率领的边防军就把廖化打了回去。

　　如果说在司马懿七十一岁这一年的蜀汉北伐算是毛毛雨的话,那么在这一年发生在曹魏帝国内部的一场叛乱着实让司马懿惊出了一身冷汗,而让已经极度虚弱的司马懿要亲自披挂上阵去平叛了。

　　这就是史称"淮南三叛"中的第一次叛乱。

　　虽然司马懿在高平陵之变中以极小的代价清除掉了曹爽以及大部分的曹家势力,从而牢牢地掌控了曹魏帝国的权力中枢,但是斗争形势依然危机四伏,司马家并不是稳操胜券,谁会在这场博弈中胜出依然不甚明朗。司马家族赖以依靠的西北地区虽然是稳固的,但是淮南的军队一直有不受司马家制约的趋势,这让司马懿非常担心。更重要的是,司马懿这一年已经七十一岁了,在医疗条件落后的三国时代绝对算是高龄老人,而这一年离他撒手人寰只有两年的时间。另一方面,司马家现在虽然荣耀无比,但其实已经有些青黄不接了。司马懿的得力助手司马孚只比他小一岁,此时也是古稀之年。司马师虽然说是司马家新一代的中坚,但身体也不好,尤其以眼病为甚。而司马昭此前还没有什么作为,资历太浅。

　　怕什么来什么,就在这个节骨眼儿上,淮南这儿就乱上了。

　　高平陵之变后,司马懿为了稳住中间派淮南军政长官王凌,将太尉这个副国级领导人的职务给了他。于是王凌就以太尉的身份驻守淮南。以三公的身份统领一方军政,这在曹魏帝国也就司马懿有过这待遇,可以说司马懿为了取悦王凌也是下了血本了。当然,王凌也并非是曹爽一党,但作为与司马懿资历差不多的老官僚王凌也不是司马懿的死党。

　　作为与司马懿同样混迹官场几十年的王凌,眼看着司马懿通过一场高平陵之变,利用曹魏政坛上的钩心斗角已经攫取到了最大的利益。曹魏帝国现在已经快要成为司马家的天下了,小皇帝曹芳竟然要向司马懿请安。王凌认为,要保住曹魏天下,或者说要搞掉司马懿,就需要另立新君。

太尉?谁稀罕你的太尉。我也要君临天下!

于是,认为"心有多大,舞台就有多大"的王凌,将姓曹的有继承权的人都捋了一遍,最后将目光锁定在了其外甥,即兖州刺史令狐愚治下的楚王曹彪。

"躺着也中枪"的楚王曹彪

要说王凌找到曹彪,可真的是捡到宝贝了,这个楚王曹彪的资历非常老。非常老是多老?这么说吧,曹彪是曹丕的弟弟,曹操的儿子,要算起来,现在的小皇帝曹芳得叫曹彪爷爷。

但是曹彪此人,虽然是含着金钥匙出生的人,但就是因为他是曹操的儿子,更因为是曹丕的弟弟,所以拜曹丕所赐,他一生颠沛流离,居无定所,听上去不像是天之骄子,倒更像是个流浪汉。

建安二十一年(公元 216 年),曹彪封寿春侯。黄初二年(公元 221 年),晋爵,徙封汝阳公。三年(公元 222 年),封弋阳王。其年徙封吴王。五年(公元 225 年),改封寿春县。七年(公元 227 年),徙封白马。太和五年(公元 231 年)冬,朝京都。六年(公元 232 年),改封楚。可以说每隔个几年就要搬一次家,配得上"居无定所"这个评语了。

从曹彪的际遇,我们就能看出来曹丕是如何折腾自己的同胞兄弟的了。曹丕的各种兄弟姐妹不是背井离乡,就是在背井离乡的路上,可以说比灾民还可怜。曹丕的另一个兄弟曹植曾经写过一首诗《赠白马王彪》,送给他这个倒霉的兄弟:

心悲动我神，弃置莫复陈。

丈夫志四海，万里犹比邻。

恩爱苟不亏，在远分日亲。

何必同衾帱，然后展殷勤。

忧思成疾疢，无乃儿女仁。

仓卒骨肉情，能不怀苦辛？

王凌派外甥令狐愚去白马城找曹彪，准备大干一场的这一年，楚王曹彪五十七岁。

吊诡的是，令狐愚居然在去游说曹彪的半路上死了。令狐愚死了，大不了不造反了，反正还没见着曹彪。但是作死的令狐愚，把他舅舅准备造反的事情搞得人尽皆知，他的心腹兖州治中杨康就将密谋告诉了高柔。而高柔是司马懿的党人，当然结果就可想而知。

司马懿得知后，不动声色地准备拿下王凌。他走出第一步棋，任命了新的兖州刺史黄华，作为安插在王凌身边的眼线。

心地单纯善良的"造反派"王凌，还没摸清黄华的底细，就又将拥戴曹彪为君的想法与新任的兖州刺史交换了意见。新的兖州刺史黄华表面上不置可否，但在支走了王凌之后，当夜就派人将王凌准备兵变的确凿证据向司马懿汇报。

司马懿立刻部署收网行动，一方面下令军队集结南下进行讨伐，另一方面以皇帝的名义下诏，宣称王凌劳苦功高，为曹魏社稷与人民做出了难以磨灭的贡献，本着治病救人的目的，赦免其罪行。司马懿还亲自写信给王凌，言辞恳切，回顾了二人共同征战沙场的激情燃烧的岁月，还信誓旦旦地以自己的身家性命担保，只要王凌弃暗投明，绝对既往不咎。是不是觉得这个情节非常眼熟？想当年司马懿初出茅庐之时干的第一票买卖，即擒获三心二意准备投降蜀汉的孟达用的就是这一招。而且这么多年过去了，这样先"装孙子"稳住对方然后出其不意将其拿下的套路玩得是越来越纯熟，毫无破绽。

在成功地麻痹了王凌之后，司马懿立刻下令远征淮南。为了确保万无一失,一劳永逸地解决淮南的问题,为自己的儿孙清理掉一个现实的威胁,年逾古稀的司马懿不顾众人反对,亲自披挂上马,远征淮南。就像每一个行将就木的老人一样,强打起精神也要为儿孙安排好身后事,哪怕是万丈深渊,也要放手一搏。

一路急行军,风餐露宿。

当王凌得到司马懿亲率大军前来征讨的消息的时候,司马懿距离他已经只有两百里了,不到一天的路程。过分乐观和轻敌的王凌这个时候才感到事态的严重性,但想到自己曾与司马懿做过那么多年的同事,而且诏书也宣称赦免自己,觉得事情可能还有盼头。于是,一再对形势误判的王凌为了争取宽大处理,给司马懿一个好印象,把自己绑得像个粽子一样,坐一条小舟,令随从带着印信和符节,去迎司马懿的大军。意思是:"你司马懿不就是想要权力吗,拿去吧! 我王凌年纪大了不想玩了。我不玩了,总可以了吧?"

是不是很眼熟? 这跟当年曹爽的想法和做法简直一模一样。只是这两个人都不知道,在司马懿的江湖里,从来就没有"退出"这个字眼。只有当一个死人,才能让司马懿彻底放心,做一个活着的失败者都不行。对于司马懿这样的对手,破釜沉舟或许还有一线逃出生天的可能,认输服软绝对是死路一条。

司马懿根本不出面,他派人上船给王凌松了绑,然后让主簿宣读了皇帝的诏书。一切云淡风轻,王凌觉得自己的选择是正确的,直到他被带着去见司马懿。王凌认为皇帝赦免了自己,而自己又与司马懿是那么多年的同事,就带有几分嗔怪的语气问司马懿:"你要见我,写封信就行了,我能不来吗? 何必带着大军这么兴师动众的?"

"因为你不是一封信能叫来的人。"司马懿面无表情地从牙缝里挤出一句话。

直到这个时候,王凌才明白自己被骗了,自己已经掉进了一个精心设计的骗局之中。皇帝赦免自己的诏书和司马懿情真意切的亲笔信都是为了要稳住自己。当大军压境的时候,他其实大势已去了。

终于明白了,可是真的已经太晚了。

司马懿趾高气昂地押着王凌,打道回府。

押送的路上,王凌还是不死心。王凌觉得同在朝堂之上为臣这么多年,从未红过脸,而且曹爽打压司马懿的时候,自己也从未落井下石,也许司马懿并不一定要置自己于死地。为了试探司马懿最终会怎么处理自己,王凌向司马懿要几颗钉棺材的钉子。但是,"人之将死,其言也善"之类的话从来就不是司马懿的人生信条,结果没过多久,司马懿就把钉子送来了。

于是第二天,王凌在被押送回京的路上服毒自尽,终年八十岁。

结束了吗?并没有结束。这个时候的司马懿,绝不会放过任何一个能够借以打击反对势力的机会。为了给儿孙们顺利接班营造一个惠风和畅的执政环境,回到洛阳之后的司马懿立刻开始挖掘线索,挖地三尺地调查取证,凡是跟王凌、令狐愚有关系的人,统统屠灭三族。

又是一场大屠杀。

然后他又强令楚王曹彪自杀。曹彪这辈子确实不容易,虽然贵为曹操的亲儿子,但被他哥曹丕赶着一辈子没过过几天舒坦日子,老了也不得安宁,因为一场牵连自己的半吊子兵变,最后惹了司马懿,连命也搭进去了。其实,曹彪有可能连王凌要拥戴他为君这个消息都压根儿没听说过。要知道,令狐愚是在游说他的路上暴病而亡的,有可能这个游说的活动根本就没有开始。他确实死得很冤枉,但还有更冤枉的。司马懿把所有具有继承权的曹氏宗族都从全国各地抓到邺城,命令重兵把守,监视居住,没有他的许可不准与外人交往。

司马懿借着平定淮南王凌的叛乱,再一次打击了曹氏宗族。

再见,大佬

　　也许是感到大限将到,司马懿任命了弟弟司马孚为太尉,也就是曹魏帝国的"国防部长",将曹魏帝国的兵权交给自己最信赖的弟弟。同时,司马懿定下遗书。第一,葬于洛阳城郊的首阳山,不建坟冢,不竖墓碑。第二,穿平常的衣服下葬,禁止器物陪葬。第三,子孙后代不得拜祭。

　　公元 251 年,即嘉平三年,司马懿终于在这一年病故,带着他一生的光荣与梦想,也带着身后一千年的美誉和咒骂,在初夏的洛阳城里的蝉鸣声中离开了人间。《晋书》里的记载是这样的:司马懿是因为梦见王凌向他索命,受到过分的惊吓而一命呜呼的。

　　自媒体时代,现在很多人都在重新解读《三国演义》,对于罗贯中老先生褒刘贬曹的立意表达了不同的意见。当然,其中也有人重新对司马懿进行解读和评价。虽然司马家做了篡夺曹魏王位的事情,这是板上钉钉的,但司马懿终其一生也没有做出废掉曹家皇帝的做法,而是以曹魏太尉的身份撒手西去的。而且就算司马懿发动了高平陵兵变,那也是在他被曹爽不断打压、最后不得不黯然离开政坛的情况下进行的,那是他对曹家人做出的唯一反抗。司马懿一生生活简朴、不事奢华,在四十多年的政治生涯中谦虚谨慎,而且隐忍低调,从平孟达一直到平辽东,其作为可谓任劳任怨。

　　如果司马懿在高平陵之变以前死去呢? 或者即使是高平陵之变以后马上就死去呢? 还会不会有"三马食一槽"的诟病? 还会不会有晋朝?

　　也许司马懿最大的问题就是太能活了,或者说是曹家人太短命了。如果曹丕能多活几年,不要只当了七年的皇帝就一命呜呼,或者如果曹叡能不那么荒淫无度,在三十六岁就因为透支了身体撒手人寰,那么司马懿有没有可能成为一个篡位者呢？

有道是："周公恐惧流言日，王莽谦恭未篡时。向使当初身便死，一生真伪复谁知。"如果司马懿不是那么能活，哪怕像诸葛亮那样出师未捷身先死，那么对他的评价也将是为了曹魏帝国的统一事业奋斗终生、毫无污点的一代良臣，是周公那样的良臣。

"三顾频烦天下计，两朝开济老臣心。出师未捷身先死，长使英雄泪满襟。"这是唐朝著名诗人杜甫对于诸葛亮的评价。作为《三国演义》所立的忠义的化身，诸葛丞相可谓是千秋彪炳。但是，如果司马懿不是那么能活，而是战死沙场，或者干脆就病死在初平年间，他得到的评价起码不会低于诸葛亮的历史评价。要知道，司马懿辅佐了魏武帝曹操、魏文帝曹丕、魏明帝曹叡以及后来的少帝曹芳，一共是四朝，那么他的评价就是"四朝开济老臣心"，比诸葛亮还要多两朝。

司马懿不是周公，但更不是董卓，他可能只是一个普通人。他会疲惫，会世故，也会愠怒，他需要一个公正的评价。

第十七章

曹魏终局

高贵乡公曹髦以飞蛾扑火的决绝向如山一般巍然的司马家势力发动了无谓的反抗，最终以极其惨烈的结局收场。高贵乡公的绝地反击虽然没有改变司马家碾平曹魏皇室的历史进程，但是由于弑君的恶名，司马昭只好放弃了立刻废掉曹魏政权的企图。咸熙元年，公元264年，司马昭进晋王。咸熙二年，公元265年，司马昭去世，终其一生都未能实现篡位的野心，只能把希望留给了儿子司马炎，同时，也给后世留下一句成语：司马昭之心，路人皆知。

孙权之死

　　既然我们这个故事说的是司马懿一生的荣辱,司马懿死了,这个故事也就该结束了。但是历史不会因为某个人的辞世而改变什么,它依然是大江东去不舍昼夜,依然会不断地出现数不清的风流人物和浮浮沉沉。大时代依然用它裹挟一切的伟大力量,义无反顾地滚滚向前。司马懿死后的故事,也需要花费一些笔墨,多啰唆几句。

　　嘉平三年(公元251年)在三国时代是一个重要的年份,因为在这一年,曹魏这边实际上掌握最高权力的司马懿死了,而在东吴,孙权不久也死了。普通意义上的三国全盛时代的最后一位开国君主孙权的死去,标志着星云集、奋发向上的三国时代前期的终结,正式进入了相对稳定和没有新意的三国时代后期。

　　十一月的时候,孙权病重,很快就进入了弥留的状态。此时孙权的太子孙亮很小,孙权也遇到了需要选择顾命大臣来辅政的问题。

　　这时候陆逊的儿子陆抗因为身体原因回到建业治病。回光返照的孙权立刻召见了陆抗,对自己从前因为听信谗言对陆逊不公正的待遇表达了歉意。虽然人已经死了,于事无补,但孙权迟到的道歉也起到了抚平江东第一大族的作用。在江东最后的岁月里,因为陆家又出现了一位著名的儒将陆抗,使得东吴的国祚多保留了十几年,成为三国里最后一个被灭的国家。

　　同时,孙权也想起了原来被他废为平民的前太子孙和。在这样主少国疑的情况下,没有比恢复孙和的爵位,让他保着自己弟弟更加稳妥的安排了。即使存在以后争位的可能,但总比像曹魏一样,让司马家夺去要好。所以,孙权想把孙和召回建业,委以重任。

但是孙鲁班公主、侍中孙峻以及中书令孙弘坚决不同意。英雄落幕的孙权也是无能为力，只好放弃让孙和辅政的企图。为了补偿心中的不安，他只是封了孙和为南阳王，让他去了长沙。孙峻推荐大将军诸葛恪作为东吴的辅政大臣。

　　诸葛恪，蜀汉丞相诸葛亮哥哥诸葛瑾的大儿子，在东吴新一代的儿郎中颇具名望，但是后来的事实证明，他的盛名是名大于实了。不过此时，孙权觉得陆逊已然离世，诸葛恪从名望到出身来说，也差不多了。

　　诸葛恪到建业见到孙权后，孙权任诸葛恪以大将军的身份加太子太傅，将江东的国政大权交给了诸葛恪。不久，孙权病逝，终年七十一岁，在三国同时期的君主中算是最为长命的。

　　孙权死后，东吴国内政治局势暗流涌动，蕴含杀机。

　　侍中孙峻只是考虑到诸葛恪为东吴名门之后，且天资聪颖，却没有想到，政治的角逐远不是门阀和名望那么简单。中书令孙弘与诸葛恪私交不好，担心被诸葛恪收拾，竟然伪造了孙权的诏书，准备杀诸葛恪。举荐诸葛恪的孙峻立刻将这个消息透露给了诸葛恪，让诸葛恪先下手为强杀了孙弘。

　　与诸葛恪成为东吴的执政大臣几乎同时，司马师成了曹魏的执政大臣。二人面对同样亟须解决稳定国内政局的问题。为了证明自己，同时为了通过一场对外战争的胜利奠定执政基础，东吴和曹魏在从嘉平三年（公元251年）到正元二年（公元255年）短短的四年时间里，爆发了两次较大规模的战争。

　　孙权曾经在巢湖修建了一条东兴大堤，使得大堤成为一个停泊战舰的港口，不过后来这个大堤逐渐被废弃了。诸葛恪执政后，重修了大堤，并修建了军事据点，派重兵把守。这个举动，在魏国人看来，就是一种赤裸裸的军事挑衅行动，是在为制造争端创造条件。魏国征南大将军王昶、镇南将军毌丘俭等人上书，建议进攻东吴。

　　司马师应允，下令魏国大举讨伐东吴。东吴也积极准备，投入大军，增援东兴。

正值腊月,东关大雪纷飞。

东吴老将丁奉探听到曹魏大军正在摆设酒宴,痛饮开怀,便下令轻装简从,沿堤而上直扑魏军大营。曹魏军大吃一惊,四散逃走,慌不择路,大部分跌落水中。没有跌落水中的也因为互相践踏死伤惨重。东吴俘获大量辎重凯旋。

兵败后,司马师主动承担了兵败的所有责任,并且将弟弟司马昭削除爵位,没有追究一线作战将士的任何责任。这一方面收买了人心,另一方面使得曹魏统治阶层获得了空前的团结。而诸葛恪却显然被轻而易举取得的胜利冲昏了头脑,认为曹魏不过如此。同时他又认为此战胜利太小,就开始谋划着再发动一次规模更大的战争,将曹魏打回中原。他甚至有了一种想要实现自己叔父诸葛亮未竟的北伐事业的冲动。

仅仅隔了一年,诸葛恪主动发起了对曹魏的进攻,投入战争的兵力比上一次有了极大的提高——大军二十万。诸葛恪大军压上,围住新城,准备采取围点打援。司马师一眼就看透了诸葛恪的战略意图。不过这也不能说是司马师的目光如炬,从孙权开始,东吴的作战特点就是防守反击无往而不利,主动出击攻打坚城十战九败。

司马师认为,既然诸葛恪大军压上放弃了深入国内攻城略地,只是围着新城打,很明显,还是抢一把就跑的策略。所以司马师的策略就是不去救援新城,让新城守军拖住诸葛恪的大军,待其师老兵疲再出兵将其击溃。

此时,新城内只有三千人,三千对二十万,诸葛恪认为东吴军一人踹一脚,新城就会攻克了。就这样,诸葛恪的二十万大军围着新城,各种攻城器械不停地招呼,加上刨地道、放水淹,能想到的办法都用上了。但过了三个月,就是攻不下来。魏国新城内的三千守军焕发出了极其顽强的战斗力,几次城墙都已经被打开了大洞,他们硬是拼命补上,然后继续守城。诸葛恪大军三月出军,放弃了长驱直入进入魏国腹地的机会,围攻新城,结果围了三个月,毫无进展。到了七月,夏天到了,吴军中瘟疫蔓延,只好撤军。这时候养精蓄锐的魏国援军杀到,只杀得东吴军丢盔卸甲,惨败而回。

我们知道,东吴的军队都是私兵,也就是大部分是各大家族的私人武装。诸葛恪此次的惨败导致其在东吴的名声大损,各种势力大有除之而后快的打算。而孙峻趁机在宫中将诸葛恪诛杀,平定了吴国上下的怨气。

废黜曹芳

通过两次对吴战争,司马师最终以一场大胜积攒了足够的民望,渡过了执政初期政局不稳的状态。紧接着,司马师就紧锣密鼓地开始在朝堂上讨伐一切对自己不满的人。他在朝堂上和宫中布满了眼线,冷眼旁观着朝堂上每个人的表现。

因为小皇帝曹芳已经慢慢长大,其所作所为让司马师觉得自己对这个小孩子已经慢慢失去了控制。这种感觉让司马师寝食难安。

有一次,曹芳非正式召见了中书令李丰,两个人私下里相见聊了很长时间。李丰出来以后,司马师立刻就叫来李丰,想知道曹芳跟他到底说了些什么。对于这个他自己亲自选的,放在小皇帝曹芳身边,本来是想要让他替自己监视曹芳的人,他原本是抱了相当大的希望的。

李丰如何回答的,我们现在已经不得而知了,但我们知道的就是,他的回答让司马师非常不满意。于是,司马师把同样的问题又问了一遍。在我们正常交流的时候,同样的话连续说两遍,意思就是说话的人在强调一件事情的重要性了。

司马师已经快要失去耐心了。

这一次李丰根本就没有回答,他正色道:"你们司马父子心怀不轨,企图篡夺社稷,只是我势单力薄,无法将你们擒杀,为国除害!"

这就算是没救了。

司马师当即命武士将李丰腰斩,血洒朝堂。

司马师在为人狠毒、行事毫无底线这个方面,深得司马懿的真传,有的方面更甚于司马懿。司马懿高平陵兵变之成功,最重要的物质准备就是司马师所豢养的三千死士。如果说司马懿对大兴杀戮还有所顾忌,还要千方百计地想一些借口,造一些对自己有利的舆论,那司马师则完全不用,他的做法要直接得多。

司马师无子,有的史料中的记载更加直接说司马师是性无能。我们从对宦官的认知就能知道,在性方面的缺失可能会使得司马师具有常人所不具备的猜疑和决绝。只要你让司马师稍稍感觉到你的不忠诚,你将会成为反对他的力量,你就会有杀身之祸。朝廷中枢命官,说杀就杀,杀了以后再编罪名。司马师执政时代的肃杀的政治气氛,甚至比司马懿治下更加令人窒息。

小皇帝曹芳听说此事后,非常生气,当时就叫嚷着要跟司马师理论。但是在这个用实力说话的世界里,他的辩论是苍白无力的。

而且,李丰事件同时也是后来发生的一系列事件的契机。往后,每一个大臣都将无条件服从于司马师,稍有不从,司马师就立刻大开杀戒。

李丰的尸体当晚就被抬到了廷尉府。廷尉钟毓按照司马师的指示,将李丰生前交好的皇后父亲张缉与夏侯玄等人逮捕,罪名是意图谋反。

这就是彻底的冤案了,张缉算是李丰的好友,而夏侯玄本来是曹家的至亲,跟李丰没有交集。夏侯玄本来是司马懿在高平陵事件中为了缓和矛盾,明确表示要从宽处理,以示不会打击面过大所树立的典型。结果司马师将夏侯玄硬拉进李丰的冤案中,毫无合理的解释。如果一定要找一个理由,那就是司马师想杀掉夏侯玄,就是要将高平陵事件司马懿所确定的屠灭曹爽三族的打击范围扩大化。

既然决定了要将高平陵之变的旧账重新翻一遍,那么就必将是一场旷日持久的屠杀,夏侯玄不会是最后一个。

接下来死的是时任中领军的许允。

许允是在高平陵之变中力主劝说曹爽归降司马懿的。许允的努力使得司马懿兵不血刃就得到了帝国第一执政的地位,可以说是在高平陵之变中立了大功。因此,高平陵以后,许允被司马懿任命为首都洛阳的禁军首领中领军。

　　许允作为负责皇城守卫工作的中领军,跟皇帝接触的机会自然会比较多。慢慢地,司马师对许允产生了怀疑,他要确认:许允是死心塌地跟自己是一条心,还是有可能投靠小皇帝曹芳的阵营?

　　司马师决定给许允出一道题。

　　一天清晨,一个人骑着快马把一卷诏书扔在许允家门口,对着门大喊一声"有诏书!"然后迅速离开。门人出来看到时候,那人早已经不见了踪影。门人赶忙把地上的诏书拿起来给许允看,只见上面写着:"任命夏侯玄为大将军,许允为太尉。"许允大惊失色,考虑良久最终把来路不明的"诏书"烧毁了。

　　司马师这道题的阴损之处在于,如果许允是坚定地站在自己这一边,那就会在第一时间向自己报告。既然是诏书,那么小皇帝曹芳就脱不了干系,而且作为谋反的诏书上面有许允的名字,即使他向司马师告发了此事,但他的罪过的把柄尚在,随时可以拿来一用。但是许允却选择了把诏书烧掉,就当这件事从来没有发生过,要把它烂在肚子里。许允对这道题的选择,让司马师再一次动了杀机。

　　很快,对李丰有了最终的审判结果。李丰作为谋反案的主谋,死有余辜。已经收押的张缉和夏侯玄与李丰串通一气,图谋不轨,斩立决。而且在宣布处死的名单中不动声色地多加了一个人的名字,这个名字就是许允。

　　司马师给许允出的这道题,确实是一道送命题。

　　谋反的人里面有皇后的父亲张缉,那么皇后自然命不久长了。很快,司马师下令废了张皇后,改立王皇后。此时的曹芳已经二十三岁了,作为一个已经完全意义上的血气方刚的青年人来说,自然对这种受人摆布的傀儡人生充满了逆反心理。而且司马师咄咄逼人的嚣张气焰已经让这个年轻人曹芳无法忍受了,他也确实在心中暗暗谋划着如何灭掉司马师这个问题。

这时,蜀汉的姜维又一次从西南方向施压了。虽然蜀汉现在的攻势基本上是挠痒痒级别的,但是为了让弟弟司马昭积攒军功,司马师命司马昭率军增援西北防线。

按照惯例,司马昭要率领着大军从许昌来到京城洛阳,而皇帝曹芳要举行阅兵仪式。曹芳的近臣给他出主意,让他利用司马昭上殿面圣的机会,将司马昭杀掉,然后统领司马昭的兵马,讨伐司马师,一举将其剿灭。

不能不说这是一个非常有想象力的计划,虽然非常凶险,但是确实有成功的可能。可这么做,必须有一个前提,那就是主使人必须有钢铁般的果断和坚决,任何一个闪失或者犹豫都会导致失败。

就在司马昭跪在曹芳面前的时候,旁边的太监说道:"青头鸡,青头鸡。"这是一个立刻发动攻击的暗号,万事俱备,只等曹芳下令了。但是这个时候,曹芳却害怕了,久久无法下达发动攻击的命令。于是,曹芳就这样白白贻误了最好的一次一举剿灭司马氏兄弟的机会。司马昭也明显感到朝堂之上的气氛诡异,起身赶忙出宫而去。

虽然皇帝曹芳当断不断,但是要暗杀司马昭的消息已经从司马师遍布宫中的眼线中传达到他的耳朵里。于是司马师立刻下令,厉兵秣马,为可能会到来的大战积极做着准备。后来,司马昭从宫中全身而退之后,司马师决定,立刻废黜曹芳。

司马师以郭太后的名义召集群臣商议,一众拍手党和举手党一致认为,曹芳顽劣荒废政事,已经不再适合做曹魏帝国的一国之君,应该立刻废黜曹芳。司马师派人去通知郭太后,并且命小皇帝曹芳交出天子的印绶,由郭太后保管。在司马师的安排之下,曹芳被废黜,封了个齐王。曹芳拿着齐王的印绶,与母亲郭太后挥泪而别,离开了洛阳赶赴自己的新封地。也许曹芳是心态轻松地离开了这个到处都是阴谋和算计的皇宫的。从八岁开始一直到成年,他一直是在这样的环境下长大的,作为一个傀偶，他没有一天感到过轻松。但是，胸无大志，也许真的是他在乱世活下来的法宝。对比他的继任者，他真的应该感到庆幸了。

在下一任皇帝的问题上，郭太后和司马师之间产生了严重的分歧。

司马师原来定下曹芳的接班人是彭城王曹据。这其实是一个无关痛痒的安排，反正依然是另外一个傀儡，听话就行。但是郭太后却表达出强烈的反对。理由似乎也挺简单，曹据是曹操的儿子，按照辈分来说是魏明帝曹叡的叔叔，那也就是郭太后的叔叔。如果曹据当了皇帝，对于郭太后来说，确实在辈分上论起来比较乱。叔叔当皇帝，自己是皇太后，这确实比较怪。

由于郭太后手里拿着皇帝的玉玺，司马师确实也无可奈何，只能问郭太后应该立谁。郭太后已经有了人选，那就是曹丕的孙子，即东海定王曹霖的儿子曹髦。司马师斟酌了一下，反正立谁都是个过渡性的国君，曹髦今年十四岁，可能比早已成年的曹据更好控制。所以，经过曹魏群臣一致表决，就这么愉快地决定了。

淮南二叛和淮南三叛

嘉平四年(公元 252 年)，司马师迁大将军，加侍中，持节，都督中外诸军，录尚书事。司马师立了史称"三少帝"的第二个小皇帝曹髦，改年号正元。

虽然说后来有句非常有名的说法叫作"司马昭之心，路人皆知"，但是正元年间，在曹魏帝国，司马师之心，也是路人皆知了。在司马师执政期间，他不仅对不臣服自己的人大肆诛杀毫无底线，而且对皇帝也是随意废黜。曹魏的宗亲全部被软禁在邺城，而军队的控制权则完全掌握在司马氏手中。司马师也早已没有了父亲司马懿沉重的道德负罪感，对于新立的皇帝更是赤裸裸地逼迫。

司马师私行废立之后一年,正元二年(公元255年),毌丘俭、文钦谎称得到了郭太后的手诏,要求讨伐司马师,发动了史称"淮南二叛"的对于司马氏的再次反抗。此时,司马师眼中长出了个肉瘤,刚刚动手术割掉,本来打算派司马孚率军讨伐,但众幕僚都认为淮南事发,非同小可,为确保万无一失,建议司马师亲征。

长期觊觎寿春的东吴很快得知叛乱的消息。吴主孙亮派孙峻带领留赞、吕据率军援助毌丘俭、文钦,以削弱魏军。司马师利用毌丘俭急于一战的心理,镇守南顿,并且卡住汝阳,断掉叛军的退路。毌丘俭在南顿城下师老兵疲。司马师命邓艾率少量军队进入乐嘉要塞,引诱叛军来攻。文钦一路陷入包围,兵败逃往东吴。

毌丘俭所率的淮南将士都是北方人,家属皆在北方,叛军公然与曹魏大军对抗,而且战斗陷入旷日持久的僵持,军心逐渐不稳。心态的变化,导致后来毌丘俭之军不战先溃。不久,文钦兵败的消息传来,毌丘俭知道独木难支,失败在所难免,遂放弃项城星夜南逃。曹魏大军击溃了东吴的援军,断绝了毌丘俭逃亡东吴的退路。"淮南二叛"彻底失败,乱军之中,毌丘俭被人发现射杀,他的弟弟毌丘秀、孙子毌丘重逃出,最后亡命东吴。

从起兵到失败,叛乱持续仅一个多月,一场轰轰烈烈的讨伐司马师之战,以毌丘俭、文钦兵败告终。"淮南二叛"导致的最重要的后果是,司马师在此战中因战而死。叛乱中,文钦之子文鸯带兵袭营,误打误撞差一点儿就发现司马师的大营。由于惊吓过度,司马师的眼球被震出眼眶,居然活活疼死了,终年四十八岁。

得知司马师病重的消息,司马昭害怕有变故,只得离开首都洛阳,来到许昌,坐镇军中。不久,司马师的死讯传来。由于在战中病情急剧恶化,司马师甚至来不及对后事有所交代就撒手西去了。

在洛阳朝廷方面,新登基的曹髦也不甘心做傀儡,司马师的突然辞世,使他突然觉得这是一个从司马氏手中夺回军权的千载难逢的时机。

战争结束后,曹髦立刻下令,命尚书傅嘏、黄门侍郎钟会带领大部队回到洛阳,卫将军司马昭驻守在许昌防备寿春方向。这就是要趁乱收回军队指挥权的意思。

但是此时,军方基本上已经是铁板一块了,不是一纸诏书可以改变得了的。接到诏书以后,傅嘏和钟会立刻通报了司马昭,三方一起给朝廷写奏表,说明司马昭和大部队一起回洛阳的原因。并且不等朝廷批准,直接由司马昭率领着部队回到洛阳,驻扎在洛阳城南。

皇帝的命令没有人执行,这就尴尬了。事已至此,曹髦只能眼睁睁地看着司马家完成从司马师到司马昭的权力转移,而且毫无办法。不单如此,他还必须配合加封司马昭。曹髦下令,司马昭进位大将军,加侍中,都督中外诸军,录尚书事,辅政。第二年,司马昭封高都公,加九锡,假斧钺,剑履上殿。

司马昭是在一片恐慌之中上台的。一方面权力交接得太过仓促,中间没有什么过渡,很多该解决的问题都悬而未决。另一方面,他自己在洛阳原来一直作为禁军的首领,对于朝政和大政方针的制定基本没有过多参与。原来哥哥司马师手握大权的时候,虽然不能说是井井有条,但起码还能相安无事,一个出征,一个留守,作战的前线和留守的后方的局势总体来说还都能在掌控之中。如今只剩下自己,而小皇帝曹髦逆反心理极强,朝中以及地方上反对司马家的势力一直都在,一旦出现任何差错或者应对得不及时,那将是司马家的灭顶之灾。

司马昭执政以后,没有耐心再像哥哥司马师那样给皇族和大臣们出选择题了,他也不想做曹魏的忠臣了。于是,司马昭派出贾充去各地军阀处,了解这些封疆大吏们的真实想法:如果自己篡夺皇位,这些人到底是支持呢还是反对?

贾充来到寿春,与寿春的军政大员诸葛诞交谈。当谈到国家最近的巨大变动的时候,贾充毫无忌惮地说道:"首都的大臣们都说,现在曹家的国祚已尽,对于司马昭禅代曹魏都非常支持,不知您是什么意思?"

253

诸葛诞也没有拐弯抹角,直接说道:"从我父亲开始我们家族就作为曹魏的官员,世代受曹魏的恩惠,怎能如此轻易地就把社稷让给他人呢?如果洛阳真的发生篡夺皇位的事情,我必以死报之。"

　　贾充默默不语,一场对话不欢而散。

　　贾充立刻报告了司马昭,二人紧急商量对策,在是不是把诸葛诞召回洛阳的问题上犹豫不决。贾充认为,诸葛诞常年作为东南方向的最高军政长官,在当地非常有声望,如果现在把他召回来,他肯定不会乖乖听话,尤其有了那次尴尬的对话之后。但是如果现在不有所动作,时间长了,任凭他在当地坐大,再反叛,镇压起来代价就更大了。因此,司马昭决定,马上下令,朝廷任命诸葛诞为司空,即刻回京上任。

　　正如贾充所预料的那样,诸葛诞一接到诏书,立刻把儿子诸葛靓送到了吴国,请求援军,反了。这就是史称的"淮南三叛"。得知魏国国内又有造反的了,吴国立即派遣魏国旧将文钦等人率军来援。

　　司马昭得知后,只能自己亲自披挂上阵,前去平叛,自己点的菜含着泪也要吃完。而且为了防止自己在前线时朝廷有什么变故,司马昭像带了个吉祥物似的把曹髦也带在身边一同出征。

　　由于吸取了上一次毌丘俭被调动出坚城之后,攻势受阻,最终陷入进退维谷的窘境的教训,这一次,诸葛诞固守坚城,等待东吴的援军。司马昭率军包围寿春城,吴军前来接应诸葛诞,但几次都被曹魏所定的围点打援的军事部署打了回去。看着战事不利,寿春城内不断有部将出城投降司马昭。一个月后,寿春城粮草殆尽,诸葛诞和文钦等人多次组织突围失败,只好再撤回城内。城内形势更是捉襟见肘,出城投降的人越来越多,在生死存亡的危急时刻,诸葛诞和文钦又产生了激烈的争执,文钦被诸葛诞杀死。文钦之子文鸯和文虎听说父亲被杀,逃走投降了司马昭。城内人心就更加浮动了。眼看着守军大势已去,司马昭下令攻城,寿春城内竟然无人抵抗。诸葛诞带着卫队想突围出城,结果被司马昭的部将胡奋斩杀。

　　和前两次的淮南叛乱几乎一样,这次叛乱虽然开始的时候势头也很唬人,动辄叛军二三十万,而且还联络了东吴,但最终都是在极短的时间里被平定了。

这一次平叛后,司马昭的威望再一次提高。曹髦下令,封司马昭为晋公,加九锡,进位相国,并且拥有在其属国晋国设置官职的权力。同时,经过两次淮南叛乱的平定,一批忠于司马家的年轻将领脱颖而出,他们与曹魏皇帝没有感情基础,他们的发迹都来自司马家的关照。理所当然的,他们对司马家感恩戴德,也从心底里希望司马家能够代替曹魏登上皇帝的宝座。这些绝对忠诚于司马昭的人也被司马昭所看重,被派驻到各地掌握地方的军政大权,成为日后晋国得以成立所凭借的基础。

曹髦之死

再看我们现在曹魏帝国名义上的国君曹髦,眼看着剿灭司马氏势力、重振曹魏统治的希望一点点破灭,他这个一国之君心里的苦闷可想而知。如果曹髦是个满足现状、知天达命的人倒罢了,可悲的是,曹髦偏偏还是个心怀社稷、想要成为一代明君的人。

到了司马昭通过平定淮南之叛彻底稳定了政治局面的公元 260 年,曹髦已经二十岁了。他眼见皇权逐渐被司马家控制,毫无反抗的可能,气愤之极。于是为了排遣心中的不满,他作了一首《潜龙诗》:

> 伤哉龙受困,不能跃深渊。
> 上不飞天汉,下不见于田。
> 盘踞于井底,鳅鳝舞其前。
> 藏牙伏爪甲,嗟我亦同然。

公元 260 年的五月七日,曹髦打算召集全体朝臣与司马昭摊牌,用手中仅剩的武器，诏书，去公开废黜司马昭。他召见侍中王沉、尚书王经等人，试图说明缘由，表达了他准备要孤注一掷废黜司马昭的想法。王沉等人意见竟然高度一致，劝曹髦三思而行，不可以卵击石。这说的倒也是实话。但曹髦把已经写好的诏书狠狠地扔在地上，斩钉截铁地说："你们不用说了，朕已经决定了，即使死了也不足惜，更何况还不一定失败呢！"

王沉等见小皇帝马上就要发作，赶忙退出。从宫中出来以后，他们连滚带爬地就去给司马昭报信。连侍中和尚书都是司马昭的眼线，可见朝廷上下已经全都是司马昭的人了。曹髦知道几人已去告密了，事情也已经泄露，便只好带着身边唯一还能听自己的人，几百个侍从和太监，公开讨伐司马昭。

这时，司马昭已经做好了准备，命令加强戒备。

贾充率领着皇宫的禁卫军与曹髦带的人正好碰上，禁军将士都认识曹髦，无人敢上去拦阻。曹髦剑指贾充，命其手下退下。

其部下成济问贾充怎么办，贾充声色俱厉地大声说道："司马公豢养你们，就是为了今天，事不宜迟！"弑君这种事非同小可，于是成济继续问："是抓起来，还是杀掉？"贾充说："杀！"

于是，成济手握长戈向曹髦刺去，刀刃穿背而出。

司马昭得知后，大惊失色，跪在曹髦的尸体前道："百姓该如何说我！"

曹髦以飞蛾扑火的决绝向如山一般巍然的司马家势力发动了无谓的反抗，最终以极其惨烈的下场收场。他的绝地反击虽然没有改变司马家碾平曹魏皇室的历史进程，但是由于弑君的恶名，司马昭只好放弃了立刻废掉曹魏政权的企图。

为了平息朝廷之上弑君的汹汹众议，司马昭默默地将吞食天地的欲望强压下来，立了三少帝中的最后一个小皇帝曹奂，并且改换年号为景元。其实选曹奂完全是为了讨一个好彩头。司马昭心想："曹奂你就到此为止，我再忍你几年，曹家可以换换了。"

咸熙元年，公元 264 年，司马昭进晋王。

咸熙二年（公元 265 年），司马昭去世，终其一生未实现篡位的野心，而把希望留给了儿子司马炎,却也给后世留下一句成语:司马昭之心,路人皆知。

同年,司马炎嗣相国,继晋王位。作为司马家成长起来的一代年轻儿郎,司马炎根本没有叔叔大爷"前怕狼后怕虎"的道德负担。同时,也没有玩半推半就的耐心,同年十二月,他接受禅让,称帝。

司马昭和司马师这两兄弟,就是这样在半推半就中一点点将曹魏的江山蚕食干净的,两代人不断地加强心理暗示,到最后,司马炎毫无心理负担地接受了曹奂的禅让,晋朝开始。

好了,司马懿的故事结束了,曾有的光荣和梦想,过去的尔虞我诈和挥斥方遒都过去,湮没在一捧黄土之中。

黯淡了刀光剑影,远去了鼓角铮鸣。湮没了黄尘古道,荒芜了烽火边城。

再见,大佬。

三家归晋

司马懿死了,但曹操当年那个"三马食一槽"的噩梦还在继续,这里整理了一下剩下的两个马的光辉事迹,让大家看看这个谶语是如何一步一步变成现实的。

嘉平四年(公元 252 年),司马师迁大将军,加侍中,持节,都督中外诸军,录尚书事。在正元元年(公元 254 年)这一年,司马师嫌曹芳碍事,立了史称"三少帝"的第二个小皇帝曹髦。

正元二年(公元 255 年),平定毌丘俭、文钦之叛后,司马师去世。同年,司马昭进位大将军,加侍中,都督中外诸军,录尚书事,辅政,剑履上殿。但司马昭固辞不受。

甘露元年(公元256年),司马昭封高都公,加九锡,假斧钺,剑履上殿,依然固辞不受。

甘露三年(公元258年),平定了诸葛诞之乱后,司马昭封晋公,加九锡,进位相国,晋国置官司,九让乃止。增邑万户,食三县,诸子之无爵者皆封列侯。

甘露五年(公元260年),司马昭复进位相国,封晋公,加九锡,依然不受。

五月,本来半推半就的戏码演到这个时候就应该欣然接受了。但就是这个时候,曹髦不甘心被人当作木偶,一怒之下号令群臣诛杀司马昭。谁知道满朝文武竟然一下子全都跑光,去给司马昭通风报信,结果他还没跑出宫,就被匆匆赶来的司马昭的心腹贾充命人杀掉。

咸熙元年(公元264年),司马昭进晋王。

咸熙二年(公元265年),司马昭去世,终其一生未实现篡位的野心,而把希望留给了儿子司马炎。

同年,司马炎嗣相国,继晋王位。同年十二月,司马炎接受禅让,称帝。

同时,三国时代的大幕也在慢慢落下。公元263年,司马昭决定向蜀汉发动战争,派遣钟会、邓艾、诸葛绪三路攻蜀。邓艾绕道阴平,奇袭江油,在蜀汉腹地绵竹大破诸葛瞻,攻占绵阳,进逼成都。后主刘禅基本上未作抵抗,向邓艾投降。公元263年冬,蜀汉正式灭亡,开始了三国时代统一的序幕。公元279年,晋武帝司马炎发兵二十余万,分六路进军攻打吴国。第二年二月初,攻克丹阳城后,攻破吴军横断江路之铁锁铁锥,船行无阻。吴军已经丧失了斗志,不断失败。晋军很快挥师直指建业,吴国末代国君不战而降,士卒闻讯逃散,于是吴国宣告灭亡。经过了从公元220年到280年六十年的时间,自汉末以来天下分崩离析的状态终于终结,天下归晋。真可谓,天下大势,合久必分,分久必合。

好了,司马懿的故事结束了。作为三国时代将才与帅才的集大成者,他虽然没有亲手终结三国时代,但是在他所打下的基础之上,两个儿子司马昭和司马师以及孙子司马炎,最终将曹魏的江山蚕食干净。

天下一统的晋朝,开始了。

滚滚长江东逝水,浪花淘尽英雄。

是非成败转头空。

青山依旧在,几度夕阳红。

白发渔樵江渚上,惯看秋月春风。

一壶浊酒喜相逢。

古今多少事,都付笑谈中。

杨慎《临江仙》

我们能够向司马懿学习什么

　　司马懿的故事终于写完了。说实话，由于出场的时间比较晚，因此，司马懿在《三国演义》中的戏份明显比刘关张们要少，而他的生平也没有被编入《三国志》，而是作为晋朝的宣帝放在《晋书》里。其故事或者事迹散落在《晋书》等古籍中，线索并不是很多，洋洋洒洒十几万字，其中有一些是确切的史料记载，但其中确实有一些语焉不详的地方，史料不充足也就只能选择一笔带过了。本书虽然不是一部严格意义的史书，但也在追求不要过分的演义。当然，也不能说历史书就能真实地还原那个时代的情景，毕竟，就像笔者在前言里引用的雷蒙·阿隆那一句名言：历史是由活着的人和为了活着的人而重建的死者的生活。

　　在三国时代，从某种程度上来说，司马懿是一个集大成者，文韬武略都算得上佼佼者。武功方面，他把诸葛亮这样三国时代神一般的存在堵得一点儿办法没有，收拾辽东公孙渊这样的曹魏老大难问题也基本上是手到擒来。在谋略方面，他熬死了曹魏三代君王不说，在基本上毫无胜算的情况下，最终在高平陵之变中一举翻盘拿下曹爽，奠定了晋朝基业的基础。但是由于《三国演义》对于后世中国人甚至亚洲人民有着极其深远的影响，兼之三国初期的良臣武将们的光芒是如此耀眼，以至于司马懿的功绩和生平被有意无意地隐藏了。而本书主要是以司马懿的生平和功绩为主线的，三国时代的著名的韬略和战役虽然精彩纷呈，但是也无法着墨过多，以免喧宾夺主之嫌。

　　所谓"文以载道"，但是这长篇累牍的十几万字到底想要载一个什么样的道，或者说我们能够从司马懿的故事里学到些什么？

　　首先，我们需要对司马懿此人有一个大概的认识，就像一般来说对于一个事物的认识必须先有定性的感性认识,然后有定量的理性的解读。本书从开始的一个短短帖子,到后来写得越来越多,一直写到司马懿最后的岁月。在码字的将近两年的时间里,笔者一直在想一个问题:我们究竟从司马懿的一生荣辱浮沉中能够得到什么?司马懿到底是一个好人还是一个坏人?他到底应该被我们歌颂还是唾弃?两种截然相反的观点似乎都对,但似乎又都有问题。我们如何能够在这个到处都是麻烦的世界中保持内心平静的自处,或者说,我们如何能够心安理得地做一个好人而没有被人骂"蠢货"的心理负担?能够想明白如何听从内心的召唤,确信自己知道怎么做,往往比是不是应该做,更加令人费解。

我们首先必须承认,无论从哪个角度来说,司马懿都无疑是一个成功者。似乎一生中的坎坷,他都能够有惊无险地跨过;而且每次涉险跨过一道坎坷,他人生的境遇都会有一种极大的提升和开拓。笔者试着总结一下司马懿能够取得后来的成就,以及他成为三国时代最大的人生赢家所仰仗的一些特质。

当然,首先就是能活。

司马懿从曹操时代就开始为曹家做事,并且作为曹操留给曹丕的班底,成为曹丕一朝最为倚重的东宫故人。后来曹丕死了,司马懿作为顾命大臣辅佐曹叡。但曹叡更是短命,司马懿就接着辅佐曹芳。可以说,司马懿在曹魏是四朝元老。他得享高寿,是司马能取曹氏而代之的重要因素。曹丕享年四十岁,曹叡只活了三十六岁,父子相加七十六岁,差不多仅仅是司马懿一人之寿数。如果曹丕父子能活得久一点,不用太多,都活到四十五岁,那司马懿将死于君权集中的曹叡之前。这样一来,司马氏取代曹氏的政治变化或许会化为泡影,历史将被改写。人寿命的长短,一般来说具有偶然性,但任何事情都有其偶然性,同时也有其必然性。

司马懿比曹丕父子高寿一事,也不完全出于偶然。司马懿出身河内儒学大族,也是在汉献帝的建安年间成长的一代。建安年代是一个各种思潮野蛮生长、士大夫思想急剧变化的年代。由于汉朝四百年建立的,以修身、齐家、治国、平天下为特点的儒家三观逐渐崩塌,积极献身群体,同时克制个人欲望的士家传统在逐渐衰退,取而代之的是追求自身愉悦、轻视社会观念的道家思想之兴起。司马懿自幼受家学熏陶,又成长于儒家思想尚未衰退的时代,故个人生活比较自律。他提倡节俭,也不纵欲,妻妾不多,遇事能自我排解。在与诸葛亮的对垒中,收到敌方送来的女人的服饰,也不真正动气。清心寡欲,坚持孔孟养身之道,是他得享高寿的主因。

反观曹家人。曹操是宦官养子的后代,严格意义上来说是阉党,根本谈不上儒学渊源,又成长于思想变动大时代后期,受到儒家三观的影响很小。曹操、曹丕父子二人的共同特点是放纵恣意,特别是在私生活不检点这一方面来说特别突出。曹丕在其所作的诗作《芙蓉池作》中说:"寿命非松乔,谁能得神仙。遨游快心意,保己终百年。"反正要死,不如享乐一生算了,完全是一副醉生梦死的生活写照。殊不知情欲一纵,要享受百年更不可能。司马懿的清心寡欲,对比曹家一代比一代的荒淫无度,与他们分属不同家族、时代以及从小所受到的教育有非常大的关联,并非全属偶然。

司马懿的第二种特质,当然是他极其隐忍的处世风格。

成年之后的司马懿,是个城府极深、思虑极远的人。他在人才辈出、将星如云的三国时代,能击败众多对手,成为将才和帅才的集大成者,为晋朝奠定基础的原因也在此。

司马懿出身于河内儒学世族,从小就具有超强的忍耐力。他一生的特点,就是从来不会意气用事,总是要以最少的成本换取最大的利益。为了达成这个目的,他可以忍受常人不能忍受的痛苦和屈辱。他早年忍过曹操的猜忌,忍过诸葛亮巾帼之辱,又装疯卖傻骗过曹爽的试探,在床上装病达数年之久。但是每经过一次这些痛苦,他就能用最少的成本换取最大的利益,这就是他成功的要素。

虽然司马懿是晋王朝的奠基者,而且后世的史家和众论也常常视其为曹魏的篡夺者,但是我们找不到他有任何背叛曹家皇室的迹象。在为曹家卖命效忠的四十多年里,他一直都是兢兢业业毫无怨言,成为几代曹魏君主最为倚重的国之栋梁。唯一让人诟病的是他诛杀曹爽党族的行动。但这也是司马懿被曹爽已经逼得退无可退之后的一次反击,无可厚非,一个普通人大抵也会如此。高平陵之变发生后,司马懿成为曹魏真正的主人,掌控国家大权,但依然谦虚低调,对于丞相、九锡、郡公等,一生都坚辞不受。

司马懿受到的这些殊荣,是对他一生为曹家卖命、屡建大功的一种认可。司马懿侍魏多年,又是四世三代辅政大臣,受两朝托孤。在这漫漫为官之路上,司马懿确实有过巩固自己权力地位的动作,包括让弟弟去辅佐曹植,后来因曹植的失势而果断将其抛弃。但其实,这可能更多的是为了家族的兴旺发达。

司马懿终其一生并没有想要改变曹魏皇室统治地位的实质性的举动,是在其死后,儿子司马师、司马昭才开始有了取而代之的想法,但仍拖了十几年到司马炎才敢篡位。这说明司马懿对魏国及先帝有一种道德上的责任感和使命感,由于此,他虽拥握重权而并无任何不臣的举动。而这种使命感到他儿子这一辈,乃至其孙子这一辈就日渐淡薄,而终究导致了篡位的发生。

司马懿的第三种特质,我们可以认为是他顺势而为的人生信条。

《晋书·宣帝纪》中对司马懿的一生进行了高度概括性的评价:"宣皇以天挺之姿,应期佐命,文以缵治,武以棱威。用人如在己,求贤若不及;情深阻而莫测,性宽绰而能容,和光同尘,与时舒卷,戢鳞潜翼,思属风云。饰忠于已诈之心,延安于将危之命。观其雄略内断,英猷外决,殄公孙于百日,擒孟达于盈旬,自以兵动若神,谋无再计矣。既而拥众西举,与诸葛相持。抑其甲兵,本无斗志,遗其巾帼,方发愤心。杖节当门,雄图顿屈,请战千里,诈欲示威。"

曹魏帝国面对蜀、吴、辽东等敌国或地方割据势力的斗争,司马懿几乎全部参与。在曹丕时代,司马懿以尚书右仆射主持尚书台,作为曹丕最为倚重的心腹之臣,在曹丕引大军临江观兵征吴时,他负责主持后方军政大事及前方后勤补给,曹丕以"萧何"赞誉其功。后来在魏明帝曹叡的时代,他铲除了孟达集团,并阻挡了诸葛亮的北伐攻势,年逾六十还兴兵远征辽东,铲除割据东北、为患多年的割据势力。之后,他又两度击退东吴大军,令敌国统治者孙权都曾对其赞誉有加。曹魏在连续两代君王短命的情况下,能一直维持其强国优势,司马懿当居首功。在内政上,司马懿也做过相当多好事,他在上邽兴屯田,在京兆、天水、安南兴冶铁,穿成国渠,筑临晋坡使雍凉足兵足食,并有余力供给关中不足,后来又大兴屯田于淮北,穿广槽渠。这些作为不但厚植了国力,也为日后晋朝统一华夏奠定了基础。

在《晋书》对于其一生的总结中,最为精准和提纲挈领的就是:"和光同尘,与时舒卷,戢鳞潜翼,思属风云。"

和光,就是混合各种光彩。同尘,就是与尘俗相同,指不露锋芒,用与世无争的平和处世方法。也有比喻随波逐流,同流合污。本意是道家无为而治思想的体现。在此是说司马懿隐忍退避,诈病退官,伺机而动,以图后势。寥寥数语,即成司马懿谋略和性格的真实写照。

有一天,笔者看了天下奇书《素书》。相传这就是秦朝末年黄石公传授给张良的那本书。因为这本书的醍醐灌顶的大智慧,张良从一个要刺杀秦始皇的刀口舔血之徒,变成辅佐刘邦奠定大汉江山四百年基业的伟大智囊。书中有一段话,笔者读了很多遍以后,可能终于找到了读懂司马懿的答案:

> 贤人君子,明于盛衰之道,通乎成败之数,审乎治乱之势,达乎去就之理。故潜居抱道,以待其时。若时至而行,则能极人臣之位;得机而动,则能成绝代之功。如其不遇,没身而已。是以其道足高,而名重于后代。

这一段话其实并不十分生涩，具有高中语文的古文功底的人都能读懂，虽然啰唆了一大段，但其实中心思想就是四个字：顺势而为。用现在的话来说就是：如果际遇和大势都合适的话，你就运筹帷幄创出一番事业；如果没有更好的机会，你就接受现实，做一个普通人也能拥有天伦之乐。

　　简而言之，就是"达则兼济天下，穷则独善其身"。

　　对于司马懿的生平越是了解，就越明白对他的评价是不能用简单的好人和坏人来定性的。首先我们要肯定人是复杂的，他在外界的刺激下对一件事的不同反应不能作为对其道德评判的依据。其次我们要承认每个人都是怀着对生活的善意去生活的，每个人的意愿都不是想成为一个大恶人或者大坏蛋。是历史或者时代的裹挟，是不同的选择，使得当事人成为英雄或者奸佞。

　　司马懿的一生都是在践行《素书》里的这段话：如果情况对我有利，那么我就动；如果情况对我无利，我就隐忍。而且这种利与弊，还会随自己胸中的格局而改变。

　　我们要明白一个问题：司马懿也并不是从小就立志要推翻曹魏江山、自己当家做主的。司马懿最初的辛苦打拼，也许只是为了让司马家族繁荣，也许只是为了让自己的领导曹操觉得满意。到后来曹丕时代，他选择闷声大发财，也是在用最小的代价换来对家族最大的回报。这个时期的司马懿就是一个"老油条"，没有任何抱负，或者看起来没有任何抱负。曹操时代的锐意进取和曹丕时代的得过且过，都是一样的，那就是相时而动，顺势而为。

　　心态的变化可能是开始于曹爽专政。

　　司马懿辛辛苦苦为曹魏的统一事业贡献了四十多年的青春，在其最后的峥嵘岁月却被一个子侄辈的曹爽不断打压，并且其政治领地也不断遭到侵犯，最终落得个两手空空的退休结局。当时司马懿七十岁了，戎马一生却像个破烂一样被扔在一边。他的心态发生了变化。这种变化在任何一个从领导人的岗位上退下来的人心里或多或少都会有，即使不算特

265

别积极向上,起码也是可以理解的。

这个时候的司马懿一定在想:我失去的我一定要拿回来。于是,在这样的心态下,司马懿演技大爆发,装病,"装孙子",麻痹了曹爽,终于在高平陵之变中发起奋力一击,将如日中天的曹爽拿下。当然,其过程也是相当凶险的。

于是,这个心态失衡的老干部司马懿,像个受到委屈和伤害的孩子一样,报复所有跟自己不是一条心的人。

司马懿的生平,有我们每个人的影子。我们如果进入这个人的生活,就会觉得这样的选择并不意外。对于历史人物,其实我们并不能简单地评价他为好人或者坏人。人性比我们想象的要复杂得多。

有时候笔者会想,司马懿在死的时候,到底是会痛惜"革命"尚未成功呢,还是觉得终于解脱了呢?他约法三章的遗命,以及不修坟冢、不立墓碑、不许后代祭拜的"三不"政策,里面到底埋藏了怎样的隐秘的故事?

政治绝对是世界上最残酷的职业,司马懿的一生几次都面临万劫不复的深渊,虽然他侥幸活下来,但是他知道自己曾经经历了什么。不成功的人才会想要成功;真正成功的人,他们明白自己成功的那条路是怎么走出来的,在那条路上自己吃了多少苦。如果让他再选一次,他不会愿意选那条路的。

因为在那条路上,活下来真是靠侥幸。

> 贤人君子,明于盛衰之道,通乎成败之数,审乎治乱之势,达乎去就之理。故潜居抱道,以待其时。若时至而行,则能极人臣之位;得机而动,则能成绝代之功。如其不遇,没身而已。是以其道足高,而名重于后代。

这段话是值得反复研读和玩味的,不要想当然。

好了,司马懿的故事就这样结束吧。越到最后,越发现自己的无知浅薄,越不敢轻易写一个字出来。由衷地感谢看完了我这些粗鄙文字的朋友。

山高水远,江湖再见。

后记　江湖夜雨十年灯

终于写完了。

事实证明,完成这么长篇幅的一部作品,确实是一项耗费巨大精力的工程,远超我的预期。但是,终于了却了自己的心愿。

这些年,也在断断续续地、突发奇想地写一些不长的文章,但是像这样的长篇确实是第一次。终于做了一件当年想做而最终没有做的事情,这很好。其实我并不知道为什么自己在四十岁的时候,在被漫天的焦虑快要淹死的时候,这么不顾一切地想要证明什么似的去做一件事。

从一开始准备发一个不长的帖子,到后来一路就这么写下来,其中夹杂了我四十多年的经历和感触。这部作品大概写了两年,从 2016 年开始,一直到现在。这似乎是我这两年干的最有意义的事情了。我有自己的工作,写作也只是兴趣爱好之一,但是后来发现,写作能够带给我的成就感和乐趣,要远超工作能带给我的。当然中间也根据出版社的要求,重新调整了结构,增加了一些内容,看上去最起码内容比原来更加丰满一些了。

现在已经是 2018 年了,日子似乎并没有什么不同,我们依然是在一个个无聊与痛苦的波峰波谷中百转千回。据说这一年,最小的"90 后"们都已经进入十八岁了;而"00 后"已经茁壮地成长起来。被生活的烦恼笼罩的人群将迎来崭新的"90 后",这些烦恼和焦虑将与"70 后"和"80 后"们别无二致。来吧,孩子们,我们这些过来人已经准备了很多的人生格言和体会要讲给你们听。

我们尽管知道了很多的道理,却依然无法过好这一生。

已经忘了自己在两年前究竟是在怎样的不知深浅的境遇之下决定开始写这样一个后来被证明需要耗费很多精力和时间的东西。当初觉得可能几个月就能搞定的事情,最终拖了近两年才基本写完。很多次,已经快要坚持不下去了。这像是在兑现自己给自己的诺言，尽管这个时代少有为一诺而独行千里的人。但是还好，我坚持下来了。

这一年，当年鲜衣怒马的少年纷纷收起锋芒。朴树慈眉善目地写出了《平凡之路》这样让人难以置信的歌，黑豹暴躁的鼓手端着保温杯泡着枸杞被人叫作猥琐大叔。这一年，我进入了不惑之年，也在某一天悲哀地发现，那种叫作"中年危机"的遥远的诅咒已经慢慢地降临在自己的身上。

这一年，我也忽然理解了生活的不易和世态的炎凉，曾经那些雄心壮志也画上了分界线。以前的那些诗和远方已经不再有奢望，现在只剩下了眼下的苟且。梦想对于中年来说是一个牌坊，既要做到忠孝两全，也要适时地去做好无奈的本分。一次次的挫折之后，只能感叹，属于自己的时代正在慢慢过去。我慢慢地变成终日往返单位和家的有轨电车，变得关心粮食和蔬菜，慢慢地活得像条辉煌都市里的流浪狗，在每个夜幕降临的黄昏，无家可归。

曾经无限的可能现在已经失去，面前的瓶颈无法突破。开了七年的乞丐版宝来，成了我真正的家。不知道从什么时候开始，不再抱怨堵车，甚至有的时候希望多堵一会儿。回到家，熄火，点上一根烟，可能这是一天中最惬意的时刻。

过去不再重要，现在害怕失去，未来不敢想象。如果说，成为中年人的结局已经无法阻止，那么我能做的也就剩下避免"油腻"了。年龄越增长，就越发觉自己对这个世界的无能为力，越明白自己的渺小，越明白这世界不可避免的庸俗可能是唯一正确的归宿。而保持克制，减少欲望可能是与这个飞速变化的时代相处并且避免成为一个"油腻"的中年男人的正确姿势了。

对于如何避免成为"油腻"的中年人，古圣先贤曾给出解决方案。《中庸》中说："道也者，不可须臾离也；可离，非道也。是故君子戒慎乎其所不睹，恐惧乎其所不闻。莫见乎隐，莫显乎微，故君子慎其独也。"

但是"慎独"这两个字，做到确实很难。人生的下半场，敌人只剩下自己。